기후 커넥션

지구온난화에 관한
어느 기후 과학자의
불편한 고백

로이 W. 스펜서 지음 · 이순희 옮김

ViaBook Publisher

지구온난화에 관한
또 다른 진실

"인류에 의한 지구온난화는 인류와 환경에 닥친 위험이므로 반드시 막아야 한다." 이 주장에 따르면, 돌연 과학적 이론은 어머니 지구가 자신을 거스르는 인류에게 벌을 주리라는 최악의 시나리오에 대한 확신으로 비약한다.

확신의 터무니없는 비약이 가장 잘 나타난 사례는 앨 고어Al Gore의 《불편한 진실An Inconvenient Truth》이다. 자연적인 원인으로 인해서 일상적으로 일어나는 기상 현상들을 찍은 극적인 영상들이 갑자기 지구온난화의 증거로 둔갑한다. 홍수가 왜 일어나나? 지구온난화 때문이다. 가뭄은 왜 일어나나? 지구온난화 때문이다. 빙하얼음이 부서져서 바다로 떨어지는 건? 지구온난화 때문이다. 허리케인은? 지구온난화 때문이다. 무엇이 보이는가? 바로 지구온난화이다.

배우 리어나도 디캐프리오Leonardo DiCaprio가 내레이션을 맡았던 90분짜리 다큐멘터리 영화 〈11시11th Hour〉에서는 자연이 인간보다 더 많은 권리를 가진다. 인류의 복지를 우려하는 배우들을 보고 있으면 어느새 존경심이 우러난다.

앨 고어는 지구온난화 문제가 자신에게는 영적인 문제라는 사실을 인정한 바 있다. 그는 그 단어를 남발하면서 인류에게 곧 닥쳐올 기후 격변을 막자고 호소한다. 그는 세계 곳곳으로 나가 곧 닥쳐올 환경 재앙을 경고하는 역할을 맡을 수백 명의 제자를 양성하고 있다. 지구온난화라는 지옥의 불길로부터 구원받기 위해서 우리가 해야 할 일은 무얼까? 그가 내놓은 해답은 이랬다. 고효율 형광등과 하이브리드 자동차를 더 많이 사용하고, 그의 회사에서 판매하는 탄소상쇄 프로그램을 구매하라.

일부 학교와 대학 교수들은 학생들에게 앨 고어의 영화를 의무적으로 보게 한다. 아이들은 선한 의도를 가진 교사들에게서 걸핏하면 기후 변화에 대한 이야기를 듣고 날마다 악몽을 꾼다. 지금껏 이성은 사회 변화를 자극하는 힘이었다. 그러나 공포가 서서히 이성을 밀어내고 그 자리를 비집고 들어서고 있다. 우리는 현대 세계에서 종교적 열정이 사회에 어떤 영향을 미칠 수 있는지 똑똑히 알고 있지 않은가.

이런 '세계적인 경보警報'는 점점 급박해져가고 있다. 얼마 전에 우리는 지구온난화 문제를 해결할 수 있는 시간이 50년밖에 남지 않았다는 이야기를 들었다. 그다음에는 환경을 오염시키는 우리의 잘못된 태도를 바꿀 수 있는 시간은 10년밖에 남지 않았다는 이야기가 등장했다. 이제 남은 시간은 5년뿐이라고 주장하는 사람들이 나타나고 있다. 조금만 더 있으면 타임머신으로 터미네이터를 과거로 돌려보내서 지구온난화 문제를 바로잡자는 이야기가 나올 판이다. 캘리포니아 주지사 아널드 슈워제너거Arnold Schwarzenegger라면 이 일에서 한몫할 수 있으리라.

나는 대기를 연구하는 과학자로서, 인류가 화석연료를 사용하는 과정에서 배출되는 온실가스로 인해서 해로운 온난화가 발생할 가능성이 있다는 점은 인정한다. 그러나 특별한 주장을 펼치려면 특별한 증거를 대야 한다. 전산화된 단순한 기후 모델들은 이산화탄소의 증가로 '온실효과'가 급증하면 파멸적인 온난화가 나타난다는 결과를 내놓고 있다. 이런 기후 모델들을 구축하는 것은 별로 어려운 일이 아니다. 스프레드시트로 나도 그런 모델들을 만들어본 적이 있다. 그러나 실제 기후 시스템이 아닌 이상, 아무리 최신이라 해도 기후 모델로 실제 결과를 도출하는 것은 어려운 일이다.

나와 같은 기후 과학자들은 온난화와 관련된 과학적인 내용만으로 책을 쓰는 게 자연스러운 일이다. 내가 이 책을 쓰게 된 것은 온난화와 관련하여 편파적인 메시지만 듣고 있는 대중들에게 사실을 알려야겠다는 생각과, 온난화 관련 정책에 드는 비용이 계속 늘어날 것이라는 생각 때문이었다. 엄밀히 따져보면, 기후 변화는 도덕과 관련되어 있다. 그러나 내가 말하는 도덕은 앨 고어가 말하는 도덕과는 거리가 멀다.

기후 변화와 관련된 소름끼치는 보도들이 이어지는 가운데에도 그나마 위안이 되는 것은, 온난화의 위험을 홍보하는 사람들이 제공하는 쏠쏠한 재미이다. 영화배우들, 정치인으로 변신한 영화배우들, 그리고 유명한 음악가들이 인류를 향해서 화장지를 아껴 쓰자고 호소한다. 그런데 정작 자신들은 전용 제트 비행기를 타고 다닌다. 그게 바로 위선이라는 걸 모르는 것일까? 온난화에 대한 인식을 제고하기 위해서 계획되었던 2007년 초의 북극 여행이 혹한 때문에 취소되었다. 분명히 아귀가 맞지 않는 일이다.

이 책은 온난화 논쟁에 관심은 있지만 딱딱한 과학적 사실들이 지루하게 나열된 책을 읽을 자신은 없는 사람들에게 안성맞춤이다. 나도 그런 책을 읽을 생각을 하면 기부터 죽는다. 물론 그런 책을 쓸 생각을 하면 기가 더 죽는다. 이 책은 왜 온난화가 심각한 위협이 될 수 없는지를 이해하는 데 도움을 줄 뿐 아니라 재미까지 선사할 것이다.

나는 선한 의도를 가지고 우리를 죽이려는 사람들과 마주쳤을 때에는 유머가 큰 무기가 된다고 생각한다. 사람마다 다르겠지만, 나는 온전한 정신을 지키려면 매일 유머 주사를 한 방씩 맞아야 한다. 철학자였다가 코미디언으로, 다시 배우로 변신한 스티브 마틴Steve Martin이 즐겨하던 말을 잠시 빌린다. "웃음 없이 보내는 하루는 햇빛 없이 보내는 하루와 같죠. 그럼 햇빛 없이 보내는 하루는 뭐랑 같을까요? 그야 밤이지요."

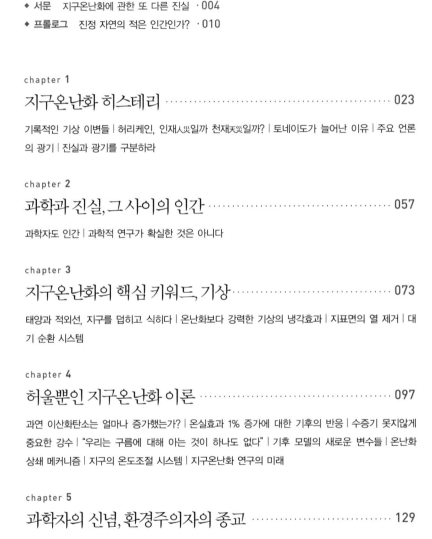

진정 자연의 적은 인간인가?

　　마크 트웨인Mark Twain은 "사람들은 누구나 날씨에 대해서 이야기하지만, 날씨에 대해서 무언가를 하는 사람은 아무도 없다"라고 말했다. 하지만 현대에 들어와서는 인류가 기상에 영향을 미치고 있다는 생각이 일반화되었다. 우리는 기상을 악화시키고 있다.

　　많은 과학자들은 인류가 화석연료를 연소하는 과정에서 배출되는 이산화탄소가 원인이 되어 극단적인 기상 변화가 계속될 것이라고 예측하고 있다. 과학자들의 주장에 따르면, 인류가 대기 중에 배출하는 과도한 이산화탄소는 그린란드와 남극의 대륙빙하를 녹여 세계 곳곳의 해안 지역을 침수시키고, 대서양의 걸프 해류와 해양의 열염 순환(thermohaline cir-culation : 해수의 순환으로 열이나 염분이 이류와 확산에 의해 바다에서 순환하는 것을 지칭한다—옮긴이)을 막아 새로운 빙하기가 초래될 수 있다. 또한 지구 전역의 기상 변화는 더욱 심각한 홍수와 가뭄을 일으켜 생태계 전체를 변화시키거나 파괴할 수 있다.

지구온난화에 대한 공포는 환경 운동에 활기를 불어넣어 수십억 달러에 이르는 미국의 국가 예산이 기후 시스템을 관찰하고 파악하는 일에 투입되고 있고, 지구온난화를 주제로 한 대중적인 영화들이 탄생했을 뿐 아니라 독일의 녹색당으로 대변되는 정치 운동이 강화되는 데 일조하고 있다. 미국의 전직 부통령인 앨 고어는 이 문제와 관련한 책을 쓰고 영화를 만들었다. 지구온난화는 영화배우 등 연예인들의 삶에 새로운 목표를 제공하여 지구온난화 문제에 특별한 관심을 가지는 사람들이 늘어나고 있다.

지구온난화 문제는 이와 관련하여 밥벌이를 하고 있는 우리 과학자들의 입장에서 보아도 잘 차려놓은 밥상이다.

그렇지만 지금 지구온난화와 그로 인한 결과를 둘러싼 서구 세계의 공포는 강박적인 수준이다. 언론은 인류가 지구를 가득 채워 지구가 생명체를 더 이상 부양할 수 없는 수준으로 몰아대고 있으며, 인간이 저지른 여러 과오 때문에 어머니인 자연이 고통에 시달리고 있다는 두려움을 널리 퍼뜨리고 증폭시키는 데 자발적으로 나서고 있다. 허리케인, 토네이도, 지진해일, 지진, 홍수 그리고 가뭄이 일어날 때마다 인류가 이런 재앙들을 초래한 주범이라는 비난이 더욱 거세어진다.

아트 벨Art Bell이 쓴 《더워지는 지구 얼어붙는 지구The Coming Global Superstorm》라는 책과 그 내용을 각색한 영화 〈투모로The Day After Tomorrow〉는 세계적인 기후 재앙을 예고함으로써 대중을 당혹하게 만든 좋은 사례이다. 그러나 지구를 휩쓸면서 인류를 강타하고 있는 것은 진짜 폭풍이 아니라 과장과 히스테리이다.

나는 서구 세계를 열광으로 몰아넣고 있는 환경 재앙의 공포는 두 가지 결정적인 확신에서 비롯한 것이라고 생각한다. 그중 하나는 지구는 망가지기 쉬우니 필요하다면 인류의 손해를 감수하고서라도 보호해야 한다는 확신이다. 많은 사람들이 기후 시스템은 이미 그 한도를 넘어서서 원상회복이 가능한 가상의 전환점을 이미 지나쳤다고 생각하고 있다.

또 하나는 각국의 점점 불어나는 부가 환경에 나쁜 영향을 미친다는 확신이다. 이런 확신은 더 많은 것을 향유하려는 인간의 욕망과 과학 기술이 환경 문제를 유발하는 원인이므로 현대적인 생활양식을 버려야 한다는 주장으로 이어지고 있다.

내 생각은 정반대이다. 나는 지구는 엄청난 복원력을 가지고 있으며, 인류는 부를 창조하는 자신의 재능과 자유에 의지할 때에만 환경 문제를 최소화하거나 해결할 수 있다고 생각한다.

지난 40년간 이어져온 환경에 대한 비관적인 예상은 도가 지나칠 정도이다. 현대 환경 운동의 출발점은 대개 레이철 카슨Rachel Carson의 《침묵의 봄Silent Spring》이 출간된 시점부터라고 여겨진다. 생물학자인 카슨은 당시 광범위하게 사용되던 살충제 DDT의 위험성을 열정적으로 경고했다. 카슨은 DDT가 일부 조류들의 알껍데기를 얇게 만들 뿐 아니라, 전체 먹이 사슬에 문제를 일으키고 있다고 우려했다.

카슨은 미래 세대의 환경주의자들이 진출할 길을 닦은 인물이라는 찬사를 받고 있다. 그러나 그녀의 활약 덕분에 시행된 정부 정책들은 아프리카 지역에 말라리아를 창궐하게 하여 수백만 명의 사망을 초래하고 있다. 각국 정부는 농작물에 무차별적으로 살포되던 DDT의 사용량을 크게 줄이는 정책이 아니라, 살충제의 사용을 전면 금지하는 정책을 채택했다. 환경에 대한 우려에서 비롯한 가장 유명한 정책적 대응이 인류에게 막대한 고통을 초래하고 있다는 사실은, '환경을 보호'하려는 무차별적인 시도들에 대한 신중한 검토가 필요함을 시사한다.

카슨의 연구는 특정한 살충제의 위험성에 대한 것이었지만, 오래지 않아 인류가 환경에 미치는 영향 때문에 더욱 광범위한 재앙이 일어날 수 있다는 예측이 등장했다. 파울 에를리히Paul Ehrlich는 1968년에 출간한 《인구 폭탄The Population Bomb》이라는 책에서 1990년이 되면 전 세계적으로 식량 및 천연 자원이 부족해질 것이라고 예견했다. 극심한 빈곤과 경제 제도의 실패로 전 세계의 사회 및 정치 질서가 흔들릴 것이라는 예측이었다. 이를 뒷받침하는 기본적인 가정은 이용 가능한 자원은 시간에 정비례하여 늘어나지만, 인구는 기하급수적으로 급속하게 늘어난다는 것이었다. 이런 가정에 따르면, 급격한 인구 증가로 현대 환경주의자들이 주장하듯이 '지속 불가능한unsustainable' 상황이 발생하게 된다.

에를리히의 가정이 지닌 유일한 문제점은 그런 위기가 현실화되지 않았다는 점이다. 경제학자 줄리언 사이먼Julian Simon은 1980년에서 1990년 사이에 몇 가지 천연 자원의 이용 가능성이 높아질 것인지 낮아질 것인지를 놓고 에를리히와 내기를 했다. 사이먼은 에를리히에게 가격 급등이 예상되는 금속들을 다섯 개 고르게 했다. 에를리히는 구리, 크롬, 니켈, 주석, 그리고 텅스텐을 골랐다. 자원 이용도의 감소는 가격의 증가로 측정하기로 했다. 10년 후인 1990년 그 금속들은 모두 가격이 하락했고,

에를리히 박사는 사이먼 박사에게 수표를 써주어야 했다.

인류가 땅속의 원자재를 뽑아내면 그 양이 줄어든다는 에를리히의 생각은 옳았다. 그러나 사이먼은 인류가 어떤 상황에든 적응해간다는 사실에 주목했다. 인류는 이 물질들을 더 효과적으로 이용할 수 있는 방법을 찾아내거나 다른 대체 물질들을 찾아낸다. 언젠가는 쓰레기 매립지를 파서 예전에 폐기했던 물질들을 회수하여 재활용하는 날이 올지도 모른다.

실제로, 이미 알려진 거의 모든 자원의 비축량은 인구보다 훨씬 빠른 속도로 증가하고 있다. 국제연합은 지구의 인구가 21세기 안에 안정적인 수준에 도달할 것이라고 예견하고 있다. 그러나 이런 예견만으로는 현재와 같은 인류의 소비 속도가 지속될 수는 없다는, 여러 분야 전문가들의 주장이 확산되는 것을 막을 수는 없다.

환경주의자들이 만장일치로 지구의 파멸을 예견하는 것은 아니다. 1990년대 말에, 자칭 환경주의자인 어느 통계학 교수가 수많은 환경주의자들의 주장을 엄밀히 검토한 적이 있었다. 비외른 롬보르Bjorn Lomborg와 그의 통계학과 학생들은 환경주의자들이 환경 재앙에 대한 불길한 예측의 근거로 내세워왔던 자료들을 꼼꼼히 살펴보았다. 롬보르는 이 과정을 거치면서 강박관념에 사로잡힌 환경주의자에서 인류와 지구의 미래에 대해 낙관적인 전망을 가진 자본주의의 옹호자로 변신했다.

롬보르는 조사 대상이 되었던 거의 모든 수치를 근거로, 인류와 지구의 상황이 꾸준히 향상되어왔고, 특히 최근 100년 동안 두드러진 향상을 이루었음을 발견했다. 평균적으로 볼 때, 사람들은 갈수록 수명이 늘어나고, 갈수록 건강해지고, 갈수록 영양 섭취가 좋아지고, 갈수록 더 많은 부를 누리고 있다. 많은 질병들이 근절되었고, 자유 시장이 점진적으로 세계 전역으로 퍼져나간 덕분에 자연 자원은 더욱 효율적이고 더욱 깨끗하게 활용되고 있다.

롬보르는 《회의적 환경주의자The Skeptical Environmentalist》라는 자신의 책에서 여전히 향상의 여지가 남아 있는 영역이 많음을 분명히 밝히고 있다. '모든 것이 악화될 것' 이라는 생각은 완전히 틀린 것이다.

과거에 심각한 걱정거리였던 인구 문제에 대한 우려는 크게 줄어들었다. 개발도상국들은 근대화를 이루는 과정에서 출생률이 크게 떨어지고 있다. 또한 최근 몇 십 년 동안 인구는 증가하고 농토는 줄어들었음에도 농업 생산량의 증가율은 인구 증가율을 크게 앞지르고 있다. 지금 모든 사람의 우려는 지구온난화에 집중되어 있다. 환경주의자들, 정치가들, 성직자들, 의사들, 그리고 거의 모든 직종의 대표자들은 지구온난화로 인해서 인류와 지구가 떠안게 될 위험성에 대해서 목소리를 높이고 있다.

인류가 조심성 없이 기후에 영향을 미치고 있는 것은 사실이다. 뜻밖에도 기후 시스템은 지구에 60억 인구가 살고 있다는 사실을 인식하지 못한다. 온갖 것들이 기상에 영향을 미치고 있는데, 인간만은 그래서는 안 되는 이유가 무엇인가? 숲은 기상에 막대한 변화를 일으킨다. 호수나 바다나 강이나 평원이나 산도 마찬가지이다. 우리는 사막에 대해서 호의적인 감정을 가질 수도 있다. 그렇지만 객관적으로 바라보면 사막의 실체는 불모지에 가까운 땅이 광대하게 뻗어 있는 것에 지나지 않는다.

인간의 손길이 닿지 않은 자연이 '청결하다' 는 낭만적인 관점은 철학적인 관점, 아니 더 나아가 종교적인 관점이라고 할 수 있다. 우리는 왜 자연에 대해서는 너그럽게 굴면서 우리 자신에 대해서는 너그럽게 굴지 않는가? 내가 보기에, 이런 태도는 근본적으로 반인간적이며 비과학적인 것이다. 직접적인 뉴스 보도나, 함축적인 여러 영화를 통해서 인간이 환경의 적이라는 이야기에 늘 귀를 기울이고 산다면, 우리는 주눅이 들어 우리 자신을 옹호하고, 우리의 목적에 맞게 자연을 이용할 권리를 옹호할 수 없게 된다. 내가 보기에, 자연이 지닌 권리는 인간에 의해서 부여된 것에 지나지 않는다.

자연의 이익을 인간의 이익보다 우선하는 것은 인간의 조건을 향상시키기 위한 필수적인 행위들을 할 수 있는 권한을 방기하는 것이다. 아마 독자들은 이런 관점에 입각한 주장은 거의 들어보지 못했을 것이다. 이런 관점은 인간 중심적이고 오만하고 그릇되고, 정치적으로 옳지 않으며, 자본주의적인 것으로 여겨진다.

지구온난화 '회의론자(인간이 배출한 이산화탄소는 전체 기후 시스템에서 극히 작은 역할밖에 하지 못하고, 현재의 온난화는 자연스러운 기후 변화의 일부라고 주장하는 사람들을 일컫는다.)'로 알려진 기후 연구자들은 수적으로 매우 적다. 나도 그중 하나이다. 우리는 지구온난화를 부인한다고 욕을 먹지만, 그건 사실과 다르다. 앨 고어는 우리들 가운데 어느 누구도 온난화가 진행되고 있음을 부인하지 않는다는 사실을 잘 알면서도 우리를 '지구온난화를 부인하는 사람들'이라고 부른다. 아마도 사람들이 우리를 '홀로코스트를 부인하는 사람들'과 혼동하기를 바라는 마음에서일 것이다. 우리가 미심쩍어하는 것은 지구온난화가 진행되고 있다는 사실이 아니라, 지구온난화는 오로지 인류 탓이라는 주장, 혹은 우리가 50년 혹은 100년

후의 지구온난화를 충분히 예측할 수 있을 만큼 기후 시스템과 미래의 과학 수준에 대해 잘 알고 있다는 주장, 혹은 우리가 당장 화석연료의 사용을 줄여야 한다는 주장이다.

회의론자들을 깎아내리기 위해서 환경론자들이 들먹이는 논리는 두 가지이다. 하나는 우리가 기업들로부터 돈을 받아먹고 이런 주장을 펴는, 불순한 의도를 가진 사람들이기 때문에 신용할 수 없다는 주장이다. 또 하나는 우리가 '지구온난화는 사실'이라는 과학계의 합의를 깨뜨리기 위해서 그릇된 과학적 정보를 퍼뜨리고 있다는 주장이다.

첫 번째 주장과 관련해서 보면, 일반인들의 추측과는 달리 지구온난화와 관련한 발언을 통해서 경제적인 인센티브를 얻는 과학자들은 오히려 지구온난화 '위기론자(인간이 배출한 이산화탄소를 지구온난화의 주범이라 지목하고 지구온난화가 인류에게 엄청난 위협이라고 주장하는 사람들을 일컫는다.)'이다. 민간 기업은 이런저런 견해를 '사들이는' 데 필요한 대부분의 자금을 가지고 있는 것으로 여겨지지만, 사실 대기업들은 그런 영향력을 행사하는 것을 꺼리는 경향이 있다. 나의 경우에도, 어떤 에너지 회사로부터도 어떤 행위의 대가로 보상을 주겠다는 제안을 받은 적이 없다. 나는 단 한 푼의 보수도 받지 않고 '회의적인' 기사와 책을 쓰다가, 13년 만에 처음으로 어느 과학 기술 웹사이트로부터 지구온난화에 대한 글을 쓰면 보수를 지불하겠다는 제안을 받았다.

나는 '거대 석유 기업'으로부터 일부 자금을 지원받는 단체에서나 주립 환경 단체들에서나 똑같은 강연을 한다. 그런데 '엑손의 비밀 ExxonSecrets.org'과 같은 좌파적인 웹사이트들은 앞의 사실만 언급하면서 나 같은 지구온난화 회의론자들이 돈에만 혈안이 된 야바위꾼에 지나지 않는다는 식으로 사람들을 기만한다. 그들은 이런 방식으로 과학에 근거한 우리의 주장을 교묘히 회피하고 있다.

기업들은 과학적인 탐구에 도움을 주기 위해서 정부의 재정 지원을 받는 연구 기관들이 필요하다는 사실을 인정한다. 그러나 앞으로 살펴보겠지만, 정부의 연구 자금은 지구온난화가 위협이라는 사실을 입증하는 데에만 편중 지원된다. 이런 작업들은 NASA와 미국 국립해양대기청, 미국 환경청, 미국 에너지국에서 진행되는 연구 프로그램을 지속시키는 데 도움이 되기 때문이다.

NASA 소속의 고더드 우주비행 연구소 소장인 제임스 한센James Hansen은 존 케리John Kerry의 부인인 테레사 하인즈 케리Teresa Heinz Kerry가 수장으로 있는 재단으로부터 25만 달러의 연구 보조금을 받았다. 한센은, 2004년에 존 케리를 대통령 후보로 공개적으로 지지한 것은 연구 보조금과는 아무 관련이 없는 우연의 일치라고 주장했다.

그러나 보수파는 이런 식으로 자금 지원을 하지 않는다. 역사적인 기록에 근거하여 하는 말이지만, 지구온난화는 대대적으로 홍보되는 것만큼 인류에게 치명적인 위협이 아니라는 사실을 입증하는 과학자에게 노벨상이 돌아가는 일은 결코 없을 것이다.

자유 시장을 옹호하는 단체들은 대기업으로부터 자금 지원을 받는 경우가 많지만, 이들이 제공받는 금액은 환경 단체들(대기업의 자금 지원을 받는 환경 단체도 있다)의 예산과 비교하면 초라하기 짝이 없다. 환경 단체와 기후 연구자들에게 가장 큰 자금을 지원하는 것은 국민으로부터 거둔 세금을 운용하는 연방 정부이다. 많은 환경 단체들이 명예가 손상될 것을 두려워해서 감추고는 있지만, 사실 그들은 거대 석유 회사들로부터 자금 지원을 받는 경우가 많다. 오래전부터 연간 1억 달러가 넘는 돈이 연방 정부로부터 환경 단체로 흘러들어가고 있다. 연방 정부의 자금 지원을 받는 비정부조직들은 자신들의 생명줄이나 다름없는 환경 운동을 지원하도록 주기적으로 정부에 압력을 행사하고 있다. 이런 비정상적인 밀착 관계는 특정 이익을 대변하는 압력단체들에 대한 일반인들의 존경심과는 어울리지 않을 것이다. 그러나 장담컨대 그것은 사실이다.

사실 환경 운동은 온갖 권력과 영향력을 행사하는 거대한 자금 조직이다. 대의에 대한 열정이 사그라지면 과연 어떤 일이 일어나겠는가? 영리를 추구하는 기업들과 마찬가지로, 그 조직의 상품과 용역에 대한 수요가 줄어든다. 환경 단체들은 환경 문제와 관련한 공포심을 꾸준히 공급하지 못하면 오래 버티지 못한다.

환경 단체들에 대한 자금 지원이 중단되어야 한다는 이야기가 아니다. 내가 지적하고 싶은 것은 환경 단체들이 정작 자신들은 유리창 밖에서 활동하면서 유리창을 향해서 돌을 던지지는 말아야 한다는 것이다.

지구온난화 회의론자들에게 쏟아지는 두 번째 비난은 "지구온난화는 사실"이라는 '과학적인 합의'를 훼손시키기 위해서 과학적으로 그릇된 정보를 퍼뜨린다는 것이다. 그런데 이런 주장 자체가 바로 그릇된 정보이다. 내가 알고 있는 지구온난화 회의론자들은 하나같이 "지구온난화가 사실이라고 생각한다." 그들이 이의를 다는 부분은 현재 진행되는 지구온난화 가운데 어느 정도가 자연적인 과정의 결과이고, 어느 정도가 인간 활동의 결과인지, 앞으로 지구온난화는 얼마나 더 진행될 것인지, 그리고 마지막으로 그와 관련하여 어떤 조치가 취해질 수 있고, 또 취해져야 하는지와 관련되어 있을 뿐이다.

과학은 지구온난화와 관련하여 유용한 정보를 제공할 수는 있지만, 그 위협에 어떻게 대처할 것인가에 대해서는 결코 입을 열 수 없다. 과학은 가치 중립적이고, 정책 중립적이다. 온난화에 대한 대응 조치는 정부의 적절한 역할과 경제학에 대한 인식, 종교적인 신념과 세계관 등 사람들의 신념 체계로부터 형성되는 것이다.

나는 지구온난화 이론에 부합하거나 부합하지 않는 과학적인 증거들과 지구온난화가 인류에게 부과하고 있는 위협에 대한 과학자들의 인식을 다루는 책을 쓸 수도 있었다. 허리케인과 토네이도, 그리고 특별한 기삿거리도 되지 않는 기상 관련 사건들이 온난화와 어떤 관련이 있는가에 대한 설명까지 포함시킬 수 있었다. 그러나 과학적 인식은 변하는 것이므로 그런 내용의 책은 얼마 지나지 않아 시대에 뒤떨어지게 된다.

나의 의견을 뒷받침하는 몇 가지 중요한 연구들은 거론하겠지만, 지구온난화 이론에 부합하거나 부합되지 않는 과학적 연구 결과들을 일일이 열거하지는 않을 것이다. 이런 증거들은 지구온난화 논쟁의 승자를 결정하는 듯한 인상을 주기 때문이다. 실제로, 지구온난화 위기론자들을 지지하는 과학적 연구 결과는 그렇지 않은 과학적 연구 결과보다 훨씬 많다. 그러나 나는 이런 상황이 나타나게 된 주요 원인이 회의론자들에게 불리하게 조성된 연구 자금 공급 구조에 있음을 밝힐 것이다.

이 책에서 지구온난화와 관련된 최근의 연구 결과와 그 의미에 대해서 논의할 생각은 없다. 나는 어떤 과학적인 논쟁을 거치더라도 변하지 않을 사항들과 개념들에 대해서 이야기하고, 지구의 기후 시스템은 최신 컴퓨터가 창조한 기후 모델들이 예측하는 것만큼 허약하지 않다고 생각하는 이유와 기후 시스템의 열평형 통제 메커니즘에 대해서 설명할 것이다.

정치인들이 맹목적으로 유권자들의 비위를 맞추려고 하는 요즘 같은 시대에는 정보로 무장한 대중이 절대적으로 필요하다. 주류 언론 매체들은 대중이 알아야 할 것을 결정할 뿐 아니라, 대중에게 그것에 대해 어떤 생각을 해야 하는지까지 알려주고 있다. 대중은 환경과 관련된 온갖 으름장을 하나도 빠짐없이 무비판적으로 받아들인다. 대중이 꿈꾸는 가상의 세계는 환경 관련 규제가 어떤 부정적인 영향도 끼치지 않고 위험은 전혀 없이 편익만을 제공하는 세계이다.

이 책은 지구온난화 논쟁에서 언론 매체가 발휘하는 영향력들을 상쇄하는 데 작게나마 일조할 수 있을 것이다. 나는 현재의 지구온난화 정책이 실제로는 인류와 환경 모두에 손실을 안겨줄 것이라고 확신한다. 나는 수많은 과학자들이 인류가 초래한 지구온난화가 위협이라고 믿는 까닭과 그들의 생각이 틀렸다고 믿는 까닭을 간단하게 설명할 것이다.

나는 인간 때문에 지구온난화가 발생한다는 이론이 단순히 이론으로만 남아 있을 수밖에 없는 이유를 밝힐 것이다. 그러나 사람들에게 지구온난화가 사실이라는 것을 납득시키기 위해서 노력하는 사람들의 수는 날이 갈수록 늘어나고 있다. 이들이 파국적인 지구온난화에 대해서 느끼는 정서적인 집착은 자신의 경력, 정치적·사회적 의견, 철학적·종교적 신념 등 다양한 사리사욕에서 비롯하는 것이고, 이들은 이 모든 것을 과학이라는 이름으로 포장하고 있을 따름이다.

　정책 결정은 대개는 경제적인 결정이다. 따라서 기본적인 경제 원칙을 이해하지 못하면, 온난화 대처 방안에 대해서 뜻있는 의견을 펼칠 수 없다. 환경론자들은 지구온난화에 대해서 특단의 조치를 취해야 한다고 주장하지만, 나는 이런 관점에서 비롯한 의도치 않은 부정적인 결과가 엄청난 손실을 초래하는 까닭을 해명할 것이다.

　모두들 지구라는 행성이 예고된 파멸을 맞게 될 날을 기다리는 동안, 나는 과학적인 요소들뿐 아니라, 지구온난화 문제를 바라보는 관점과 무관하다고 볼 수 없는 철학적, 경제학적, 정치학적, 심지어는 종교적인 요소들까지 언급하고 싶다.

　이 책을 비판하는 사람들은 나의 주제 서술 방식이 편파적이라고 말할 것이다. 그 말은 옳다. 나는 이 주제에 대해서 충분히 연구했기 때문에 확고한 편견을 가지게 되었다. 그러나 중요한 것은 편견이 있느냐 없느냐가 아니다. 우리는 누구나 편견을 가지고 있다. 중요한 것은 어떤 편견이 가장 유익한 편견인가 하는 점이다.

chapter 1

지구온난화 히스테리

살고 싶으면 어서 달려!
어서 달리라구! 곧 빙하기가 온대!

폭풍이 몰아치는 어두운 밤이었다.

비가 억수같이 쏟아졌다.

비가 잠시 뜸해질 때면 돌풍이 거리(우리 현장은 런던에 있다)를

휩쓸듯 몰아쳐 지붕을 덜걱덜걱 울려대고

어둠에 맞서 싸우는 빈약한 등불을 사납게 휘저어댔다.

기후 전문가들과 인기 영화배우들은

오래전부터 이런 기상 이변을 예견했다.

가솔린을 쉴 새 없이 먹어대는 '하마'를 구입하자마자

이런 기상 이변이 일어나리라는 걸 알았다면,

잭은 텔레비전에서 끊임없이 이어지는 자동차 광고의 유혹에

그처럼 빨리 넘어가지 않았을 것이다.

바로 이 순간 그의 무거운 마음, 선량한 마음을 쓰라리게 하는

그런 짓은 결코 하지 않았을 것이다.

미처 깨닫지 못한 사람을 위해서 밝혀두면, 현재의 모든 자연재해는 지구온난화 때문에 일어나는 것이다. 지진해일, 허리케인, 토네이도, 혹서, 그리고 눈보라는 하나같이 인류가 화석연료를 사용한 탓에 일어나고 있다. 최근에 일어난 가뭄과 홍수 역시 지구온난화가 그 원인이다. 앨 고어가 영화와 책으로 제작한 《불편한 진실》은 온난화가 진행되기 전에는 빙하 덩어리들이 쪼개져서 바다로 떨어지고, 북극해의 얼음이 녹고, 강력한 허리케인이 미국을 급습하는 일이 일어나지 않았고, 우리가 지구온난화를 가속하는 행위를 중단하기만 하면 이런 일들은 두 번 다시 일어나지 않을 것이라고 이야기한다. 북극의 온도 상승은 알래스카 이뉴잇(Inuit: 에스키모를 이른다─옮긴이)의 '전통적인' 생활양식까지 위협하고 있다. 요즘에는 이뉴잇이 끄는 눈썰매들이 얼음 사이로 떨어지는 일이 더욱 빈번하게 벌어진다.

분명히 말하지만, 지구온난화 이론은 흉작에서부터 주택 침수와 북극곰 개체수의 감소, 그리고 최근에 보도된 북극곰 고환의 축소에 이르기까지 모든 것을 설명할 수 있을 만큼 막강하고 유연성이 있다. 겨울철 날씨가 따뜻해진 것은? 지구온난화의 증거이다. 겨울철 날씨가 추워진 것은? 이 역시 지구온난화의 증거이다. 인간이 지구온난화를 초래했다는 이론은 털끝만큼도 의심할 수 없는 확증된 물리법칙의 지위에까지 오르게 되었으며, 우리가 자연에서 목격하는 모든 변화를 설명할 수 있는 단일한 도구를 제공하는 것으로 추정되고 있다.

그러나 인간이 초래한 지구온난화는, 그것이 심각한 문제냐, 과장된 공포냐, 아니면 아예 존재하지 않는 것이냐 하는 것은 따져볼 겨를도 없이, 우리 생활 속에 자극과 여흥을 제공한다. 우리가 지구온난화를 어떻게 여흥거리로 즐기는지 몇 가지 사례를 살펴보자.

기록적인 기상 이변들

사람들은 사우스다코타주의 기상 예보관이 2005년에 발생한 허리케인의 원인으로 지구온난화를 지목했든, 아니면 러시아인이 개발한 날씨 기계 장치를 지목했든 관계없이, 극심한 기상 이변이 나타나면 그것을 무조건 인류의 특정한 행위 탓으로 돌린다. 그것은 인간의 타고난 본성인 것 같다. 그러나 대부분의 사람들이 이해하지 못하는 극심한 기상 이변들의 특징을 하나 꼽으면, 이변에 가까운 기상은 정상적인 것이라는 사실이다.

기록적인 고온 혹은 저온을 예로 들어보자. 100년의 연륜을 자랑하는 어느 기상 관측소(이런 관측소는 많지 않다)의 경우, 기록적인 고온이 나타나는 날은 1년 중 사나흘에 불과하다. 그 관측소가 세워진 첫 해에는 매일의 날씨가 신기록이었다. 과거에 관측되었던 온도보다 높은(낮은) 온도는 모두 고온(저온)으로 기록되는데, 과거에 관측된 기록은 아예 있지도 않으니 말이다. 그리고 다음 해에는 1년 365일 가운데 절반은 고온으로 기록되고, 나머지는 모두 저온으로 기록될 것이다. 세 번째 해가 되어야만 매일의 온도가 신기록이 되지 않는 상황이 가능해진다.

이제 감이 잡힐 것이다. 기록적인 기상 이변이 이따금 일어나는 것은 정상적인 일이다. 하지만 기상 이변이 일어나면 우리는 흠칫 놀란다. 게다가 기상 이변은 다발적으로 일어나는 경향이 있다. 어느 한 지역에서 여러 날 동안 연달아 기록적인 고온이 관측되는 경우도 있을 수 있고, 어느 하루 동안 100개가 넘는 도시에서 기록적인 고온이 관측될 수도 있다. 최근 10여 년 사이에 미국에서 기록적인 고온이 관측되었다는 이야기를 곧이곧대로 믿는 사람들도 있지만, 실제로 미국에서 고온이 가장 많이 관측되었던 때는 1930년대였다.

21세기가 되기 전에는 어땠을까? 당시의 날씨는 지금의 날씨와 정말로 달랐을까? 어느 누구도 확실히 알 수 없는 노릇이다. 설사 그랬다고 하더라도, 그것은 인간 탓이 아니었다. 과거에도 영국에서 겨울 내내 포도가 자라거나, 템스강이 얼어붙었다는 증거가 있지만, 이런 기상 이변은 세계적인 온난화 혹은 세계적인 한파와는 아무런 관련이 없었다. 지구는 아주 크다. 더구나 지구의 4분의 3은 바다이기 때문에, 모든 곳에서 일어나는 온갖 일을 측정하는 데에는 아직도 약간의 어려움이 있다.

다만 역사를 돌이켜보면 따뜻한 날씨는 추운 날씨보다 인간에게 유리하게 작용했다는 사실을 알 수 있다. 서기 1000년경에는 '중세의 최적기'라고 불렸던, 기후가 따뜻했던 시기가 존재했다. 이 시기 동안 인류는 번창했다. 1.6킬로미터 두께의 얼음층이 덮여 있던, '최적기에 못 미치는 빙하시대'에서 벗어난 덕분으로 추정된다. 기후학자들이 당시의 온난했던 시기를 '중세의 온난화 재앙기'라 부르지 않고 '중세의 최적기'라고 부른다는 사실에 주목하라.

따뜻했던 1940년대가 지나고 1970년대에 접어들면서 약간 추워지는 추세가 나타나자 사람들 사이에는 새로운 빙하기가 시작되었다는 두려움이 광범위하게 퍼져나갔다. 사람들은 본능적으로 추위가 나쁘다는 것을 알고 있었다(스키장을 운영하는 사람이 아니라면 말이다). 그러나 지금은 따뜻해지는 것도 나쁘다. 분명한 사실은 1980년대에 우리가 겪었던 기온은 지금 우리가 겪고 있는 기온과 같았다는 점이다. 지금의 기온은 완벽하고 순수하고 자연스럽다. 사람에 따라 '완벽한' 기온은, 겨울철 섭씨 −18도 이하, 여름철 섭씨 32도까지 다양하다. 아마 이 기온은 어머니 자연이 정한 것일 터이니, 자연이 정한 기온을 바꾼다는 것은 생각조차 해서는 안 될 일이다.

그러나 1850년부터 2005년 사이의 세계 온도를 기록한 다음 도표를 보면, 순전히 자연적인 원인 때문에 세계의 평균 기온이 크게 바뀔 수 있음을 알 수 있다. 1940년 이전에 인류는 온실가스를 그다지 많이 배출하지 않았으므로, 그 시기에 이루어진 온도 상승은 인류 탓이 아니었을 것이다.

1850년 이전의 기온을 정확히 알 수 있다면 좋겠지만, 과학적인 가치가 높은, 활용 가능한 측정치는 남아 있지 않다.

그럼에도 불구하고 일부 과학자들은 측정치의 부족과 같은 작은 문제

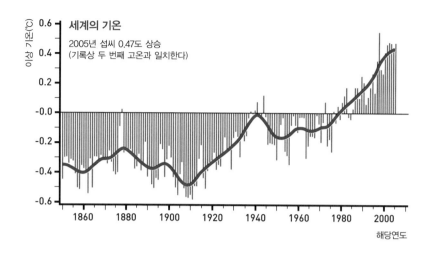

때문에 포기하고 싶어 하지 않는다. 역사에 은근히 흥미를 가지고 있던 많은 과학자들은 '고기후학paleoclimatology'이라는 분야를 만들어냈다. 이 분야의 과학자들은 마치 마법사처럼 나무의 나이테나 퇴적암 등을 관찰하여 과거의 기온을 파악한다.

대부분의 사람들은 이런 추론 방법을 미심쩍어하지만, 학자들은 오히려 그것을 과학이라고 부른다. 몇 가지 중요한 가정만으로도 이들 고기후학자들은 수백 년 전, 수천 년 전의 날씨가 어떠했는지 알 수 있다. 그들은 자신들의 방법을 검증하기 위해 번거롭게 기온 측정치를 살펴볼 필요가 없다. 그들이 제시하는 결과들은 대개 종교적인 복음처럼 다루어진다.

개인적으로는 고기후학을 그다지 신뢰하지 않는다. 이들 과학자들은 최근 100년 동안 온도계로 측정한 현실적인 기온의 정확성까지 부인할지도 모른다. 콜로라도주 오지의 해발 2,740여 미터 고도에서 자라는 브리슬콘소나무의 나이테를 측정함으로써 옛날 기온을 알아낼 수 있다는 주장은 그리 미덥지 않다.

2006년 미국 국립과학아카데미는 지구가 지난 1,000년 중 가장 높은 기온을 기록했다는 주장에 대해 입장을 밝혀야 했다. 1998년 고생물학자들은 유명한 '하키 스틱' 모양의 기온 그래프를 발표하면서 대소동을 일으켰다. 그 그래프는 '중세의 최적기'의 온난화를 무시한 채 20세기의 온난화만을 부각시켰다. 미국 국립과학아카데미는 하키 스틱 모양의 그래프를 꾸며낸 사람들이 '현재의 기온은 지난 1,000년간 최고'라는 자신들의 주장을 뒷받침하기 위해서 의심스러운 통계 방법을 사용한 것을 비난하지 않았다. 그리고 그들은 상당한 자신감을 가지고 '현재의 기온은 지난 400년간 최고'라는 의견을 냈다.

그러자 언론은 흥분해서 "어, 큰일이다! 기온이 지난 400년 중 가장 높다!"라고 떠벌려댔다. 그들은 예전에 "어, 큰일이다! 기온이 지난 1,000년 중 가장 높다!"고 떠벌렸던 것에 비하면 엄청난 하향 조정이라는 사실을 돌이켜보려고도 하지 않았다. 하지만 그 400년 가운데 350년은 '소빙하기Little Ice Age'였다. 따라서 나는 현재의 온난화는 대단한 희소식이라고 생각한다.

현재의 따뜻한 날씨는 해로운 것이라기보다는 유익한 것임에도 불구하고, 언론인들은 제정신을 되찾아 긍정적인 보도를 내놓을 생각을 하지 못하고 있다. 아직도 제정신을 찾지 못했다니 정말 안된 일이다.

지구온난화에 대한 인식에 영향을 미치는 또 다른 버릇이 있다. 어쩌다 가뭄을 한 번 겪게 되면 온 세계가 가뭄에 시달리게 될 것이라고 믿고, 어쩌다 어느 지역에 역사상 최고 기온이 관측되면 온 세계가 땀투성이로

허덕이게 될 거라고 믿는 태도이다. 어느 한 지역에서 일어난 기상 이변이 세계적인 주목의 대상이 된다. '기상 패턴'이라는 말을 들어보았는지? 기상 패턴은 실제로 존재하지만, 비교적 작은 지역에 영향을 미친다. 물론 우리 과학자들은 지나치게 비전문적인 느낌을 주는 '기상 패턴'이라는 말을 쓰지 않고, 훨씬 전문적인 '국지적 이상 기후'라는 용어를 쓴다.

미국은 큰 나라이지만, 지표면에서 차지하는 비율은 2퍼센트를 조금 넘을 뿐이다. 나는 존 크리스티John Christy와 함께 개발한 위성 데이터 분석 프로그램을 통해서 미국의 기온과 세계 평균 기온의 상관관계를 계산해본 적이 있다(위성은 지구 전체의 기온을 측정할 수 있는 유일한 방법이다). 분석 결과로 도출된 상관관계는 제로에 가까웠다. 아무런 상관관계가 없는 것이다.

더구나 그것은 미시간주의 조그만 시골 마을이 아니라, 미국 전체의 평균 기온이었다. 어느 한 지역이 비정상적으로 높은 기온을 보이면, 1,600킬로미터 남짓 떨어진 다른 지역의 기온은 비정상적으로 낮은 경우가 거의 대부분이다. 예를 들어, 미국의 대서양 연안이 혹서에 시달리면 캘리포니아주는 계절에 어울리지 않게 낮은 기온을 보이고, 반대로 대서양 연안이 계절에 어울리지 않게 낮은 기온을 보이면 캘리포니아주는 혹서에 시달릴 것으로 예상해도 좋다. 이것은 세계적으로 보면 아무런 의미가 없는 현상이다. 엄밀하게 말하면, 세계적인 차원에서 보면 이런 현상은 2퍼센트가 조금 넘어서는 의미를 가질 뿐이다.

2004년 1월 뉴욕시가 역사상 손꼽힐 만한 추위에 시달리는 동안 앨 고어가 온난화에 관해 연설하는 모습을 보았다면, 누구라도 단순히 아이러니라고 생각하기보다는 그 사건에 세계적인 의미를 부여하고 싶다는 유혹을 느꼈을 것이다. 물론 어느 하루 날씨가 추웠다고 해서 지구 전체의 온도가 계속 내려가고 있다고는 말할 수 없다. 그렇지만 '지구의 날'이 되었는데 뉴욕시가 혹서에 시달리고 있다면, 지구의 날 행사에서 연설을 하게 된 사람은 틀림없이 그것을 온난화와 연결시킬 것이다.

극심한 기상 이변에 대한 우리의 관점에 영향을 미치는 또 한 가지 요소가 있다. 그것은 현재의 날씨를 자신의 상당히 짧은 인생의 맥락에 끼워 맞추는 경향이다. 사람들은 자신이 예전에 겪지 못한 일을 겪게 되면, 이런 일은 일찍이 일어난 적이 없던 일이라는 결론을 내리고 싶어 한다. 자신의 인생에서 실제로 일어났던 과거의 사건에 대한 사람들의 기억은 온전치 못한 경우가 많다. 가장 좋은 사례가 1984년에 있었던 '외계인 대침공' 사건이다. 내가 이 사건에 대해서 질문을 던졌을 때 그 일을 기억하고 있는 사람은 한 사람도 없었다. 나의 논지를 입증하기에는 안성맞춤인 이야기이다. 사람들은 기억력이 좋지 않다.

우리는 1980년대와 1990년대에 '20세기 최대의 폭풍'을 몇 차례나 겪었을까? 내 기억으로는, 2001년 즈음 겪었던 폭풍에 '21세기 최대의 폭풍'이라는 이름이 붙여졌다. 누군가 미국 항공우주국이 몰래 개발한 기후 타임머신을 이용해서 앞으로 99년 동안 무슨 일이 일어날지 미리 훑어보았음에 틀림없다. 아이쿠, 이건 일급비밀인데. 방금 내가 말한 타임머신 이야기는 제발 잊어주시길 바란다. 참, 신경 쓸 필요 없지. 굳이 신경 쓰지 않아도 사람들은 저절로 잊어버릴 테니까.

기막힐 정도로 엉뚱하게도 날씨와는 아무런 관련이 없는 일들을 굳이 날씨와 연관지으려는 사람들이 있다. 한 가지 사례를 소개하겠다. 2004년 12월 26일 인도네시아에 밀어닥친 초대형 지진해일은 인간의 최근 기억 속에서는 선례가 없는 일이었다. 일부 전문가들과 정치가들은 지진해일을 온난화 탓으로 돌렸다. 어떻게 이런 일이(아니다. 솔직히 나는 그런 일이 일어날 줄 알았다)!

지진해일은 해저면 아래에서 발생하는 지진 때문에 일어난다. 그리고 지진은 지각을 구성하는 지각판들이 장기간 마찰하면서 발생한다. 지진 발생에 영향을 미치는 것은 지구의 심층에 존재하는 엄청난 힘이다. 지각은 이산화탄소 같은 대기 중 성분의 농도 변화 따위는 전혀 감지하지 못한다.

지각과 맨틀은 대기 중의 이산화탄소 농도가 250ppm인지 500ppm인지 따지지 않는다. 아마 대기가 있는지 없는지도 상관하지 않을 것이다. 나는 인도네시아에서 발생한 지진해일의 원인으로 지구온난화보다 훨씬 엉뚱한 이유를 댈 수는 없을까 궁리해보았지만, 떠오르는 것이 없었다. 하지만 뉴스에서 지진해일은 지구온난화와 관련이 있을지도 모른다고 떠벌리면, 그 말에 넘어가는 사람들이 많을 것이다.

대부분의 전문가들은 인도네시아에서 발생한 지진해일을 지구온난화 탓으로 돌리지 않았다. 하지만 그 지진해일은 우리가 지구온난화 이야기에 얼마나 휘둘리기 쉬운가를 적나라하게 보여주었다. 그러나 이 유명한 지진해일 사건은 지구온난화에 대한 공포심을 강화시키는 대신 약화시켰어야 한다. 그 지진해일은 지구온난화에 대한 우리의 시각을 적절한 위치로 돌려놓을 수 있는 것이었다. 해안에 거주하는 사람들은 지구온난화로 인해서 앞으로는 해수면이 10년 주기로 8~10센티미터씩 상승할 것이라는 이야기를 귀에 못이 박히도록 들어왔다. 그런데 몇 초 만에 6미터 높이로 불어나는 지진해일이 일어나면서, 해수면이 8~10센티미터씩 꾸준히 상승할 가능성은 엉뚱하고도 배부른 이야기가 되고 말았다.

이 두 가지 극단적인 사건 사이에는 엄청난 간극이 있다. 인간은 점차적인 해수면 상승에는 적응할 수 있다. 안벽과 제방을 쌓거나, 새로운 건물을 지을 때 토대를 약간 높게 쌓을 수도 있다. 그러나 해저에서 발생하는 지진은 예측이 거의 불가능하므로, 지진해일을 피할 수 있는 유일한 방법은 해안에 살지 않는 것이다.

해안 지역에 사는 사람들이 바다에서 자연적으로 발생하여 그들을 기습하는 기상재해의 위험에 노출되는 것은 피할 수 없는 현실이다. 지진지대에 사는 사람들이나 토네이도 발생 지역에 사는 사람들이 위험에 노출되어 있는 것과 마찬가지이다. 지구상에는 자연재해로부터 안전한 지역은 거의 찾아볼 수 없다. 그리고 그런데서 살다가는 지루해서 죽을지도 모르는 일이니, 어느 누구도 그런 곳에는 살고 싶어 하지 않을 것이다.

허리케인, 인재人災일까 천재天災일까?

루이지애나주와 미시시피강 유역은 2005년에 멕시코만을 기습했던 수차례의 대규모 허리케인 때문에 아직도 휘청거리고 있다. 이 기상재해가 지나간 후, 바브라 스트라이샌드Barbra Streisand는 "우리는 지구온난화로 비상사태에 처해 있다. 이런 폭풍은 갈수록 잦아지고 갈수록 강력해질 것이다"라고 경고했다. 그녀를 좋아하는 사람은 그녀의 경고를 진지하게 받아들일 것이다. 그래서 그녀는 지구온난화에 대한 자신의 생각에 귀를 기울일 사람이 있을 거라고 생각하는 것이 분명하다. 만일 그녀가 허리케인 전문가이거나 기후 전문가라면, 그녀의 견해가 신뢰를 얻을 텐데.

존경받는 허리케인 전문가는 또 있다. 허리케인 카트리나가 미시시피 주 남부와 루이지애나주 동남부를 폐허로 만든 뒤에, 로버트 F. 케네디 2세Robert F. Kennedy, Jr.는 화석연료의 사용을 지지하는 할리 바버Harley Barbour 미시시피 주지사에게 지구가 벌을 내린 거라는 글을 썼다. 케네디에게서 이런 말을 듣기 전까지 나는 지구가 그렇게 보복을 좋아하는지 몰랐다. 세상에, 그런 말을 입에 올리다니, 케네디 자신은 화석연료를 단한 번도 사용한 적이 없는 걸까?

기자들은 믿기 어려운 일이겠지만, 사실 대규모 허리케인은 늘 미국을 위협했다. 미국은 건국 이후 여러 차례에 걸쳐서 대규모 허리케인에 연속적으로 기습을 당한 경험이 있다. 지구온난화 문제가 등장하기 전까지만 해도 사람들은 허리케인을 모든 일의 원흉으로 몰았다. 미국 국립허리케인센터의 전문가들은 수십 년 전부터 지금은 허리케인의 활동이 잠잠한 휴지기인데, 보통 30~40년마다 돌아오는 활동기가 시작되면 과거그 어느 때보다 활발한 활동을 재개할 것이라는 경고를 계속해왔다.

허리케인에 대한 우려가 압도적으로 늘어난 것은 대체로 최근 몇 년 사이에 수많은 사람들이 해안 지대로 몰려들면서 나타난 결과이다. 해안 지대에는 건물이 우후죽순으로 들어서고 있다. 건물이 많아지면 많아질수록 허리케인의 공격 목표는 많아진다. 토네이도 빈발 지대(기상학자들은 이곳을 "토네이도의 먹이"라고 부른다)에 트레일러 주차장이 많아지면 많아질수록 토네이도의 공격 목표가 많아지는 것과 같은 이치이다.

허리케인의 발생 횟수는 해마다 큰 차이를 보이고 있는데도, 두세 명의 연구자들은 지구온난화가 허리케인의 강도를 높일 수 있다고 주장한다. 최근 해수면의 온도 상승과 사이클론의 강도를 연관짓는 연구자는 그들 말고도 두 사람이나 더 있다.

그러나 이런 가능성을 지나치게 강조하다 보면 더 큰 문제를 돌아보지 못하게 된다. 미국에는 늘 대규모의 허리케인이 발생하고, 앞으로도 발생할 것이다. 허리케인의 평균적인 강도가 높아지든 낮아지든, 사람들은 허리케인에 대비해야 한다. 취약한 해안 지대에 사는 사람이라면 시장, 주지사, 의회, 연방긴급사태관리청, 혹은 대통령이 허리케인으로부터 자신을 지켜줄 거라는 기대를 하지 말아야 한다.

전문가들조차 최근 허리케인이 활발하게 활동하는 것은 인간이 초래한 지구온난화 탓이 아니라고 이야기한다(이런 내용은 2004년과 2005년에 쓰였다). 미국 국립허리케인센터의 현직 소장인 맥스 메이필드Max Mayfield와 전직 소장인 닐 프랭크Neil Frank, 유력한 허리케인 연구자인 크리스 랜드시Chris Landsea, 그리고 유명한 허리케인 예측자인 빌 그레이Bill Gray가 이런 의견을 밝힌 바 있다. 이들 전문가들은 허리케인의 활동 변화를 인간이 초래한 지구온난화 탓으로 돌리는 주장을 미심쩍게 여긴다. 그러나 미국 부통령이었던 앨 고어는 이들과 생각이 다르다. 그는 책과 영화로 자신의 주장이 옳고 그들의 주장이 틀리다는 걸 사람들에게 납득시키려 한다.

허리케인이 빈번히 발생했던 2004년과 기록적인 허리케인의 활동이 이어졌던 2005년이 지나자, 2006년에도 역시 허리케인이 빈번히 발생할 것이라는 예상이 등장했다. 그러나 어머니 자연은 모든 예상을 뒤엎고 평균에 못 미치는 허리케인을 선사했다. 허리케인의 활동이 절정기에 이르러야 했을 시점에도, 대서양과 태평양에는 단 하나의 열대성 사이클론도 발생하지 않았다. 이런 이변 역시 지구온난화에 기인한 것이 분명하지 않은가.

다른 종류의 기상 예보도 마찬가지이지만, 허리케인의 발생을 미리 예측하는 것은 위험천만한 일이다. 허리케인의 장기 예보를 담당하는 기상 예보관들이 날마다 당황스러운 상황을 견뎌낼 수 있는 것은, 자신의 예측이 틀렸다는 사실이 입증되기도 전에 사람들이 그 예측을 잊어버리는 덕분이다. 우리는 새로운 예보에 신경 쓰느라 여념이 없다.

마이애미에 있는 미국 국립허리케인센터의 예보관들은 열대성 사이클론의 강도 변화를 몇 시간 전에 예측할 수 있는 기술은 거의 존재하지 않는다는 사실을 주저 없이 시인한다. 그러나 사람들은 그들이 어떤 허리케인, 혹은 열대성 사이클론이 앞으로 며칠간, 그리고 몇 시간 동안 어떤 활동을 보일지 예보해줄 거라는 기대를 버리지 못한다. 허리케인 예보관들은 여섯 시간 간격으로 열대성 사이클론 예보를 해야 하는데, 이 사이클론들은 완고하게 예보를 무시하기 때문에, 예보관들은 번번이 짜증스러운 시간을 보내게 된다. 국립허리케인센터가 내보내는 뉴스 표제들 가운데에는 익살에 가까운 내용이 많다. 다음은 2006년 9월 버뮤다를 기습한 허리케인 플로렌스의 경로를 기록한 기상 보고이다.

- 8차 기상보고, 2006년 9월 5일 오전 11시
— 허리케인 계절에 여섯 번째 강풍이 대서양 중부 열대 지역에서 발달하고
  있다.

- 9차 기상보고, 2006년 9월 5일 오후 5시
— 플로렌스가 대서양 한가운데에서 조금씩 강해지고 있다.

- 10차 기상보고, 2006년 9월 5일 오후 11시
— 플로렌스가 대서양 중부의 탁 트인 해상에 머무르고 있다.

- 11차 기상보고, 2006년 9월 6일 오전 5시
— 플로렌스가 강해질 것으로 전망된다.

- 12차 기상보고, 2006년 9월 6일 오전 11시
— 플로렌스가 조금씩 강해지고 있다.

- 13차 기상보고, 2006년 9월 6일 오후 5시
— 플로렌스가 점점 세력을 얻어 이내 강해질 것이다.

- 14차 기상보고, 2006년 9월 6일 오후 11시
— 플로렌스는 아직 강해지지 않았다.

- 15차 기상보고, 2006년 9월 7일 오전 5시
— 플로렌스가 진로를 유지하면서 북북서로 이동하고 있다.

- 16차 기상보고, 2006년 9월 7일 오전 11시
— 플로렌스가 대서양 한가운데에서 북북서로 이동하고 있다.

- 17차 기상보고, 2006년 9월 7일 오후 5시
— 플로렌스가 대서양 한가운데에서 차츰 세력을 얻어가고 있다.

- 18차 기상보고, 2006년 9월 7일 오후 11시

— 플로렌스는 크기를 유지하고 있지만 강력해지지 못하고 있다.

▨ 19차 기상보고, 2006년 9월 8일 오전 5시

— 플로렌스가 약간 변화를 보이고 있다.

▨ 20차 기상보고, 2006년 9월 8일 오전 11시

— 플로렌스가 강력해질 준비를 마친 것으로 보인다.

▨ 21차 기상보고, 2006년 9월 8일 오후 5시

— 플로렌스가 아직까지는 강력해지지 않았지만, 오늘 밤에는 강력해질 것
  이다.

▨ 22차 기상보고, 2006년 9월 8일 오후 11시

— 플로렌스가 점점 커지고 있다.

▨ 23차 기상보고, 2006년 9월 9일 오전 5시

— 플로렌스가 북북서로 움직이면서 서서히 세력을 확장하고 있다.

▨ 24차 기상보고, 2006년 9월 9일 오전 11시

— 플로렌스는 계속 세력을 얻어가는 듯이 보인다. 버뮤다에 열대성 강풍
  경고가 발표되었다.

▨ 25차 기상보고, 2006년 9월 9일 오후 5시

— 플로렌스는 약간 약화되고 있으나 버뮤다에 가까워지고 있으므로 일요
  일에는 다시 강화될 것으로 예상된다.

이때 버뮤다 주민의 절반은 가슴을 졸이면서 애꿎은 손톱을 물어뜯어 손
톱 열 개가 다 뜯긴 상태였고, 나머지 절반은 해변으로 돌아간 상태였다.

■ 26차 기상보고, 2006년 9월 9일 오후 11시
— 플로렌스는 세력을 유지한 채 북북서로 향하고 있다.

그러다가 마침내(여기 북소리를 넣을 것)

■ 26A차 기상보고, 2006년 9월 10일 오전 2시
— 플로렌스가 허리케인급에 도달한다.

  나는 국립허리케인센터의 예보관들을 대단히 존경하고 있음을 밝혀두고 싶다. 그들은 맡은 일을 최선을 다해서 진지하게 수행하고 있다. 그러나 안타까운 일이지만, 특정한 허리케인의 형성과 강화, 약화를 야기하는 원인은 완전하게 알려져 있지 않다. 해수면의 온도가 올라가면 대체로 허리케인도 세질 수 있다. 그러나 해수면의 온도가 올라가면서 윈드시어(wind shear: 고도에 따라 방향이나 속도가 변하는 바람이다—옮긴이)도 함께 증가하는 경우에는 온도가 상승함에 따라 허리케인의 세력이 약화되거나 빈도가 줄어드는 것을 확인할 수 있다. 해수면의 온도는 허리케인에 영향을 미치는 일부 요인에 지나지 않는다.

  허리케인의 발생 빈도에 영향을 미치는 또 다른 요인은 '씨앗'의 존재 여부이다. 태평양 해분에서 형성된 열대성 사이클론은 대부분 아프리카 사하라 사막 이남의, 동쪽에서 서쪽으로 밀려가는 파도에서 시작된 것이다. 이것은 열대성 사이클론이 형성될 수 있는 유리한 조건을 제공한다. 아프리카의 강우 조건에 변화가 일어나면 이런 저기압의 강도와 빈도에

도 변화가 일어날 수 있다. 수온 상승, 윈드시어, 아프리카의 동쪽에서 밀려오는 파도, 그리고 아프리카의 날씨 등은 허리케인의 활동 유형을 해마다 변화시키는 변수들이다.

결론적으로 말하면, 믿지 않는 사람들도 있겠지만 해수면의 온도는 인류의 행위에 영향을 받지 않는다. 2006년 말에 발표된 연구 결과를 보면, 2003년부터 2005년 사이에 해수면의 평균 온도는 급격히 떨어져서 겨우 2년 만에 그 이전 48년 동안 이루어진 온도 상승의 20퍼센트 이상을 상쇄했다. 그 이유가 뭘까. 그 이유는 밝혀진 바가 없다.

결론적으로 말해서, 지구온난화가 허리케인을 조금이라도 강화시키는지 그렇지 않은지에 지나치게 초점을 맞춘다면 더 큰 문제에 대한 우리의 관심이 희석될 수 있다. 허리케인은 늘 존재했고, 앞으로도 존재할 것이다. 만일 허리케인 빈발 지역에서 지나치게 해수면에 가까운 곳에 건물을 짓는다면, 허리케인이 당신 마을을 덮치는 것은 시간문제이다.

토네이도가 늘어난 이유

토네이도가 발생할 때마다, 사람들은 누군가 토네이도의 원인으로 지구온난화를 꼽기를 기대한다. 예를 들어, 2004년에는 토네이도의 활동이 가히 기록적이었다. 그러나 허리케인의 경우와는 달리, 어떤 연구자도 토네이도의 활동을 지구온난화로 설명하지 않는다. 토네이도는 온도가 다른 두 개의 공기 덩어리가 접하는 지점(전선)에서 극심한 뇌우가 몰아치고 윈드시어에 필요한 조건이 형성될 때 발생한다. 지구온난화가 여기에 어떤 변화를 미치는지는 밝혀진 바가 없다. 허리케인도 마찬가지이지만, 토네이도의 활동은 해마다 엄청난 변화를 보인다. 그러나 이런 변화는 지극히 자연스러운 것이다.

최근에 지구온난화 탓이라고 할 만큼 토네이도의 활동에 변화가 있었을까? 물론 지난 50년간 토네이도의 발생 횟수는 크게 늘었다. 안타까운 일이지만, 토네이도 발생과 관련하여 믿을 만한 장기 기록을 구축하는 데에는 약간의 어려움이 있다. 옛날에는 지리적으로 좁은 지역에 훨씬 적은 인구가 흩어져 있었고, 지금과는 달리 촬영 장비도 미비했다.

지금은 사람들이 훨씬 더 광범위하게 거주·여행하고 있고, 촬영 장비도 대중화되었으며, 거의 전 국토에 토네이도성 뇌우를 밝혀낼 수 있는 도플러 레이더가 배치되어 있다. 이제 토네이도는 누군가에 의해서든 관측될 수밖에 없는 처지가 되었다. 지난 50년간 미국에서 토네이도의 발생 건수가 늘어난 것은 이런 요인 덕분이라는 사실은 전문가들 사이에서는 널리 알려진 일이다.

최근 몇 십 년 동안 토네이도의 활동이 강화되었는지를 파악할 수 있는 가장 좋은 방법은 파괴적인 것으로 보도된 토네이도의 수를 헤아리는 것이다. 그런 토네이도의 수는 거의 변화가 없었다. 파괴적인 토네이도는 지속 시간이 더 길 뿐 아니라, 더 넓은 지역을 공격하여 더 큰 피해를 초래하기 때문에, 아무리 멀리 외진 지역에서 발생한다고 해도 눈에 띄지 않고 넘어갈 가능성은 없다.

주요 언론의 광기

환경 문제에 관한 그릇된 정보를 제공하는 데 가장 큰 역할을 하는 것은 바로 언론과 연예 산업이다. 언론은 사람들에게 흥미를 주려 애쓰고 있고, 연예 산업은 사람들에게 특정 사건에 대해서 어떤 생각을 가져야 하는지를 들려주려 애쓰고 있다. 환경에 대한 사람들의 관심은 대부분 언론 내부에 존재하는 편집진들의 편견에서 비롯된다고 할 수 있다.

언론인들의 관심은 사람들에게 해박한 정보를 제공하는 데에서 벗어나 있다. 그들은 세계를 변화시키려고 한다. 리처드 닉슨Richard Nixon 대통령 재임시 워터게이트 사건을 파헤쳐 명성을 얻었던 〈워싱턴 포스트 Washington Post〉지의 기자 보브 우드워드Bob Woodward와 칼 번스타인 Carl Bernstein 이후, 기자들은 퓰리처상을 받을 만한 특종을 찾아내려 혈안이 되어 있다. 그래서 그들은 지구온난화의 심각성에 대한 확신을 퍼뜨리기 위해 안간힘을 쓴다. 만일 기후 변화에 관한 보도에 퓰리처상이 돌아간다면, 그 상은 지구온난화라는 아마겟돈이 다가오고 있다고 떠들어댄 1,735명의 언론인들에게 공평하게 분배되어야 할 것이다.

사실 뉴스는 언론계의 편견과 과학계의 편견이 침투할 여지가 많다는 점에서 다른 매체와는 크게 구별된다. 과학자들이 놀라운 발견을 해서 노벨상을 받고 싶어 하는 것과 마찬가지로, 언론인들은 특종을 잡아서 퓰리처상을 타고 싶어 한다.

언론은 급박한 환경적 재난과 관련하여 구미가 당기는 발언을 해줄 전문가를 찾아낸다. 그런 발언에는 대개 그 아이디어를 파는 데 도움을 주는 일말의 진실이 있기 마련이다. 공상과학소설과 마찬가지로 그럴 듯한 기상 재난 이야기는 우리의 상상력을 사로잡아 세계적인 재앙의 가능성을 떠올리게 한다. 예측되는 파국적인 사건들 가운데에는 가능한 것도 있고 불가능한 것도 있다. 다음 세기에 지구의 온도를 섭씨 5도쯤 상승시키는 파멸적인 온난화 역시 완전히 불가능한 일은 아니다. 물론 외계인의 지구 침공 역시 완전히 불가능한 일은 아니다.

그러나 언론이 보도하는 이론적인 가능성은 미래에 대한 합리적인 과학적 예측과는 거리가 먼 것이다. 비관적인 뉴스 보도들 속에 내재되어 있는 편견은 지구의 건강과 인간이 지구의 건강에 미치는 영향에 대한 일반인의 인식에 커다란 영향을 미친다. 과학자들은 지구온난화와 관련한 자신들의 발언을 무시한 채 기사를 쓰고 보도를 하는 기자들과 일상적으로 부딪힌다. 이따금 균형 감각을 유지하는 기사를 만날 때도 있지만, 그것은 극히 예외적인 일이다.

어떤 기자도 언론사 책임자들 앞에서 미래의 지구온난화가 심각한 문제가 아닐 수도 있다는 이야기를 하지 않을 것이다. 과학자들은 20분간 새롭고 중대한 연구에 대해서 설명할 수 있다. 그러나 그 설명이 불안을 조성하는 간단한 용어로 표현되지 않으면, 사람들은 대개 그 기사를 쓴 기자를 기억하지 못한다. 그리하여 "우리가 파멸적인 지구온난화를 막을 수 있는 기회는 앞으로 10년밖에 남지 않았다"는 식의 경보가 나오기에 이른 것이다.

어떤 기사가 신문에 실릴 가능성이 높을까? "인류의 절반을 죽음으로 내몰 온난화"일까, "과학자들은 약간의 온난화를 예측한다"일까? 말할 필요도 없이, 계속 연구비를 지원받고 싶은 과학자는 세계를 뒤흔들 것을 찾아내야 한다. 자기 이름이 신문에 실리는 걸 보고 싶은 과학자는 기자에게 특종이 될지도 모른다는 희망을 주는 자료를 내놓아야 한다.

온난화의 위협에 대한, 히스테리에 가까운 언론의 반응은 2006년 4월 3일에 발행된 〈타임Time〉지에서 정점에 이르렀다. 그 잡지의 커버스토리는 "불안, 또 불안"이었다. 정확한 지식이 없는 사람이 읽으면 틀림없이 잔뜩 겁을 먹을 만한 기사였다.

분명 〈타임〉지의 기자들은 사람들이 적절한 정보에 근거하여 결정을 내릴 수 있도록 중요한 문제와 관련하여 균형 잡힌 정보를 제공하려 노력할 것이다.

하하, 아주 멋진 기사였다. 〈타임〉지는 객관성 부분에서 완전히 빵점이었다. 세상의 종말을 알리는 26페이지의 기사에는 쪽마다 "기후가 폭주하고 있다", "위기가 다가오고 있다", "자연이 드디어 우리에게 앙갚음을 한다" 따위의 문구가 실려 있었다. 아이러니하게도 〈타임〉은 이 기사 사이사이에 새로운 SUV 승용차 광고들을 삽입했다.

지구온난화의 또 다른 증거로 온갖 폭풍들이 거론되고 있다. "사이클론 래리라는 이름의 공기 폭탄"이 호주를 강타하면서, 온난화 회의론자들이 누운 관에 못을 하나 더 박았다는 이야기가 돌았다. 그러나 며칠 만에 래리는 5급이 아니라 약한 4급에 지나지 않는다는 사실이 밝혀졌다. 그 지역은 예로부터 훨씬 더 강력한 사이클론이 발생하던 곳이었다. 호주는 미국처럼 사이클론의 강도를 측정하려고 폭풍 속으로 연구용 비행기를 날려 보내지 않는다. 따라서 호주의 기상학자들은 사이클론의 강도를 정확히 알지 못하고, 예보관들은 지나치게 안전을 고려하느라 과도한 경보를 내보낸다.

〈타임〉은 지구온난화의 증거로 여러 기상 이변들을 꼽는다. 그 가운데에는 1974년 6월 〈타임〉지가 빙하기가 다가오는 증거라고 꼽았던 것(홍수, 가뭄, 폭풍, 흉작)들이 많이 포함되어 있다. 〈타임〉의 유력한 경쟁지인 〈뉴스위크Newsweek〉도 이에 질세라 빙하기라는 재앙 대신 지구온난화를 전면에 내세우기 시작했다.

어느 누구의 눈으로 보아도 언론은 이미 온난화가 인류에게 위협이 된다는 쪽으로 기울어져 있다. 나는 기자들이 던지는 질문과 그 어조에서도 그런 분위기를 감지한다. 기자들은 자신들의 의도를 감춘 채 사람들의 견해에 동조하는 체한다. 그러고는 최종적으로 기사를 쓸 때 갑자기 입장을 급선회한다. 언론인들과 언론사 책임자들이 정말 이런 화법을 좋아한다면 연예주간지 〈내셔널 인콰이어러National Enquirer〉에서 근무하는 게 나을 텐데.

언론인들의 곤란한 처지도 이해가 간다. 그들은 하루도 거르지 않고 세계 전역의 문제들을 다루어야 한다. 또 시간이 넉넉하지 않아서 완전히 이해할 수 없는 개념들에 관해서 보도를 해야 하니, 그들의 보도가 부정확한 것은 어느 정도 예상할 수 있는 일이다. 그러니 뉴스 매체에 의존해서 지구온난화에 관한 정보를 얻으려는 사람은 편파적인 견해를 가질 수밖에 없다. 기자들이 미묘한 어감의 차이 등을 제거하거나 변조하여 활자화한 과학적 주장들은 사람들을 현혹시키는, 완전히 잘못된 것인 경우가 많다.

언론 내부에는 환경적 재앙을 예보하는 주류 언론의 주장들에 수반되는 완고한 부조화와, 언론 자신은 편안하게 여기는 왜곡이 존재한다. 이런 태도는 한참 어떤 프로그램을 보고 있는데, 갑자기 "세계가 끝장납니다. 자세한 소식은 11시에 알려드리겠습니다"라는 뉴스 속보가 끼어들 때와 같은 느낌을 준다.

짐 캐리Jim Carrey의 〈트루먼 쇼The Truman Show〉라는 영화도 마찬가지이다. 이 영화에서 캐리는 태어날 때부터 줄곧 세계와 고립된 작은 마을에 갇힌 채 조직화된 연극의 일부로 살아가는 트루먼이라는 남자의 역할을 맡았다. 이 연극은 주인공이 눈치 채지 못하는 사이에 텔레비전을 통해 전 세계에 방영되고, 인류는 출생시부터 전개되는 그의 인생 이야기에 매료된다.

트루먼이 진실을 알게 되고 인조 물거품 같은 세상으로부터 벗어나는 것으로 연극이 끝나자, 전 세계 사람들은 숨이 막힐 듯한 침묵에 휩싸인 채 텔레비전을 응시한다. 약 10초 동안. 사람들은 곧 다른 프로그램을 찾기 위해서 채널을 돌리기 시작한다. 우리도 마찬가지이다. 우리는 기상과 기후의 이변과 관련된 숨 막히는 보도에 익숙해져 있다. 한 가지 긍정적인 측면이 있다면, 쉴 새 없이 리모컨을 누르던 엄지손가락이 10초쯤 휴식을 취할 수 있다는 점이다.

사람들은 환경적 재앙과 관련된 보도를 들으면서 인류는 이미 돌아올 수 없는 다리를 건넜다는 확신을 갖는 한편, 인기 여가수의 최근 스캔들에 귀를 세운다. 앞으로 몇 년밖에 남지 않았으니 개과천선하여 휘발유를 하마처럼 먹어대는 자동차와 트럭을 몽땅 없애자는 이야기가 끝나자마자, 인기리에 판매되는 강력한 최신형 SUV 승용차 광고가 나온다. 내 이야기를 얼빠진 소리라고 일축해도 좋다. 하지만 환경 관련 보도는 사람들을 정신분열증으로 몰아가는 측면이 있다.

우리 아이들은 틀림없이 악몽을 꿀 것이다. 꿈에서 지구온난화에 시달리는 지구와 인기 여가수가 뒤섞여 나오는 걸 본 아이들은 흠뻑 땀에 젖은 채 잠에서 깨어날 것이다.

과학 잡지가 신문보다 낫다고 생각하는 사람도 있을 것이다. 과학 잡지는 연구자 자신이 직접 집필한 연구 논문이 발표되는 곳이니까 말이다. 대개의 경우 잡지식으로 편성된 과학 관련 보도가 이목을 끈다. 그러나 출판물들 가운데에는 '회색 문헌'에 속하는 부류가 있다. 이런 회색 문헌은 기자들의 관심을 가장 많이 집중시키는데, 타블로이드판 신문보다는 과학 잡지에 더 많이 등장한다.

이런 출판물들 가운데 널리 알려진 것으로는 〈네이처Nature〉와 〈사이언스Science〉가 있다. 나는 〈사이언스〉 편집진이 신문 기자처럼 온난화에 대한 편견을 드러내는 것을 여러 번 보았다. 나와 의견을 나눈 적이 있는 다른 과학자들도 비슷한 경험을 했다. 〈사이언스〉는 과학에 정통한 사람들이 가진 폭넓은 관심사를 다루는 데에만 관심을 둔다는 방침을 표명하고 있다. 안타깝게도 이런 방침은 어떤 논문을 게재하느냐를 결정할 때 결정적인 역할을 한다. 환경에 대한 새로운 위협을 다루는 논문은 무조건 채택된다. 그러나 그런 위협이 심각한 것이 아니라고 주장하려는 사람은 이 동네를 기웃거릴 것이 아니라 다른 곳을 찾아다녀야 한다.

이런 대중적인 과학 잡지들은 가장 신중하게 실시된 과학적 연구 결과가 아니라 가장 보도 가치가 있는 연구 결과들만 게재하는 것 같다. 이 잡지들은 대개 커다란 반향을 불러일으킬 만한 논문들만 싣는다. 편집진은 자신의 마음에 드는 결론이 포함된 논문을 게재하고 싶으면 논문 심사를 누구에게 맡겨야 하는지를 잘 알고 있는 것 같다.

이런 과학적 회색 문헌에 게재되는 논문들은 대개 매우 간결해야 하기 때문에 상세한 연구 내용은 포함되지 않는다. 따라서 그 논문을 심사하는 사람들은 그 연구가 빈틈없이 수행되었음을 확인하지도 못한 채 논문 작성자의 주장을 무조건 받아들여야 한다.

이런 출판물의 과학적 가치를 더욱 훼손하는 것은 그 잡지들이 의존하는 논문 심사자들의 수가 비교적 적다는 데 있다. 때로는 해당 연구 분야에 정통하지 않은 사람이 심사자로 나서기도 한다. 〈사이언스〉는 지구온난화의 위협을 과장하는 논문이면 무조건 좋아하고, 그렇지 않은 논문이라면 무조건 배척하는 과학자에게 심사를 의뢰하는 것 같다.

요컨대 보도 가치 덕분에 과학 잡지에 게재된 어떤 논문이 다른 논문에 의해 결함이 있는 것으로 밝혀질 경우, 이런 상반된 두 논문을 같은 잡지에 싣는 것은 대단히 어려운 일이다. 이는 그 잡지에 이미 실렸던 논문을 철회한다는 성명을 싣는 것과 마찬가지이다. 이런 일이 자주 일어나면, 편집진은 무능한 것으로 낙인찍힐 수 있기 때문에 대조적인 논문은 실을 엄두를 내지 못하는 것이다.

문제는 거기서 끝나지 않는다. 대중 과학 잡지의 편집진이 지닌 편견은 연구 자금 조성에도 영향을 미친다. 우호적인 동료들의 심사를 거쳐서 논문을 출판하는 것이 과학 연구의 궁극적인 목표가 되고, 덕분에 연구자들은 정부 기관으로부터 더 많은 자금을 얻어낼 수 있게 된다. 정부 관계자들은 〈사이언스〉와 〈네이처〉를 최고의 과학 잡지라고 여기는 것 같다. 따라서 그런 잡지에 게재되는 논문은 본격적인 과학 잡지에 게재되는 논문보다 더 큰 영향력을 지니게 된다. 그리하여 편향된 연구자가 내놓은 연구 논문은 이런 방식으로 과학 잡지에 게재된 후 영구히 보존될 확률이 높다.

회색 문헌 잡지가 불량한 과학의 온상 역할을 하는 유명한 사례로 기후 시스템에 관한 연구를 들 수 있다. 연구자는 그 논문을 출판하기 위해 두 가지 변수 사이의 관계를 입증해야 했다. 이 변수를 X와 Y라고 부르자. 그런데 그의 예상과는 달리 실제로는 두 변수 사이에 밀접한 상관관계가 없었다. 그는 X와 X−Y를 대비시키면 더 밀접한 관계가 있는 듯이 보인다는 사실을 발견했다. 그 연구자는 물론이고 무능한 논문 심사자 역시 이런 관계가 물리학적으로는 아무런 의미도 없다는 것을 인식하지 못했다. 변수 X와 Y는 아무런 관련이 없어도, X는 X−Y와 밀접한 상관관계를 보인다. 당연하지! X가 양쪽에 들어 있는 걸!

지구온난화에 대한 언론의 과대 선전과 히스테리는 시간이 흐를수록 점점 심해지는 것 같다. 앞으로 나올 기사들은 이전의 기사들보다 더 놀라운 것이어야 한다. 맨 처음에는 지구온난화가 수십 년에 걸쳐서 점진적으로 진행된다는 기사가 나왔었다.

그다음에는 인간이 기후 시스템을 섣불리 건드림으로써 갑작스러운 기후 변화가 초래된다는 '티핑 포인트' 이론이 나왔다. 예를 들면, 걸프 해류나 심해의 열염 순환이 갑자기 중단되어 유럽에 소빙하기가 시작된다는 따위의 이야기였다. 다음에는 우리가 기후 재앙을 막을 수 있는 시간은 10년밖에 남아 있지 않으며, 지구는 지금 100만 년 이래 가장 따뜻한 기온을 맞고 있다는 기사가 나왔다.

지금 우리는 지구온난화의 파멸적인 효과가 당장 눈앞에 다가왔다는 이야기를 귀에 못이 박히도록 듣고 있다. ABC 온라인 뉴스까지도 사람들에게 지구온난화가 자신의 삶을 어떻게 변화시키고 있는지에 대해 이야기해줄 것을 요청하기 시작했다. 사실이 중요하게 여겨지던 시대는 지났다. 중요한 것은 사람들의 생각이다. 지구온난화가 심각한 것은 우리가 그것을 심각한 문제로 여기기 때문이다. 사실은 사실이다. 그러나 생각은 곧 현실이다. 내가 자동차에 "식어가는 지구를 상상해보세요"라고 쓰인 스티커를 붙이고 다닌다고 하자. 사람들은 대부분 이런 주장에는 관심을 두지 않을 것이다.

세계 종말과 관련된 기사가 언론 매체에 실리면서 엄청난 피해가 발생하고 있다. 절반에 가까운 사람들은 과학자들이 정말로 이런 일을 우려하고 있다고 믿게 되었다. 우리 자녀들은 문자 그대로 겁에 질려 있다. 신문 기사를 읽고 분별력을 잃어가는 사람이 갈수록 늘어나고 있다. 뉴스에 보도되는 환경과 관련된 기이한 예측은 상상력이 지나치게 풍부한 사람이 그려낼 수 있는 것보다 훨씬 공상적이고 기이하다.

이런 사실을 깨닫는 순간, 상상력이 지나친 사람들 가운데 하나인 나에게도 기막힌 생각이 떠올랐다.

진실과 광기를 구분하라

나를 당혹스럽게 한 것은 뉴스에 등장하는, 환경 재앙에 관한 열광적인 주장들만이 아니었다. 그런 이야기를 주저 없이 믿는 사람들이 너무나 많다는 사실 역시 나를 당혹스럽게 했다. 왜 이런 현상이 나타나는지 궁금증을 풀기 위해 '에코인콰이어러닷컴EcoEnquirer.com'이라는 웹사이트를 열었다. 나는 가상의 풍자적인 뉴스 '기사'를 만들어서 웹사이트에 올렸다. 물론 기사마다 분별 있는 독자라면 허구임을 깨달을 수 있는 암시를 포함시켰다.

웹사이트를 운영하는 묘미는, 인터넷 토론 광장에서 사람들이 자신의 사이트에 대해서 뭐라고 이야기하는지를 확인할 수 있다는 점이다. 놀라운 일이 일어났다. 내가 올린 기사에 대해서 논평을 한 사람들 가운데 절반 이상이 내 기사가 사실이라고 생각했다. 다른 사람의 글을 통해서 자신이 읽은 내용이 풍자임을 확인하고 당황하는 사람들도 있었다. 내가 읽은 논평 중 가장 흔한 것은 최근의 환경 관련 기사들이 너무나 광신적이어서 진짜 환경 기사와 풍자를 구별할 수 없는 지경이 되었다는 내용이었다. 옳거니, 내가 노린 게 바로 그거라구!

독자들이 올린 논평들을 훑어본 끝에 나는 일정한 패턴을 발견했다. 꾸며낸 이야기를 믿는 사람들은 대부분 환경에 대한 우려가 대단히 높은 반면에, 그 이야기가 거짓임을 알아챌 만큼 명민한 사람들은 환경적 재앙에 대한 우려가 훨씬 덜한 경향이 있었다.

자, 나는 환경에 대해 우려하는 사람들이 비판력이 떨어진다는 이야기를 하려는 것이 아니다. 그래, 솔직해지자. 맞다. 그 이야기를 하고 싶은 거다.

일부 사람들이 올린 논평은 내가 기사를 꾸며내면서 상상했던 것보다 훨씬 흥미진진했다. 나는 최근에 기밀 해제된 것으로, 해수면 위에 떠 있는 버뮤다 삼각지대의 섬들을 촬영한 위성사진들을 '폭로'했다. 이 기사에는 '블루돌핀'이라는 사람의 논평이 달렸다.

> 정말로 기이한 일이군요. 그 지역에는 중력이 이상하게 작용한다고 알고 있
> 습니다. 대양저에 가라앉아 에너지를 발생시키고 있는 아틀란티스의 크리
> 스털 때문이라죠. 크리스털의 소용돌이가 HAARP(자연 재해를 일으킬 수 있는
> 최첨단 무기로 미국이 개발한 것으로 추정되고 있다 — 옮긴이)의 작동으로 발생한 이
> 상 에너지와 상호작용을 일으킨 것은 아닐까요? 그래서 이런 일이 생기는
> 게 아닌지? 무척 궁금합니다.

어떤 여성은 이렇게 해수면 위에 떠 있는 섬들이 지구의 '건강'과 관련
하여 무엇을 암시하는지 걱정스럽다는 글을 올렸다. 지혜롭고 박식한 레
이디 카지나는 이 여성을 안심시키려고 이런 답변을 올렸다.

> 버뮤다 삼각지대의 바다 밑에는 거대한 기둥들과 커다란 수정들, 그리고 수
> 많은 비행기들이 착륙할 수 있는 비행장이 있습니다. 자크 쿠스토는 이 모
> 두를 촬영했고, 그 사진은 여러 해 전에 텔레비전에서 딱 한 번 공개된 적이
> 있습니다. 그 후로는 공개가 금지되었지요. 우리 인간은 흙으로 빚어졌고,
> 누구나 경락과 경혈이라는 똑같은 구조에 의해 창조되었습니다. 우리는 모
> 두 지각력이 있는 존재입니다. 어머니 자연은 지각력이 있는 존재입니다.
> 모든 것이 순조롭습니다. 아무 걱정 마십시오.

레이디 카지나는 정원에 어떤 약초를 키우고 있는지 궁금하다.

또 다른 기사에는 가공의 돌고래 연구자를 내세웠다. 그리고 플로리다 근처에서 한 떼의 돌고래가 북쪽으로 이동하고 있는데, 이는 인간 때문에 열대 해역의 수온이 상승하여 돌고래가 탈출하고 있는 것이라고 주장했다. 이 기사가 거짓임을 알아챈 어떤 독자는 나의 웹사이트가 그릇된 정보를 퍼뜨리려는 정부의 음모로 만들어졌음을 경고했다.

친구 여러분, 이것은 진실을 숨기고 국민을 억누르기 위한 CIA 혹은 국방성의 전략입니다. 이 전략은 그들이 다른 곳에서 진행하는 전략과 마찬가지로, 인터넷을 통해서 혼란의 씨앗을 뿌리고 선의를 가진 사람들을 끌어들여 자신도 모르는 사이에 전염병처럼 그것을 퍼뜨리게 하는 것입니다.

사실 그 기사는 "진실을 숨기려는 CIA 혹은 국방성의 전략"이라는 혐의를 받을 만했다. 돌고래 연구자라는 어느 여성은 나에게 그 돌고래떼와 관련된 추가적인 자료를 달라는 전자우편을 보내왔다. 내가 모두 꾸며낸 것이라고 털어놓자, 그 여성은 발끈 화를 냈다. 내가 모든 사람을 격분시키고 있는 것은 아닌가 싶어 약간 마음이 켕긴다.

내가 말하고자 하는 것은 다양한 소식통을 통해서 알게 된 정보를 제대로 식별하지 못하는 사람들이 많다는 점이다. 하지만 다행스럽게도, 지구온난화에 대한 언론의 지나친 과장 보도에도 불구하고, 지구온난화에 대해 매우 회의적으로 보는 사람들이 아직은 많은 것 같다.

웹사이트를 운영하면서 내가 가장 자주 접하는 의견은 현재의 지구온난화는 인간의 행위 때문에 초래된 것이 아니라, 자연스러운 현상이라는 것이다. 대부분의 사람들은 기후가 인간과는 관계없이 계속 변해왔고, 앞으로도 계속 변하리라는 사실을 인식하고 있는 것 같다.

다시 말해서 사람들은 비관적인 과학적 예측을 믿지 않게 되었다. 대체 그 이유가 뭘까? 과학자들이 오래전부터 이런 예측에서 실수를 저질러 왔기 때문일까?

"그렇지만 과학은 사물이 어떻게 작동하는지 알려주지 않는가?"라는 질문이 나올 수도 있다. 글쎄, 뭐라고 확답할 수는 없다. 과학 연구는 대개 어떤 것을 만드는 방법보다는 자연 세계가 어떻게 움직이는가에 대한 깊은 인식을 제공한다(아마 당신은 과학자들이 이런 일에도 매달린다는 사실 역시 언론 보도를 통해서 알았을 것이다). 안타깝게도, 과학적인 결론에 대한 신뢰를 훼손시키는 것은 다름 아닌 여러 가지 현실적인 문제들이다. 바로 여기에 당신이 미처 깨닫지 못했던 놀라운 사실이 숨어 있다. 그것은 바로 "과학은 진실이 아니다"라는 점이다.

chapter 2

과학과 진실,
그사이의 인간

전문가들은 생명이 언제 시작되는가에 대해서는
의견 차이가 크지만, 그 시기가
일이 끝난 뒤라는 데는 대부분 동의한다.

우리는 지구가 과거 수백 년, 수천 년, 혹은

무한히 긴 시간과 비교해서 얼마나 따뜻해졌는지 알 수 없다.

지금 실제로 온난화가 진행되고 있기는 하지만, 과학은 여전히

인간에 의한 온난화와 자연적인 온난화를

확실히 식별할 수 있는 방법을 가지고 있지 않다.

지구를 실험실에 가져다놓고 실험을 할 수는 없는 노릇이다.

지구온난화 실험은 오직 한 가지, 지금 우리가 참여하고 있는 실제 상황뿐이다.

그렇지만 인류는 미래의 온난화에 대한 해답을 필요로 하고,

과학은 그 해답의 일부라도 제시하기 위해서 최선을 다해야 한다.

과학적 불확실성은 앞으로도 늘 존재할 것이고,

과학적 의혹에도 아랑곳없이 정책 결정은 이루어질 것이다.

'과학'이라는 단어는 '알다'라는 의미의 라틴어 'scio'에서 유래했다. 그러므로 과학은 '지식'이다. 서른 살이 넘은 사람들 대부분이 깨달았다시피, 우리가 알고 있는 것이 항상 진실은 아니다. 과학계에서 지구온난화와 관련하여 격렬한 논쟁이 벌어지는 까닭을 이해하기 위해서는, 먼저 과학은 우리에게 진실을 제공하지 않는다는 사실을 인정해야 한다. 과학을 연구하는 과정에는 물리적 세계가 어떻게 작동하는가를 설명해주는 도구까지 포함된다. 그 설명이 대부분의 증거와 부합한다고 해도 반드시 진실이라고는 볼 수 없다.

과학 기술이 주도적인 지위를 점하는 요즘 같은 시대에 사람들은 인생의 모든 문제가 과학을 통해서 해결될 것이라고 믿고 싶어 한다. 과학적 연구가 선사하는 발명과 발견을 통해서 우리의 삶은 점점 더 건강하고 점점 더 쾌적하게 바뀌어왔다. 그러나 확고한 답변을 내놓는 것이 (불가능한 것은 아니지만) 굉장히 까다로운 과학 분야가 있다.

나는 오래전에 발생하여 눈으로 관찰할 수 없는 일들을 설명하려고 시도하는 과학을 '까다로운' 과학이라고 보지 않는다. 고기후학자들은 나무의 나이테 등을 이용해서 수백, 수천 년 전의 기후를 재구성하려고 노력한다. 그러나 그런 해석들의 정확성을 확증할 방법은 없다. 그런데 나무의 나이테와 지난 100년간의 기온 사이에서 발견되는 미약한 상관관계가 2,000년을 거슬러 올라가서 적용된 결과가 '과학'이라고 일컬어지고 있다.

현실적인 인간의 관찰에 훨씬 믿음이 가는 것은 당연한 일이다. 예를 들어, 중세의 최적기에 그린란드에 정착해서 농사를 짓던 바이킹들에 대한 역사적 기록은 반박의 여지가 없는 것이다. 마찬가지로 그들이 기온의 하락으로 농사를 망치고 빙하의 출현으로 안전한 항해를 위협받자 그린란드에서 서서히 빠져나왔다는 것 역시 역사적 기록으로 남아 있다. 우리는 이 사건을 정확한 기온이라는 관점에서 정량화할 수 없다. 1,000년 묵은 나무의 나이테 역시 정확한 기온이라는 관점에서 정량화할 수 없다.

과학적 진보는 측정과 대안적 가설의 평가(사물의 작동 방식에 대한 있음직한 설명), 그리고 실험을 통해 이루어진다. 과학은 관찰된 '사실들'을 다루지만, 과학적 논쟁은 대개 이런 사실들을 두고 벌어지는 것이 아니다. 대부분의 논쟁은 그런 사실들이 정확히 무엇을 의미하는지, 그 사실들이 자연의 작동 방식과 관련하여 무엇을 알려주는지에 대한 상이한 견해들을 둘러싸고 벌어진다.

이런 분야의 과학은 흥미롭다. 과학자들은 우리가 관찰한 것, 그리고 그 관찰 내용이 세계와 관련하여 우리에게 알려주는 것을 해석하고 싶어 한다. 안타까운 일이지만, 모든 과학적 연구가 똑같은 조건하에서 수행되는 것은 아니다. 어떤 과학은 이론을 검증할 수 있는 방법이 풍부한 반면, 어떤 과학은 이런 이점을 전혀 가지고 있지 못하다.

과거의 기후에 대한 연구로부터 얻어낸 해석은 진실일 수도 있지만, 이를 확실히 알 수 있는 방법은 없다. 과학이 어떤 문제에 대해서 아무리 오랫동안, 아무리 씨름을 해가면서 분석을 해도, 그 해답은 오리무중일 수 있다. 이미 말한 대로, 모든 과학적 연구가 똑같은 조건하에서 실시되는 것은 아니기 때문이다.

지구온난화의 경우를 보자. 우리는 지구가 과거 수백 년, 수천 년, 혹은 무한히 긴 시간과 비교해서 얼마나 따뜻해졌는지 알 수 없다(이에 대해서는 다른 장에서 설명할 것이다). 지금 실제로 온난화가 진행되고 있기는 하지만, 과학은 여전히 인간에 의한 온난화와 자연적인 온난화를 확실히 식별할 수 있는 방법을 가지고 있지 않다. 지구를 실험실에 가져다놓고 실험을 할 수는 없는 노릇이다. 지구온난화 실험은 오직 한 가지, 지금 우리가 참여하고 있는 실제 상황뿐이다.

그렇지만 인류는 미래의 온난화에 대한 해답을 필요로 하고, 과학은 그 해답의 일부라도 제시하기 위해서 최선을 다해야 한다. 과학적 불확실성은 앞으로도 늘 존재할 것이고, 과학적 의혹에도 아랑곳없이 정책 결정은 이루어질 것이다.

그러나 우리의 정서는 정치적·경제적·종교적으로 강력한 함의를 지닌 연구 분야에 대해서 흔히 그렇듯이, 과학이 우리가 필사적으로 구하고자 하는 해답을 제공할 수 있을 것으로 그 능력을 과대평가하기 쉽다.

그리하여 사람들은 과학적인 연구 결과를 자신들이 원하는 사회적 혹은 정치적 변화를 촉진하는 구실로 남용하기에 이르렀다. 이것은 인간의 타고난 본성일 것이고, 과학자들의 경우도 예외는 아닐 것이다.

과학자도 인간

내 아내는 나와 생각이 다르다. 하지만 나는 '과학자도 인간'이라는 이론을 지지한다. 과학자들에게는 자신들의 연구가 중요하다는 확신이 필요하다. 과학자들은 종교적, 경제적, 정치적 의견, 즉 자기 나름의 세계관을 가지고 있다. 과학자들은 자신의 연구가 도전을 받을 경우 감정적으로 변하여 방어적인 태도를 보일 수 있다. 사실 이런 일은 아주 흔히 벌어진다.

과학자들은 남성과 여성으로 구분할 수 있다. 또한 일반인들과 마찬가지로 과학자들의 성격은 다양하다. 그러나 대부분의 사람들은 생계유지를 위해 직업을 얻어 유용한 상품과 용역을 제공해야 하지만, 정부의 지원을 받는 과학자들은 그저 국민의 돈을 쓰면 된다. 6장에서 설명하겠지만, 이 때문에 대부분의 과학자들은 기초적인 경제학에 대해서는 비교적 무감각해지게 된다. 따라서 과학자들은 사회가 제기하는 이런저런 문제에 대응하여 어떤 조치가 취해져야 하는지에 대해서 어리석은 답변을 하는 경향이 있다.

종교, 정치, 전쟁, 돈 따위의 이야기를 하다 보면, 틀림없이 논쟁으로 이어진다. 언뜻 보기에는 과학이 논쟁을 불러일으키는 주제가 될 것 같지 않다. 그러나 평소에는 마음이 잘 맞는 사람들도 진화라는 주제가 나오면 말다툼을 벌이는 것처럼, 지구온난화 문제는 대번에 치열한 논쟁을 불러일으킨다. 나는 기후나 지구온난화와는 무관한 몇몇 인터넷 토론 광장에 참여하고 있다. 그런데 지구온난화라는 주제가 등장하면 틀림없이 격론이 벌어진다. 일반인들뿐만 아니라, 과학자들 역시 지구온난화 이야기가 나오면 흥분한다. 이것이 과학자는 인간이라는 나의 이론을 뒷받침하는 강력한 증거이다.

그러나 과학적 질문은 항상 공평무사하고 객관적인 것이어야 하지 않을까? 과학은 과학적 질문에 대한 대답이 어떠한가에 신경 쓰지 않고, 대답을 찾으려는 우리에게 도구를 제공할 뿐이다. 지당한 말씀이다. 그것은 과학이 마땅히 해야 할 일이지만, 제대로 지켜지는 경우는 거의 없다. 과학자들이 어떤 이론에 감정적으로 집착하게 되면, 틀림없이 과학 이상의 것과 연관되게 마련이다.

대부분의 평범한 사람들도 그렇지만, 과학자들 역시 스스로 알고 있다고 자처하는 것만큼 많은 것을 알고 있지는 않다. 일반적으로 과학자들은 자신의 연구와 관련된 불확실성을 일반인 앞에 드러내는 걸 좋아하지 않는다. 그 불확실성들을 모두 설명하는 것이 너무나 복잡한 경우도 있다. 따라서 과학자들이 내놓는 주장은 대개 과학으로 옹호될 수 있는 것보다 훨씬 파격적이고 대담하다.

뿐만 아니라 일반인들 앞에서 지구온난화에 대해 주저 없이 발언하는 과학자들은 상대적으로 적기 때문에, 이들은 훨씬 더 파격적인 주장을 하기 십상이다. 대부분의 기자들은 파격적인 태도를 보이지 않는 과학자들에게는 큰 관심을 보이지 않을 것이다. 어떤 연구자가 정부의 연구 자금을 관리하는 사람들에게 더 큰 영향을 미치겠는가?

과학자들의 개인적인 편견은 필연적으로 과학계 내부에 불화와 갈등을 초래한다. 온난화가 허리케인에 미치는 영향을 연구하는 어느 과학자는 자신보다 나이가 많고 더 유명한 허리케인 연구자를 보고 "두뇌가 화석화되었다"는 비난을 퍼붓는다. 또 다른 과학자는 자신과 다른 의견을 가진 과학자가 같은 학술회의에서 강연을 한다는 사실을 알고는 강연을 거부했다. 온난화 위기론자로 유명한 어느 과학자는 온난화 회의론자가 의견을 발표한다는 사실을 알자마자 청문회에서의 증언을 거부했다.

뿐만 아니라 모든 과학자는 자신이 연구하는 문제가 인류에게 중요한 것이라고 생각하고 싶어 한다. 어느 누구도 관심을 보이지 않는 문제를 연구하는 데 일생을 바치고 싶어 할 사람이 어디 있겠는가?

> 과학자: 여보, 나 왔어요.
>
> 배우자: 어서 오세요. 오늘은 뭐 재미있는 거 발견하셨어요?
>
> 과학자: 그럼. 체체파리들이 짝짓기를 하기 전에 춤추는 것을 알아냈다구요! 모든 사람 앞에서 발표를 해야 하는데, 다음 국제학술회의 때까지 기다려야 하니 좀이 쑤셔서 죽겠어요!
>
> 배우자: 여보, 참 기쁜 소식이네요.

따라서 과학자들은 자신이 끌어낸 결론의 중요성과 확실성을 과장하는 경향이 있다.

기자: 박사님, 이번 발견이 체체파리의 행동과 관련해서 어떤 의미를 가지는 건가요?

과학자: 체체파리가 어떤 행동을 거쳐서 짝짓기를 하는지 알게 되었으므로, 인간 최초의 진화 과정은 물론이고 최초의 남성과 여성이 '짝을 이루는' 방식도 더 잘 이해할 수 있을 겁니다.

이 마지막 결론이 〈데일리 래그Daily Lag〉의 기자에 의해서 기사화된다.

기사 제목: 체체파리의 춤으로 밝혀진 최초의 인류의 짝짓기 행동

체체파리의 이런 행동도 보도 가치가 있는 것이라면, 무엇이 '지구를 구해줄까'라는 주제는 얼마나 대단하겠는가? 비록 지구를 뒤흔드는 결론이 나오지는 않았더라도, 과학자들은 자신들의 결론을 과장하라는 기자들의 부추김에 굴복하게 마련이다. 따라서 지구온난화의 '진실'은 언론과 과학자들 사이에서 계속 다루어지면서 확대 재생산된다.

"저명한 과학자들 전부가 동의한다", "회의론자들은 흡연의 위험성과 그 파괴적인 결과를 부정하는 사람들과 다를 바가 없다", "회의론자들이 현재의 지위를 유지하고 있는 것은 미국의 석유 업계로부터 받는 자금 덕분이다"라는 주장까지 나오게 된다. 일부 기후학자들은 지구온난화의 주범은 인간이라는 주장이 단순한 이론이 아니라 사실이라는 믿음을 심어주려고 한다. 이는 그들이 그 문제에 감정적으로 집착하고 있음을 보여주는 결정적인 증거인 동시에 그들이 인간임을 보여주는 또 하나의 증

거이다.

일부 과학자들은 인간에 의한 지구온난화가 심각하다는 확신을 심어주기 위해서 동물을 아끼는 사람들의 마음에 호소하기도 한다. 지구온난화에 대한 특별 프로그램이나 영화에서 지구온난화 때문에 북극곰이 익사하고 있다는 주장을 펼치면, 우리의 감정은 우리의 지각을 압도한다(나는 지구온난화 때문에 민달팽이들이 위험에 처했다는 소리는 아직 들어보지 못했다). 대부분의 기자들은 최근 몇 십 년 사이에 북극곰의 개체수가 크게 늘어났다는 사실을 언급하지 않는다. 앨 고어의 영화 제작자들은 얼음이 녹아 북극곰이 곤란을 겪고 있는 장면을 찍은 실제 영상을 찾을 수 없었다. 그래서 그들은 컴퓨터 애니메이션으로 얼음이 없는 바다에서 헤엄을 치는 불쌍한 곰을 만들어내야 했다.

이런 감정적인 호소가 오늘날의 뉴스를 구성한다. 우리가 믿기로 결심한 문제들이 실존하는 것인지, 상상 속의 문제인지는 중요하지 않은 경우도 있다. 그러나 지구온난화와 같은 중요한 주제에 대해서는, 어떤 개념에 대한 감정적인 집착과 과학에 근거해서 우리가 알고 있는 (혹은 모르고 있는) 것을 분리시켜서 생각해야 한다.

과학적 연구가 확실한 것은 아니다

과학에 의해서 확실하게 입증된 사실은 하나도 없다. 대부분의 과학자들은 과학이 입증될 수 없는 기본적인 가정과 연관되어 있다는 사실을 깨닫지 못하고 있다. 물론 가정은 과학의 진보를 위해서 반드시 필요한 것이다. 우주는 실재하고 있고, 인간은 우주의 본질을 식별할 능력이 있다는 것은 가정이다. 자연은 '통일되어 있다' 는 것, 다시 말하면 우리가 지금 여기서 측정한 물리적 현상이 다른 시간, 다른 장소에서 작용하는 물리적 현상과 동일하다는 것 역시 가정이다. 이런 가정들은 우리가 과학을 실행에 옮길 때 참이라고 추정하는 것들이다. 그러나 그것이 참임을 입증할 방법은 없다.

과학자들이 빠지기 쉬운 함정은 자신이 세웠던 가정들을 완전히 잊는 것이다. 어떤 문제를 양적으로 측정하려면, 과학자들은 우선 단순화된 가정들을 만들어야 한다. 가정들이 세워지지 않으면 실제 문제들을 분석하는 것은 어려워진다. 그러나 연구가 완료되고 결론이 내려질 즈음이면, 과학자들은 대개 자신이 애초에 세웠던 가정들을 모두 잊는다. 과학자들이 자신이 내린 결론에 대해 지나친 자신감을 갖는 것은 그 때문이다. 이것이 내가 다른 과학자들을 관찰한 후 과학자는 인간이라는 이론을 세우게 된 이유이다.

확실한 근거가 없는 과학적 연구가 아무런 가치도 없다는 이야기는 아니다. 이런 과학적 방법론이 모든 연구에 엄격하게 적용될 수는 없지만, 연구자가 옳지 않은 결론에 도달할 가능성을 최소화하기 위해서는 몇 가지 단계들을 밟아야 한다. 사물의 작동 원리에 관한 가설을 세운다. 자신의 이론을 입증할 수 있는 실험을 고안한다. 측정을 한 후 그것이 자신의 이론을 뒷받침해주는지 분석한다. 과학적 탐구 방법은 우리가 자연의 작동 방식을 파악하려는 과정에서 오류와 우연성에 빠져들 가능성을 낮춰준다.

그러나 과학적 연구가 절대적으로 확실한 것은 아니다. 어떤 자료가 당신의 이론을 뒷받침하기도 하지만, 다른 사람의 이론을 훨씬 잘 뒷받침할 수도 있는 일이다. 과학적 '법칙들'은 반드시 입증되어 있지도 않다. 과거 핵물리학에는 '패리티 법칙'이라는 것이 있었다. 1956년에 일부 명석한 연구자들이 오류를 증명한 후, 그 법칙은 수명을 다했다. 물리법칙은 과학자들이 너무나 지쳐서 더 이상의 논박을 포기한 이론에 지나지 않는다.

예를 하나 더 들어보자. 2005년 호주 태생의 배리 마셜Barry Marshall과 로빈 워런Robin Warren은 위궤양이 세균에 의해 발생한다는 사실을 발견하여 노벨상을 받았다. 과거 의학계는 위궤양의 원인이 지나친 스트레스나 자극적인 음식이라는 이론에 힘을 실어주었다. 1983년 마셜은 벨기에 브뤼셀에서 열린 학술회의에서 위궤양의 원인은 세균이라는 대담한 주장을 펼쳤다. 마셜이 이야기했듯이, 사람들은 이 주장을 "이제까지 들어본 가운데 가장 터무니없는"것이라고 여겼다. 과학적 '진실'을 뒤엎는 것은 쉬운 일이 아니다. 이 놀라운 주장이 최고의 영예를 누리게 된 것은 20년이 지난 뒤의 일이었다.

과학자들이 항상 직면해야 하는 성가시기 짝이 없는 불확실성들 가운데 하나는 관측된 결과에 대한 원인을 밝히는 것이다. 이는 모든 과학 분야에 적용되고, 특히 의학 연구 분야에서 중요한 의미를 가진다. 과학 연구에는 어느 정도 수적인 측정이 수반되고, 이렇게 측정된 수치는 통계적으로 분석된다.

관계가 있느냐 없느냐를 입증하는 것은 비교적 쉬운 일이지만, 왜 그런 관계가 존재하느냐를 설명하는 것은 어려운 일이다. 예를 들어, 어떤 연구자가 1만 명의 성인 알코올 중독자들을 연구하여 그들 중 97퍼센트가 아기 때 모유 대신 우유를 먹었음을 밝혀냈다고 하자. 그 연구자는 아기 때 우유를 먹음으로써 알코올 중독이 초래되었다는 가설을 세울 수 있다. 그러나 이런 관계에 대해서는 우유와 함께 섭취한 과자가 알코올 중독의 원인이라는 등의 다른 설명들이 나올 수도 있다.

위궤양은 논쟁을 불러일으키기 쉬운 철학적, 정치적, 경제적 문제가 아니다. 우리는 수백만 명이 앓고 있는 위궤양이 실재하는 현실적인 문제라는 것을 알고 있다. 위궤양은 광학 기기를 통해서 육안으로 확인할 수 있다. 하지만 인간에 의한 지구온난화는 정신적인 개념이다. 온난화는 지구상에서 발생할 수 있는 하나의 가능태에 불과하고, 기후 시스템이 만들어내고 있는 여러 가지 혼란은 온난화에 대한 관측 증거를 모호하게 만든다.

과학 이론이 신뢰를 쌓을 수 있는 가장 좋은 방법은 측정치를 가지고 그 이론의 여러 가지 예측을 입증하는 것이다. 지구온난화 이론이 가진 문제점은 실험실에서 입증될 수 없다는 것이다. 우리가 알고 싶은 것은 기후 시스템이 온실가스 증가에 어떻게 반응하는가 하는 것이다. 현재 진행 중인 실험은 오직 하나뿐이고, 우리는 현재의 온난화가 온실가스 때문인지, 아니면 기후 시스템의 자연스러운 변화 때문인지 입증할 수 없다.

지금껏 발생한 여러 사건들 가운데에서 자연적 기후 실험에 가장 근접했던 것은 1991년에 일어난 필리핀 피나투보 화산의 폭발이었다. 수백만 톤의 유황이 성층권으로 분출되어 북반부의 경우 태양열의 2~4퍼센트가 감소했다. 그 후 1~2년 동안 기온은 예년보다 훨씬 낮았다. 이를, 온실가스가 증가할 때 기후 시스템의 반응 방식을 보여주는 정량화된 사례로 보는 사람도 있다. 그러나 햇빛은 기후 시스템의 에너지 공급원이고, 온실가스(3장에서 더 자세히 다룰 것이다)는 에너지가 시스템 내부에서 어떻게 재분배될지를 결정하는 요소이다.

최근 30년 동안 세계적으로 온난화가 진행되고 있는 것은 사실이다. 같은 기간에 대기 중의 온실가스 농도가 증가한 것도 사실이다. 그러나 아이 때 우유를 마셨다는 사실이 그가 장차 알코올 중독자가 될지 말지를 입증해줄 수는 없다.

기후학자들은 대부분 지구온난화가 다음 세기에 일어날 가능성이 높은 문제라는 데 동의한다. "현재 저명한 과학자들 전부가 동의한다"는 문구가 등장하는 이론은 어떤 방법으로든 '입증된' 이론이 아니라는 사실을 확신해도 좋다. 지구온난화와 관련된 연구 가운데 현재의 온난화 원인이 자연적인 것이 아니라 인간의 행위에 의한 것이라는 증거를 제시한 경우는 거의 없다. 인간에 의한 지구온난화를 연구한 논문들은 대부분 그것이 존재한다는 가정, 즉 그것은 존재하지 않는 것이 아니라는 가정 위에서 있다. 그 때문에 이 주제와 관련된 대부분의 연구 논문들은 당연히 지구온난화가 인간에 의한 것이라는 주장을 '지지'한다. 연구자들은 연구자금을 받아가며 이런 것을 연구하고 있다.

2004년 나오미 오레스케스Naomi Oreskes는 '기후 변화'와 관련된 논문 928편 가운데 최근의 지구온난화가 인간 탓이라는 과학계의 여론을 논박하는 논문은 단 한 건도 없었다고 주장했다. 그러나 내 연구실에는 그런 논문들이 잔뜩 쌓여 있다. 그리고 장담하건대, 그 928편의 논문 가운데 현재의 지구온난화가 자연적인 원인에 기인한 것이 아님을 입증하는 논문은 단 한 편도 없었을 것이다. 우리는 관찰에 의해 지구온난화의 자연적인 원인과 인간적인 원인을 구분할 방법이 없기 때문에, 인류가 지구온난화를 초래한 것이 사실이라고 추정할 뿐이다.

지구가 온난화되고 있다는 '사실'이 '진실'로 여겨질 수도 있다. 그러나 지구가 왜 온난화되고 있느냐는 완전히 다른 문제이다. 자연에서 관찰한 것에 대해서 물리학적으로 신빙성 있는 설명을 듣고 싶다면 또는 관찰한 것을 해명해줄 물리학적 설명을 얻고 싶다면 과학에 매달리고, 진실을 원한다면 교회에 매달려라.

다음 장에서는 기상학과 기후학의 기본적인 지식들을 살펴볼 것이다. 걱정할 필요는 없다. 시험 따위를 보지는 않을 거고, 가능하면 간단하게 설명할 테니까. 내 이야기를 끝까지 듣기만 하면, 기후 시스템이 얼마나 복잡한지 이해할 수 있을 것이다. 그러고 나면 과학자들이 지구온난화 문제와 관련하여 "과학이 확립되어 있다"고 주장할 만큼 많은 것을 알고 있는지는 독자들의 판단에 맡길 것이다.

chapter 3

지구온난화의 핵심 키워드, 기상

별 의미는 없지만,
여느 때처럼 등압선도를 보여드리겠습니다.

기상이, 햇빛과 온실효과로 인해 올라간 지표면의 온도를
그보다 더 낮은 온도로 냉각시킨다는 사실을 강조하는 데에는 이유가 있다.
"온실효과는 지구를 생물이 거주할 수 있을 만큼 따뜻하게 만든다"는
이야기를 들어본 사람들은 많겠지만,
"기상이 지구를 생물이 거주할 수 있을 만큼 차갑게 만든다"는
이야기를 들어본 사람은 없을 것이다. 양적으로 따지면,
기상의 냉각효과는 온실효과에 의한 온난화보다 강력하다.
그렇다면 우리가 지구온난화와 관련된 토론에서
이런 이야기를 들을 수 없는 이유는 무얼까?
이상하지 않은가?

온난화에 대한 책들은 대개 독자들에게 이런저런 과학 연구들이 인간에 의한 지구온난화 이론을 지지하거나 반박하는 증거를 제시하고 있다는 확신을 심어주려고 한다. 마치 토론 대회에서 자신의 입장을 지지하는 공표된 주장들을 가장 많이 열거하는 사람이 논쟁에서 이기는 것 같은 형국이다. 그러나 과학은 논쟁에서 이기는 것이나 투표를 하는 것, 또는 여론을 형성하는 것과는 아무 관련이 없다. 기후 시스템은 인류가 배출하는 온실가스에 민감하게 반응할 수도 있고 그렇지 않을 수도 있다.

여기서는 특정한 과학 논문들과, 기후 변화와 관련된 발견들을 끝도 없이 열거하는 대신 기상과 기후의 움직임에 대한 기본적인 지식을 제공할 것이다. 그리하여 여러분은 기후 시스템이 얼마나 복잡한지, 우리가 기후 시스템에 대해서 얼마나 아는 게 없는지, 그리고 기후 시스템의 가장 근본적인 목적이 무엇인지(바로 과도한 열을 제거하는 것이다) 깨닫게 될 것이다. 또한 인간에 의한 기후 변화를 어느 정도 제한하는 열평형 통제 메커니즘에 대해서도 설명할 것이다.

여기서는 기상의 작용 방식에 대한 기본적인 지식을 설명할 것이다. 제발 대기와 대기의 움직임에 대해서 이해하고 스스로 판단할 수 있을 만큼의 지식을 갖추기 바란다. 인류가 파멸하기 전에 뭔가 조치를 취할 수 있는 시간이 10년밖에 남지 않았다고 주장하는 뉴스 보도들을 맹목적으로 받아들이는 것보다는 그것이 훨씬 낫다.

먼저 기상에 대해서 이야기해보자. 기상은 나에게 무한한 황홀감을 선사한다. 이 글을 읽는 독자들 가운데에도 비슷한 사람이 많을 것이다. 사람들은 누구나 날씨에 관심이 깊은 것 같다. 극히 위험한 기후 조건하에 사는 사람들이 특히 그렇다. 극심한 뇌우, 허리케인, 토네이도, 폭풍, 홍수, 가뭄, 우박, 벼락, 눈보라에 이르기까지 온갖 기상 현상들 때문에 우리는 날씨가 어떻게 움직이는지 알고 싶어 한다.

내가 보기에 모든 사람들은 날씨와 관련해서 동일한 생각을 가지고 있는 것 같다. 세계 어느 곳에든 날씨와 관련된 진부한 표현들이 있기 마련이다. "내가 사는 곳은 전국에서 일기예보가 가장 어려운 곳"이라는 말도 있고, "당장의 날씨가 마음에 들지 않아도 10분만 기다리면 날씨가 변한다"는 말도 있고, "기상 예보관은 죄다 무능한 바보들이다"라는 말도 있다. 마지막 말은 사실이기는 하지만, 기상 예보관들은 예보가 틀린 까닭만큼은 해명할 줄 안다.

현재 지구온난화의 위협은 기상과 우리의 생활, 특히 우리 자손들, 그리고 정치인들과 기후학자들의 생활을 더욱 긴밀하게 만들고 있다. 지금은 기상에 관심을 가지는 사람들이 그 어느 때보다 많다. 지구온난화가 갈수록 극심한 뇌우, 허리케인, 토네이도, 폭풍, 홍수, 가뭄, 우박, 벼락,

눈보라를 일으키리라는 사실을 알게 된 후로는 더욱 그렇다. 어쩌면 하루 이틀 뒤에 일이 터질지도 모른다.

내가 기상에 관심을 갖게 된 것은 고등학교 때 땅에 묻힌 하수 파이프와 죽은 양 몇 마리를 접하고부터였다. 정말이다. 졸업을 앞둔 어느 날, 우리는 그 지역에 있는 공공기관 중 한 곳을 택해서 일일 견습을 하게 되었다. 직접적인 체험을 통해서 공공기관의 활동과 업무를 배우는 것이 목적이었다. 우리들이 어느 기관에 배치될지는 선착순으로 결정되었는데, 인기가 가장 높았던 곳은 국립기상대였다.

국립기상대가 내 차지였다면 얼마나 좋으랴. 하지만 나는 그 자리를 잡지 못했다. 나는 늘 행동이 굼떴다. 나는 마지막 순간까지 미적거리다가, 결국 늘 인기 순위 꼴찌를 기록하던 공중보건소에 자리를 잡았다. 다른 아이들이 신나는 하루를 보내는 동안 나는 보건소 직원과 시골 구석구석을 돌아다니면서 파열된 하수관의 교체 작업을 감독하고, 어느 농부가 길가 도랑에 내다버린 죽은 양들을 조사했다.

그날 나는 기상대에 간 아이들이 무지무지 부러웠다. 내가 기상 관련 직업에 대해 약간의 관심을 가지게 된 것은 아마 그때가 처음이었을 것이다.

기상과 기후의 차이점은 무얼까? 믿지 못하는 사람도 있겠지만, 사실 별 차이는 없다. 기후는 연중 특정 시기에 특정 장소에서 관측된 평균적인 기상이라고 보면 된다. 혹은 기후는 여러 해에 걸쳐서 관측된 지구 전체의 평균적인 기온일 수도 있다. 아무튼 기후는 평균적인 기상이다.

예를 들어보자. 미시간주의 어느 시골 마을의 경우, 지난 30년 동안 7

월의 최고 기온은 평균 섭씨 28도, 최저 기온은 평균 섭씨 17도, 강우량은 140밀리미터였다. 이것이 평균 기후이다. 지구 전체의 평균 기온은 약 섭씨 14도로 추정된다. 이것이 평균 기후이다.

그러나 기상과 기후 사이에는 한 가지 중요한 차이점이 있다. 이 차이점 때문에 우리는 열흘 전에 기상을 예측하는 것은 불가능하지만 기후는 몇 십 년 전에도 예측할 수 있다고 말한다. 기상 예보는 '초기치 문제initial value problem'의 일례이다. 간단히 말하면, 우리는 기상 관측 기구와 인공위성으로 대기의 초기 상태를 측정하고, 자동화된 기후 모델을 사용해서 미래의 기상을 현재의 기상으로부터 추정할 수 있다. 그러나 열흘 전에는 이런 추정을 할 수 있는 기술이 거의 제로에 가깝다. 열흘이라는 한계가 정해진 것은 대개 '나비 효과' 탓으로 추정된다. 즉, 나비 한 마리의 날갯짓과 같은, 애초에 측정되지 않은 사소한 사건이 여러 날 뒤의 기상에 영향을 미칠 수 있다는 이야기이다. 누가 트림만 해도 몇 주 뒤에 지구의 기상 패턴은 그 사람이 트림을 하지 않았을 때와는 딴판으로 달라질 수 있다. 다행히도 이런 효과에는 트림 효과가 아니라, 나비 효과라는 이름이 붙었다.

기상 예측은 '초기치 문제'인데 반해, 기후 예측은 '경계치 문제boundary value problem'이다. 우리는 기후 예측을 통해서, 기후 시스템이 작동하는 '규칙' 속에서 일어난 작은 변화가 평균적인 기상에 변화를 일으킬 수 있는지 조사한다. 지구온난화를 예로 들면, 인류는 온실가스의 하나인 이산화탄소를 대기에 추가한다. 이 때문에 대기가 주위의 열을 움직이는 방식에 크든 작든 변화가 일어난다. 따라서 기후 모델의 운영자들은 2019년 7월 4일의 날씨가 어떨지는 예측할 수 없지만, 2019년의 기온이 1999년의 기온보다 높으리라는 예측은 가능하다고 생각한다. 그들은 기후 시스템에 일어나는 작은 변화로 평균적인 기상, 즉 기후의 변화를 예측할 수 있다고 생각한다.

이제는 기상의 움직임을 결정하는 기본적인 과정을 알아보자. 아래에 제시된 단순화된 그림은 중학생용, 혹은 국회 증언용으로 쓸 만한 수준이다.

태양과 적외선, 지구를 덥히고 식히다

출발점은 날씨를 결정하는 동력원인 태양이다. 이 그림은 햇빛이 지구에 흡수되고 이로 인해 대기 중에 날씨 변화가 일어나는 것을 보여준다(더 자세한 내용은 뒤에서 살펴본다). 이 그림에 표시된 기본적인 과정들을 잠시만 살펴보기 바란다.

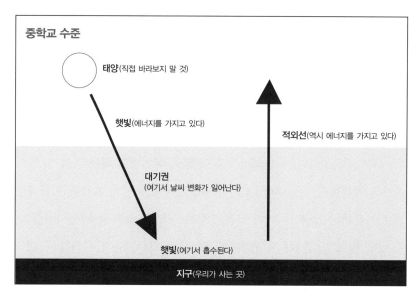

이 그림에서 우리가 인식하지 못하는 과정은 적외선 복사이다. 앞으로 살펴보겠지만, 이는 지구온난화와 관련하여 가장 많은 주목을 받는 과정이다.

앞의 그림에서 햇빛은 지구를 덥힌다. 만일 지구가 과도한 열을 처리할 방법이 없다면, 햇빛은 지구를 갈수록 뜨겁게 만들 것이다. 지구가 과도한 열을 제거할 수 있는 유일한 방법이 바로 적외선(혹은 '열') 복사 과정이다. 지구는 쉬지 않고 대기권 밖으로 적외선을 방출한다.

적외선은 지구에 생물이 서식할 수 있느냐 없느냐를 결정짓는 요인이지만, 대부분의 사람들은 적외선을 쉽게 알아보지 못한다. 적외선은 육안으로 볼 수 없지만 감지할 수는 있다. 우리는 불이나 벌겋게 달아오른 난로에서 감지되는 적외선에 아주 익숙하다. 우리는 무엇이 적외선을 뿜어내는지 알아본다. 우리의 피부는 우리의 눈과는 달리 적외선에 민감하기 때문이다. 적외선의 원천이 아주 뜨거울 때는 특히 더하다.

사실 '모든 것'이 적외선을 흡수하고 방출한다. 물체가 뜨거우면 뜨거울수록 더 많은 적외선 에너지를 방출한다. 이 책을 읽고 있는 독자들도 주위에 적외선을 방출하고 있다. 우리가 주위에 방출하는 적외선 에너지는 우리 몸이 물질대사를 하며 끊임없이 열을 만들어내는 동안 우리 몸을 식혀준다. 우리는 눈에 보이지 않는 열을 뿜어내고 있는 것이다. 아마 유명한 텔레비전 프로그램 〈24〉나 여러 영화에서 이런 효과를 시뮬레이션으로 표현한 것을 본 적이 있을 것이다. 위성들은 마치 마법사처럼 건물 벽을 뚫고 들어가서 사람들이 방출하는 적외선열을 감지한다. 군대에서도 이와 비슷한 기술이 사용된다.

그렇다면 적외선 에너지는 기상에서 어떤 역할을 할까? 지구의 평균 기온을 비교적 일정하게 유지하려면, 흡수된 햇빛의 총량은 지구로부터 대기권 밖으로 방출되는 적외선 에너지의 총량과 똑같아야 한다. 이것을 '복사평형radiative energy balance' 이라고 한다. 이는 지구온난화 이론의 핵심을 이루는 개념이다. 지구의 기온은 상당히 일정하게 유지된다. 지구 시스템 안으로 들어오고 나가는 복사에너지의 양이 거의 비슷하기 때문이다. 햇빛의 흡수량과 적외선의 방출량이 균형을 이루지 못할 경우에는 온난화 혹은 냉각화가 나타날 수 있다. 요컨대 일정한 온도를 유지하려면 들어오는 에너지와 나가는 에너지가 같아야 한다.

주위에 복사에너지를 방출하고 있는 우리의 몸으로 돌아가보자. 우리 주위에서도 역시 (자체 온도에 비례하여) 에너지를 방출한다. 우리 몸은 적외선을 방출하는 동시에 흡수하고 있다. 그러나 우리의 체온은 주위의 온도보다 높기 때문에 우리 주위에서 받아들이는 것보다 훨씬 많은 양의 적외선을 발산한다. 이때 우리 몸을 떠난 적외선 에너지는 우리 몸이 흡수하는 적외선 에너지보다 크기 때문에 우리는 '복사냉각radiational cooling' 되고 있는 셈이다.

이제 우리 몸을 지구 전체로 바꾸어보자(물론 비유적으로 하는 말이다). 지구는 밤이나 낮이나 쉬지 않고 대기권 밖으로 적외선 복사에너지를 방출하고 있다. 대기권 밖에서 방출되는 복사에너지는 거의 제로에 가까우므로 이는 무시해도 된다. 여러 해 동안 지구 전체에서 평균적으로 방출되는 적외선 복사에너지의 양은 동일한 기간에 흡수된 햇빛의 양과 거의 가까운 것으로 여겨진다. 다시 말하면, 복사에너지가 평형을 이루기 때문에 일정한 온도가 유지되는 것이다. 햇빛에 의한 가열과 복사냉각의 규모는 평균 1평방미터당 235와트 가량으로 추정된다.

일상적으로 볼 수 있는 적외선 복사의 사례를 들어보자. 우리는 해가 지고 나면 공기가 차가워지는 것을 체험한다. 엄밀히 말하면, 밤에 공기가 차가워지는 것은 햇빛의 투입이 중단되었기 때문이 아니다. 복사냉각(에너지 방출량)이 햇빛에 의한 가열(밤에는 에너지 투입량이 당연히 0이다)을 초과하기 때문에 공기가 차가워지는 것이다.

낮 동안에도 지구는 대기권 밖으로 끊임없이 적외선열을 방출함으로써 냉각을 하려고 한다. 하지만 낮에는 햇빛으로부터 흡수하는 에너지의 양이 복사냉각에 의해서 손실되는 에너지의 양보다 크다. 즉 에너지 투입량이 에너지 방출량을 초과하기 때문에 모든 것이 데워진다.

우리 눈은 적외선에 민감하지 않기 때문에, 지구가 복사에너지를 대기권 밖으로 끊임없이 방출하고 있다는 사실에 익숙해지려면 정신적인 훈련이 필요하다. 우리는 눈에 보이지 않는 것은 존재하지 않는다고 생각하기 쉽다. 지구가 차가워진 것을 실제로 느껴보고 싶을 때 써먹을 수 있는 간단한 실험을 소개한다. 맑고 서늘한 초저녁에 찻길이나 주차장, 풀밭 등 낮 동안 덥혀진 곳에 가서 선다. 손바닥이 아래쪽으로 가도록 손을 수평으로 뻗는다. 그다음 손을 뒤집어 손바닥이 위로 오게 한다. 손바닥이 번갈아 위아래로 향하도록 계속 손을 뒤집는다. 이렇게 하다 보면, 따뜻한 땅에서 나오는 적외선 에너지와 차가운 하늘에서 내려오는 적외선 에너지의 양이 다른 것을 느낄 수 있다. 자, 이제 당신은 복사선 측정기이다.

밤에 지표면이 차가운 하늘에 노출되면서 복사냉각이 일어나고 이 때문에 자동차나 풀 등 물체의 표면에는 이슬이 맺힌다. 밤이 되면 나무 아래 놓아둔 물건들은 나무에서 나오는 적외선 복사열로 가열되기 때문에 차가운 하늘에 적외선 에너지를 빼앗기는 다른 물체보다 상대적으로 따뜻하다.

모든 것이 끊임없이 적외선열을 방출하고 흡수한다는 생각은 햇빛보다 이해하기가 어렵다. 햇빛을 방출할 수 있는 것은 태양뿐이지만 적외선 복사는 땅, 나무, 공기, 구름 등 모든 것에서 끊임없이 방출되고 (그리고 흡수되고) 있다.

대기 중에서 위로, 혹은 아래로 움직이는 적외선 복사의 흐름은 매우 복잡하다. 적외선 복사의 흐름이 대기의 온도에 어떤 영향을 미치는지 파악하려 할 때 우리의 직관은 아무런 도움을 주지 못한다. 따라서 우리는 컴퓨터를 이용하여 모델을 구축해야 한다. 이 일은 집에서 혼자 해보려 하지 말고 전문가들에게 맡기길 바란다.

바로 이런 점 때문에 지구온난화 이론은 일반인이나 전문가가 개념적으로 이해하기 어렵다. 지구온난화 이론은 적외선 에너지가 지표면과 대기에서 어떻게 재분배되고, 방출되는가 하는 문제와 연관되어 있는데, 우리 눈으로는 이런 과정을 볼 수 없기 때문이다.

지구온난화 이론은 다음 장에서 더 자세히 살펴볼 것이다. 이 장에서는 독자들이 햇빛에 의한 가열과 복사냉각이 지구의 기상을 '움직이는' 원인이라는 개념에 익숙해지도록 도와줄 것이다. 지구에서 자연적인 '온실효과'를 일으키는 것은 대기 중에서 진행되는 이런 에너지 복사 과정이다.

온난화보다 강력한 기상의 냉각효과

온실가스는 적외선 에너지를 강력하게 흡수·방출하는 대기 중의 기체이다. 만일 우리 눈이 온실가스가 흡수하고 방출하는 적외선 파장에 민감하다면, 우리는 아주 먼 곳을 볼 수 없을 것이다. 마치 구름 속에 있는 것처럼, 여기저기서 적외선 '안개'가 보일 것이다. 대기 중의 주요한 온실가스로는 수증기(자연적인 온실효과를 일으키는 물질 중 70~90퍼센트 가량이 수증기이다)와 이산화탄소, 그리고 메탄이 있다. 구름 역시 상당한 온실효과를 발휘하지만, 구름은 기체가 아니다. 구름은 작은 물방울 혹은 얼음 결정으로 이루어져 있다.

대기 중의 온실가스와 관련해서 기억해야 할 가장 중요한 점은 온실가스가 이불과 같은 기능을 한다는 것이다. 즉 온실가스가 없을 때보다 대기 하층의 온도는 높아지게 하고, 대기 상층의 온도는 낮아지게 한다. 이는 우리가 이불을 덮는 것과 거의 비슷한 효과를 낸다. 이불을 덮으면 이불을 덮지 않았을 때보다 우리 몸은 따뜻해지고, 이불 바깥의 공기는 차가워진다. 그러나 이불의 주된 기능은 공기가 움직이지 않게 하는 것인 반면, 온실가스의 기능은 대기 하층이 지나치게 빨리 차가워지는 것을 막는 것이다.

대부분의 기상학자들도 알지 못하는 사실이지만, 지구에 기상이 존재하는 것은 온실효과 덕분이다. 다음 그림에 표시된 점선은 기상 현상이 없을 경우 대류권(기상 현상이 일어나는 대기권의 최하층)의 온도가 고도에 따라 어떻게 변하는지를 보여준다. 지표면의 평균 온도는 섭씨 60도 정도가 될 것이고, 제트 비행기가 날아다니는 고도는 온도가 너무 낮아 제트 연료가 응고될 것이다. 우리는 현실적으로 대기가 기상을 만들어내는 것을 막을 수 없으므로, 이는 모델을 통해서 구축한 이론적인 추정에 지나지 않는다.

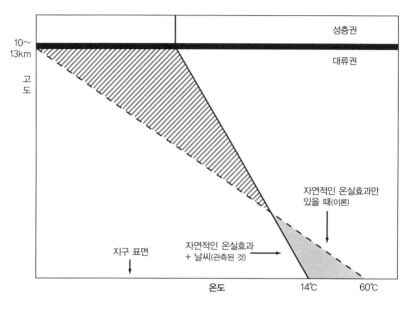

지구의 자연적인 온실효과는 지표면을 참을 수 없을 만큼 뜨겁게 만들고 '싶어 한다.' 그러나 기상의 냉각효과는 그러한 온도 상승을 방지한다.

섭씨 60도라는 '온실' 온도는 무엇이 지구의 기상을 움직이는가를 설명하는 데 좋은 출발점이 되어준다. 햇빛에 의한 가열과 적외선 복사열이 결합하여 지표면을 극도로 뜨겁게 달구려고 '노력한다.' 그러나 이런 온도에 이르기 전에 대기는 '대류로 인해서 불안정해진다'. 즉, 따뜻한 공기는 위로 올라가고 차가운 공기는 아래로 가라앉으면서 대기가 거꾸로 뒤집히기 시작한다. 현실의 대기는 끊임없이 뒤섞이면서 과도한 열을 지표면으로부터 대기 중의 높은 곳으로 운반한다. 이런 뒤섞임과 관련된 일체의 과정들이 우리가 기상이라고 부르는 현상의 일부를 이룬다.

85쪽의 그림 아래쪽에 검은색으로 채워진 부분은 기상으로 인해 대류권 하층에서 냉각이 얼마나 일어나는가를 보여준다. 대류권 상층의 빗금이 쳐진 부분은 기상 현상으로 열이 아래에서 위로 이동하면서 일어나는 온도 상승을 나타낸다. 열이 대류권 하층으로부터 대류권 상층으로 이동하는 가장 인상적인 사례로는 뇌우와 허리케인을 들 수 있다.

기상이, 햇빛과 온실효과로 인해 올라간 지표면의 온도를 그보다 더 낮은 온도로 냉각시킨다는 사실을 강조하는 데에는 이유가 있다. "온실효과는 지구를 생물이 거주할 수 있을 만큼 따뜻하게 만든다"는 이야기를 들어본 사람들은 많겠지만, "기상이 지구를 생물이 거주할 수 있을 만큼 차갑게 만든다"는 이야기를 들어본 사람은 없을 것이다. 양적으로 따지면, 기상의 냉각효과는 온실효과에 의한 온난화보다 강력하다. 그렇다면 우리가 지구온난화와 관련된 토론에서 이런 이야기를 들을 수 없는 이유는 무얼까? 이상하지 않은가?

여기까지 무사히 따라온 독자들에게 축하의 말씀을 드린다(여기까지 무사히 따라오지 못한 독자들은 당연히 이 글을 보지 못하겠지만). 이제 여러분은 더 이상 기후 바보, 혹은 기상 바보가 아니다. 이제는 여러분의 지식을 고등학교 수준으로 끌어올릴 차례이다.

지표면의 열 제거
앞에서는 햇빛이 기상 현상을 일으키는 에너지원이 되는 과정과, 지구가 대기권 밖으로 에너지를 방출하는 과정에 대해서 살펴보았다. 또한 햇빛에 의한 가열과 적외선에 의한 에너지 이동이 합쳐지면서 지표면을 견딜 수 없을 만큼 뜨겁게 달구고 대기권 상층을 엄청나게 차갑게 식히려는 시도가 계속된다는 사실도 살펴보았다. 이런 일체의 과정에 대응하여 일어나는 것이 바로 '기상'이라고 불리는 흥미로운 현상이다.

기상이나 기후와 관련된 직종에 종사하는 사람들도 대개는 기상의 최종적인 목표를, 넘치는 곳에서 부족한 곳으로 열을 이동시키는 것이라는 생각을 하지 않는다. 돌풍이 불고, 구름이 끼고, 비가 오는 이 모든 현상은 지표면으로부터 대기권의 상층으로, 혹은 저위도(열대 지역)로부터 고위도(극 지역)로 과도한 열을 움직이는 과정에서 일어난다.

열의 이런 흐름은 곧 과학의 기본 법칙 가운데 하나인 열역학 제2법칙을 입증해준다. 간단히 말해서, 이 법칙은 열이 넘치는 곳에서 부족한 곳으로 움직이는 습성이 있다는 것이다.

이제 우리는 고등학교 수준의 기상 관련 그림을 볼 준비를 마쳤다(88쪽 그림). 이 그림에는 대류권까지 뻗어 있는 가상의 폭풍이 그려져 있다. 에너지가 기상 현상을 초래하며 움직이는 경로는 여러 가지가 있지만, 여기서는 가장 지배적인 경로에 대해서 살펴보겠다. 우선 대기권에 들어온 햇빛의 대부분이 흡수되는 지표면에서부터 출발하자.

이 그림을 보면, 지표면과 바다 상층이 태양에 의해서 따뜻하게 데워진다. 하지만 흡수된 햇빛이 어디에서나 똑같은 온도 변화를 일으키는 것은 아니다. 열대 지역은 극 지역보다 햇빛을 더 많이 받아 더 따뜻하다. 구름이 없는 지역은 구름이 낀 지역보다 햇빛을 더 많이 받아 더 따뜻하

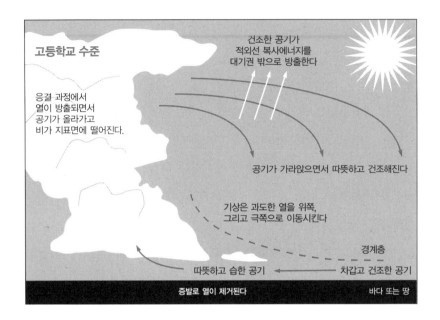

건조한 공기가
적외선 복사에너지를
대기권 밖으로 방출한다

고등학교 수준

응결 과정에서
열이 방출되면서
공기가 올라가고
비가 지표면에 떨어진다.

공기가 가라앉으면서 따뜻하고 건조해진다

기상은 과도한 열을 위쪽,
그리고 극쪽으로 이동시킨다

경계층

따뜻하고 습한 공기 ← 차갑고 건조한 공기

증발로 열이 제거된다

바다 또는 땅

다. 땅은 바다보다 빨리 데워진다. 요컨대 지표면의 온도는 상당히 들쭉
날쭉하다.

결국 지역 간의 이런 온도 차이 때문에 지표면에는 기류(바람)가 발생
한다. 이런 바람은 지표면으로부터 열을 끌어올려서 다른 곳으로 이동시
킨다. 지표면으로부터 지표면을 덮고 있는 공기로 이동되는 열은 '현열'
(기온이 상승하는 경우)이 되기도 하고 '잠열'(지표면으로부터 물이 증발하여
증발 잠열을 포함하고 있는 수증기가 공기 중에 추가되는 경우)이 되기도 한다.
이제부터는 아주 중요한 내용이므로 정신을 바짝 차리기 바란다.

증발을 통해 지표면에서 방출된 잠열은 지표면의 온도를 낮추는 주요
메커니즘이다. 공기 중에 추가된 열에너지는 공기의 온도를 높이지 않고
물을 액체에서 기체 상태로 변화시키는 데 소요된다는 의미에서 잠열이

라고 불린다. 증발 과정에는 에너지가 소모된다. 예를 들어, 피부가 젖었을 때 가벼운 바람이 불면 차갑게 느껴진다. 물이 수증기로 변하기 위해 우리 몸에서 열을 빼앗아가는 것이다.

호수와 바다에서 방출되는 열의 약 90퍼센트는 물을 증발시키는 데 소요된다. 지표면에서는 식물의 성장 과정에서 식물을 관통하여 순환하는 물로부터 많은 양의 증발이 이루어지는데, 이것을 증발산蒸發散이라고 부른다.

이쯤에서 명민한 독자들은 수증기의 역할과 관련해서 약간 혼란을 느낄지도 모른다. 앞에서는 수증기로 인한 온실효과가 지표면을 참을 수 없을 만큼 뜨겁게 만들고 '싶어 한다'고 설명했다. 그런데 여기서는 물의 증발이 지표면의 온도를 떨어뜨리는 주요 메커니즘이라고 설명했다. 어느 쪽이 맞는 이야기일까? 수증기는 표면의 온도를 떨어뜨리는 걸까, 올리는 걸까?

정답은 '둘 다 맞다'이다. 표층수가 증발하여 수증기가 되는 순간 표면으로부터 열을 빼앗아간다. 그리고 그 수증기는 온실효과를 통해서 표면을 덥힌다. 이 두 가지 효과는 동시에 잇달아서 일어난다. 물은 기상과 기후에서 온갖 다양한 기능을 담당하는 신비로운 물질이다. 오염된 표층수도 증발이 되기만 하면 다시 깨끗해져서 자신이 맡은 임무를 수행할 준비를 갖춘다.

표층수도 없고 식물도 없다면, 태양에너지는 몽땅 현열(온도 상승)로 바뀐다. 수증기로 전환하는 과정을 거치면서 열의 일부를 흡수하는 물이 없다면, 에너지는 몽땅 대기의 온도를 높이는 데 소모될 것이다. 예를 들면, 도시에서 '열섬 효과'가 나타나는 것도, 사막의 기온이 엄청나게 높은 것도 모두 증발을 통해서 열을 흡수해줄 물이 거의 없기 때문이다.

일부 도시에서는 열섬 효과를 완화하기 위해서 건물 옥상 등에 식물을 심을 것을 권장한다. 이는 흡수된 햇빛의 일부를 현열(열이 온도로 저장된다)로 바꾸는 대신에 잠열(열이 수증기 안에 저장된다)로 바꾸는 데 효과적인 방법이다.

한 가지 덧붙일 사실은 사막이 뜨거운 것은 모래가 밝게 빛나서가 아니라는 점이다. 모래가 밝게 빛나기 때문에 모래가 검은 경우에 비해서 사막의 공기가 차가운 것이다. 만일 도시에 있는 모든 물건을 하얀색으로 칠하면 그리 많은 햇빛을 흡수하지 않기 때문에 훨씬 서늘한 온도를 유지할 것이다. 그러나 우리 눈은 그렇게 밝은 상태를 견뎌내지 못한다.

대기 순환 시스템

지표면에서 방출되어 대기권의 최하층에 쌓여 있는 열은 따뜻한 공기 덩어리를 상승하게 하고, 상층에 있던 상대적으로 차가운 공기를 가라앉게 한다. 가장 따뜻한 공기 덩어리가 충분한 높이까지 상승하면, 그 공기의 온도는 매우 차가워져서 모든 수증기를 증기의 형태로 유지할 수 없게 된다. 상대습도 100퍼센트가 되면 증기의 일부는 응결(다시 액체 형태로 바뀐다)하여 작은 구름 방울로 바뀐다. 구름이 형성되는 순간, 증발 과정에서 지표면으로부터 흡수된 잠열이 방출되고, 공기가 데워진다.

응결 가열로 이렇게 온도가 올라가면 구름이 낀 공기 덩어리는 훨씬 높은 고도에 이를 때까지 상승한다. 우리는 비행기를 타고 구름 속으로 들어갔다 나오는 과정에서 이런 상승기류를 느낄 수 있다. 비행기가 덜컹거리는 것은 수증기의 일부가 구름 형태의 물로 바뀔 때 방출되는 잠열로 인한 것이다. 구름 속을 나는 비행기에 앉아 창밖으로 비행기의 날개 끝이 얼마나 잘 보이는지를 보면 열이 얼마나 방출되는지 알 수 있다. 다량의 수증기가 응결하여 구름 알갱이가 되는 경우에는 구름이 너무 두터워서 날개가 보이지 않는다.

구름이 섞인 채 상승하는 따뜻한 공기가 충분한 수증기를 함유한 채 충분한 높이까지 상승하면, 구름 알갱이가 서로 결합하여 점점 커지다가 빗방울이 된다. 공기가 일정 정도 차가워지면 눈송이가 만들어진다. 빙점(섭씨 0도) 근처의 고도에서는 비와 눈이 동시에 만들어질 수 있다. 놀라지 마시라. 더운 여름에도 뇌우의 상층부에서는 작은 눈보라가 몰아친다.

강수의 일부는 대개 땅으로 떨어진다. 땅에 닿지 못하는 강수는 다시 증발하여 대기 중에 수증기를 공급한다. 이런 재증발 과정에서 흡수되는 열의 양은 수증기가 구름으로 응결될 때 방출되는 것과 같기 때문에 최종적인 온도 상승효과는 0이다. 대기의 온도가 상승하는 경우는 강수가 실제로 땅에 닿을 때뿐이다.

따라서 땅에 닿는 빗방울과 눈송이는 흡수된 태양에너지 가운데서 지표면으로부터 대기 상층으로 운반된 에너지이다.

기상 시스템의 신비로운 현상을 하나 예로 들어보자. 구름 안에서 상승하는 습한 공기는 엄청난 열을 방출하지만, 상승기류는 최종적으로는 상승기류 주위의 공기와 온도가 같아진다. 구름이 섞인 따뜻한 공기 덩어리가 상승하여 팽창하면서 차가워져서 주위 온도와 거의 비슷해지는 것이다. 주위보다 따뜻한 공기 덩어리는 상승하다가 주위 온도와 같은 정도로 식어야만 상승을 멈춘다.

구름이 섞인 따뜻한 공기가 상승 과정에서 차가워진다면, 대기 상층은 어떻게 해서 온도가 상승하는 걸까? 공기가 상승하면 그에 맞춰 어느 곳에선가 똑같은 양의 공기가 아래로 내려가야만 하고, 이렇게 공기가 하강하는 지역에서는 엄청난 양의 공기가 온도 상승을 겪는다.

공기가 하강하는 지역은 공기가 상승하는 지역보다 훨씬 넓다. 즉, 좁은 지역에 퍼져 있는, 구름이 섞인 따뜻한 공기가 빠르게 상승하면 넓은 지역에 퍼져 있는 약간 따뜻한 공기가 매우 천천히 가라앉는다. 비교적 좁은 지역에서 상승과 하강이 집중되는 극단적인 사례가 바로 태풍의 눈이다.

상당량의 수증기가 강수로 바뀐 뒤에 하강하는 공기는 거의 예외 없이 구름을 동반하지 않으며 습도도 낮다. 기상학자들과 기후전문가들도 미처 알지 못하는 사실이지만, 햇빛이 화창하고 하늘이 맑은 것은 어딘가에서 강수로 상층의 공기가 하강한 덕분이다.

88쪽의 그림에서 보았듯이 지금까지는 열이 (햇빛을 흡수한) 지표면으로 이동했다가, 다시 지표면 위를 떠돌다가, 다시 그중 일부가 공기로 흡수되었다가, 다시 구름 낀 상승기류로 이동했다가, 다시 하강기류로 이동하면서 대류권 중상층의 온도 상승이 이루어지는 과정을 살펴보았다. 이것은 열이 지표면에서 대류권 상층으로 이동하는 과정에서 지표면과 대류권 하층이 냉각되는 주요 경로이다. 그런데 열의 이동 과정에는 한 가지 단계가 더 있다.

이 과정의 마지막 단계에서 깨끗하고, 따뜻하고, 건조한 하강 공기는 대기권 밖으로 복사열을 방출하면서 냉각되고, 이로써 대기권 안팎으로 움직이는 에너지의 순환이 종결된다.

지금까지는 일부 에너지의 순환 방식은 무시했다. 예를 들면, 지표면에 쌓이는 열 가운데 극히 일부는 내가 방금 설명한 일련의 사건들을 거치면서 적외선 복사의 형태로 대기권 밖으로 직접 방출된다. 텔레비전이나 인터넷에 소개되는 적외선 위성사진을 통해서 이런 종류의 열 손실을 볼 수 있다. 이런 위성 센서들은 대기가 투명할 경우 적외선 에너지를 감지할 수 있도록 설계되어 있기 때문에 땅에서 직접 방출되는 적외선 복사열을 볼 수 있게 해준다.

방금 설명한 열의 이동 과정들이 대기 순환 시스템을 구성한다. 지표면에서 열을 끌어올린 공기는 상승하는 과정에서 열을 방출하고, 강수 시스템에서 떨어져 나와 서서히 하강하면서 복사냉각을 거쳐 다시 지표면으로 내려온 다음 이 과정을 다시 반복한다.

앞에서 소개한 고등학교 수준의 그림은 몹시 제한된 지역에서 일어나는 따뜻한 계절성 순환 시스템을 보여주지만, 현실에서는 수천 킬로미터에 걸쳐서 진행되는 열대성 순환 시스템이 존재한다. 겨울철의 경우 열대 지역을 제외한 곳에서는 상승하는 습한 공기가 넓은 지역으로 퍼져나가 지표면에서 수백, 수천 킬로미터 떨어진 대류권 상층까지 움직인다. 이런 흐름은 온대 저기압(과도한 열을 열대 지역으로부터 고위도 지역으로 이동시킨다)과 관련되어 있다.

이 온대 저기압은 대규모의 강수 '방패'를 형성하여 10월의 주말을 망쳐놓는다. 하루는 햇빛이 화창하고 다음날은 비가 내린다면, 이는 그 지역에서 움직이고 있는 하나의 저기압 혹은 고기압 내부의 상승 지류와 하강 지류로 인한 것이다.

그러나 현실을 더욱 복잡하게 하는 것은, 지구의 자전으로 인해 공기가 고기압에서 저기압으로 직접 흘러가지 않고, 고기압과 저기압 '주위'로 흘러간다는 점이다. 이것을 코리올리 효과Coriolis effect라고 부른다. 저기압의 경우 북반구에서는 공기가 시계 반대 방향으로 흐르고, 남반구에서는 시계 방향으로 흐른다. 적도 근처에서는 공기가 단순하게 고기압에서 저기압으로 흐른다.

(코리올리 효과는 개수대 배수구에서 물이 한쪽 방향으로 소용돌이치며 빠져나가는 것과는 무관한 것이다. 개수대는 아주 작고 모양도 가지각색인데다 물이 아주 급하게 흘러가기 때문에 지구의 자전을 '감지'하지 못한다. 그러나 완전한 원통형의 대형 수조 정중앙에 아주 작은 배수구를 뚫어놓고 실험을 하면, 수조의 물은 일정한 시간에 걸쳐서 한쪽 방향으로만 소용돌이치며 빠져나간다.)

이런 순환은 회귀선에서나 고위도에서나 전 지구적인 차원에서 쉴 새 없이 이루어지고 있다. 대기는 끊임없이 대류하며 한 지역에서 다른 지역으로 끊임없이 흘러간다. 대기는 지표면의 열을 대기 중의 높은 곳으로 이동시키고, 흡수되는 햇빛의 양이 많은 열대 지역의 열을 흡수되는 햇빛의 양이 적은 극 지역으로 이동시킨다. 기억해야 할 것은 이 모든 기상 현상이 넘치는 곳에서 부족한 곳으로 열을 이동시키기 위한 것이라는 점이다.

기상과 관련된 기본적인 개념을 이해했으니, 이제는 온난화에 대해서 이야기해보자. 기본적인 개념을 이해할 수 없는 사람은 어찌 할까? 할 수 없다. 그냥 이해했다고 치고 따라올 수밖에.

chapter 4

허울뿐인
지구온난화 이론

인류는 상대적으로 적은 양의 이산화탄소를 대기 중에 내보내지만,
강수 시스템은 대기 상층에서 엄청난 양의 수증기를 뿜어내면서
수증기의 양을 조절하여 기후 시스템의 평균 온도를 유지하는 데 도움을 준다.
자연계에는 견제와 균형 시스템을 갖추고서 이런 식으로 기능하는 것들이 많다.
시스템이 정상에서 지나치게 벗어나면, 복잡한 상호작용이
일어나 시스템을 반대 방향으로 되돌린다. (……) 우리는 강수 시스템이
좀더 효율적으로 움직이면 기후가 서늘해지고, 강수량이 줄어든다는
종래의 이론 연구 덕분에, 기후 시스템이 이와 같은 온도 조절
메커니즘을 하나 이상 가지고 있고, 이를 원하는 대로
사용할 수 있다는 사실을 알고 있다. 이 메커니즘이 실제로 작동되는 경우
온실가스로 인한 온도 상승 효과는 측정할 수 없을 만큼 작아질 것이다.
즉 이산화탄소 배출량이 증가하여 온난화가 나타난다 해도
강수 시스템의 효율성이 약간만 높아진다면,
기온 혹은 강수는 거의 측정할 수 없을 정도로만 변화한다.

앞에서 설명했듯이, 온실가스는 적외선 복사열을 강력하게 흡수하고, 방출한다. 대기 중의 주요한 온실가스로는 수증기와 이산화탄소, 그리고 메탄이 있다. 이런 온실가스들은 하나같이 '이불' 처럼 기능하여 하층의 대기를 더 따뜻하게, 상층의 대기를 더 차갑게 만든다.

과연 이산화탄소는 얼마나 증가했는가?

지구온난화로 인한 주요 걱정거리는 인류가 화석연료를 사용하여 대기 중의 이산화탄소 농도가 서서히 증가한다는 것이다. 이 때문에 안달을 하고 있는 사람들은 대개 이 사실을 될 수 있는 한 가장 극단적인 용어로 표현한다. 예를 들면, 지구 전역의 이산화탄소 방출량이 연간 300억 톤가량 된다는 식이다. 그들은 대기의 총질량 5.3×10^{15}톤에 비하면 이산화탄소 방출량이 얼마나 작은지에 대해서는 이야기하지 않는다.

수의 단위가 크면 제대로 감을 잡기가 어려우니, 다른 식으로 이산화탄소 배출량을 따져보자. 다음 그래프는 하와이에 소재한 마우나로아 관측소에서 1958년부터 관측된 대기 중 이산화탄소의 농도를 나타낸다. 마우나로아 관측소를 선택한 것은 이산화탄소 농도가 상승하는 도시화된 지역들과 비교적 멀리 떨어져 있기 때문이다. 세계 전역에 위치한 다른 이산화탄소 관측소들 역시 근본적으로는 비슷한 상승 추세를 나타낸다.

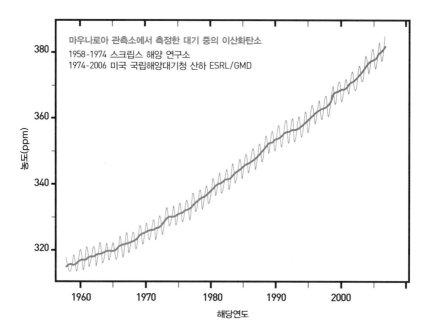

이 그림에서 대기 중의 이산화탄소 농도는 대단히 급격하게 상승하는 듯이 보이지만, ppm이 단위로 쓰이고 있다는 점에 주목하길 바란다. 380ppm 남짓 되는 현재의 농도는 공기 분자 100만 개당 이산화탄소 분자가 380개 있다는 소리이다. 다시 말해, 공기 분자 10만 개당 이산화탄소 분자가 38개 있다는 소리이다. 이렇게 함유량이 대단히 적기 때문에 이산화탄소는 대기 중의 '미량 기체' 중 하나이다. 즉 이산화탄소의 양은 절대로 많은 것이 아니다.

그래프에 표시된 상승률을 분석하면, 인류는 5년마다 10만 개의 공기 분자 가운데 이산화탄소 분자 한 개를 추가하고 있는 셈이다. 이것이 지구온난화의 재앙을 불러오는 요인으로 추정되고 있다. 실제로 수많은 과학자들이 그렇게 말하고 있다.

다시 말해 이산화탄소는 온실가스이기 때문에 과도한 이산화탄소는 지구의 자연적인 온실효과를 조금 더 강력하게 만들어서('이불' 이 조금 더 조밀해져서) 지표면을 더욱 달군다고 한다. 이불이 조금 더 조밀해지기 때문에 대기권 밖으로 빠져나가는 적외선 에너지의 양은 예전에 미치지 못하게 된다. 즉, 지구에 흡수되는 태양에너지와 방출되는 복사에너지 사이의 복사평형이 무너져서, 방출되는 에너지보다 들어오는 에너지가 많아진다. 위기론자들은 그래서 지구의 대기가 뜨거워질 수밖에 없다고 주장한다. 대기의 온도가 상승할수록 대기권 밖으로 방출되는 적외선 에너지의 양이 늘어나기 때문에, 대기의 온도가 충분히 상승할 때에만 지구는 복사평형을 되찾는다. 이것이 위기론자들의 핵심적인 주장이다.

신중한 기후학자들은 과도한 이산화탄소가 온난화 '추세' 를 야기할 것이라고 이야기한다. 그러나 철학자 데이비드 스토브David Stove가《다윈의 동화Darwinian Fairytales》에서 지적했듯이, '추세' 라는 단어는 애매모호하다. 기후학자들이 이 단어를 쓰는 것은 지구의 기후와 같이 복잡한 시스템에서 일어나는 한 가지 변화가 다른 반응들을 야기할 것이라고 예상하기 때문이다. 이런 반응들은 대개는 다른 반응들과 어우러져서 애초의 (온난화) 추세를 완화하고, 그 추세를 완화하는 다른 추세를 상쇄하는 방향으로 움직인다.

많은 과학자들과 주류 언론은 지구온난화를 대단히 심각한 문제인 양 부풀리고 있다. 그러나 놀라지 마시라. 과도한 이산화탄소로 인한 적외선 차단 효과는 대단히 미미하다. 이산화탄소 농도가 산업화 이전보다 두 배로 늘어난다고 해도(아마 21세기 말쯤), 지구의 자연적인 온실효과는 1퍼센트밖에 증가하지 않는다.

그러나 위기론자들은 "우리는 지구의 미세한 에너지 평형을 망쳐놓고 있다"고 반박할 것이다. 나중에 설명하겠지만, 나는 지구의 에너지 평형이 실제로는 그다지 미세하지 않다고 생각한다. 과도하게 배출된 이산화탄소가 지표면의 '온난화 추세'를 야기한다는 과학자들의 견해 역시 우리의 판단을 그르칠 수 있다. 앞에서 설명했듯이, 햇빛에 의한 가열과 대기의 자연적인 온실효과가 결합함으로써 지표면과 대기 하층에 '항상' 강력한 온난화 추세가 야기된다. 그러나 기상 과정들은 이러한 온도 상승이 대개 일어나지 못하도록 막는다. 실제로 이산화탄소가 과도하게 배출되어 온난화 추세가 발생하는 것은 아니고, 이미 존재하고 있던 온난화 추세가 아주 미미한 정도로 증폭되는 것뿐이다.

이제 이런 '묻지 마'식 주장을 넘어서서 현실적으로 지구온난화에 대해 따져보자. 대기 중에 '다른 변화가 없다'면, 이산화탄소 농도가 두 배로 증가할 경우 지표면의 온도는 섭씨 0.5도밖에 상승하지 않는다는 계산이 나와 있다(다시 강조하지만, 이것은 이론에 지나지 않는다). 이런 '직접적인' 온난화 효과는 상대적으로 작을 뿐 아니라, 인류도 자연도 쉽게 적응할 만한 수준이다.

그러나 앞으로 살펴보겠지만, 대부분의 지구온난화 이론들은 이보다 훨씬 큰 추정치, 즉 2100년이 되면 섭씨 2도에서 5도까지 온도가 상승한다는 추정치를 내놓고 있다. 이런 추정치가 나오는 것은 상대적으로 적은 양의 이산화탄소가 기상 과정에서 온난화를 증폭시키는 방향으로 작용할 것이라는 일반적인 인식에서 비롯한다.

이제 지구온난화와 관련된 기본 개념들을 점검해보자. 이산화탄소는 온실가스로서 대기 하층의 온도를 높이는 경향이 있다. 인류는 화석연료를 연소함으로써 5년마다 이산화탄소 분자 한 개를 10만 개의 공기 분자 사이에 추가한다. 이로 인해서 대기 상층의 복사평형(추정일 뿐이다)에 미세한 변화가 일어난다. 이론상으로는 지구를 식히는 적외선 복사열의 방출량이 지구를 덥히는 햇빛의 열량과 균형을 이룰 때까지 대기의 온도가 상승한다. 대기의 온도가 상승하면 적외선 복사열이 대기권 밖으로 방출되면서 지구의 온도를 낮춤으로써 지구로 흡수되어 지구를 덥히는 태양 에너지와 평형을 이루게 된다. 여기까지가 인류에 의해 지구온난화가 진행되는 방식이다.

여기서 궁금증이 일어난다. 과도하게 배출된 이산화탄소가 대기권 상층에서 미세하게 복사평형을 깨뜨리는지 실제로 어떻게 안단 말인가? 모른다. 이것 역시 이론적인 추정일 뿐이다.

최근 수십 년 동안 미국 항공우주국은 지구에 흡수되는 햇빛의 양과 지구에서 대기권 밖으로 방출되는 적외선 에너지의 양을 측정하기 위해서 여러 개의 위성 장치들을 띄웠다. 예상되는 두 에너지 간의 불균형은 평균적으로 1평방미터당 235와트에 약간 못 미치는, 대단히 미미한 수준으로 추정되는데, 위성 장치들은 그렇게 미세한 불균형을 정확하게 측정할 수 있을 만큼 정밀하지 못하다. 집 천장에 90센티미터 간격으로 235와트 전구 대신 234와트 전구를 쭉 매달고 방 안의 밝기가 얼마나 달라지는지 보려는 것과 다를 바가 없다.

또 하나의 어려움은 위성으로는 지구 전체를 동시에 측정할 수 없다는 점이다. 지구의 절반이 햇빛을 흡수하는 동안 지구 전체는 대기권 밖으로 적외선 복사열을 방출하지만, 위성은 좁은 어느 한 곳만을 측정할 수 있을 뿐이다. 특정한 장소, 특정한 시간에 흡수되는 햇빛과 방출되는 적외선 에너지 사이의 불균형은 대개는 매우 커서, 1평방미터당 수십 또는 수백 와트에 이른다. 흐린 날씨와 맑은 날씨, 그리고 열대지방과 극지방 등은 유입되는 햇빛과 방출되는 적외선 사이의 불균형이 대단히 크다. 위성은 지구 곳곳에서 이와 같은 커다란 불균형을 수없이 측정하지만, 아주 오랜 기간에 걸쳐서 측정된 수치들의 평균을 내면 거의 제로에 가까울 것이다(기껏 1와트쯤 되는 미미한 불균형일 것이다).

지구가 균일한 온도를 유지한다는 복사평형이라는 개념은 기초 물리학과 지구에 대한 몇 가지 가설에 근거하는 이론일 뿐이다. 평균 1평방미터당 1, 2와트의 불균형은 수백 년째 계속되고 있을지도 모른다. 그러나 이런 불균형은 바닷물의 순환 과정에서 일어나는 작은 변화에 의해서 끊임없이 상쇄된다. 바다는 내부의 순환 과정을 통해서 아주 오랜 시간에 걸쳐 엄청난 양의 축적된 열을 흡수하거나 방출할 수 있다.

복사평형과 관련하여 확실히 알려져 있는 것은 특정한 장소, 특정한 시간에는 복사평형이 존재하지 않는다는 것이다. 대기의 모든 층, 그리고 지구의 모든 지역은 대개 복사평형 상태에서 크게 벗어나 있다. 그러나 나쁜 일은 아니다. 이런 불균형은 지구의 기상을 움직이는 주요 요인이기 때문이다.

지구 전체의 복사 불균형이 1와트라는 주장이 이론적인 추정이듯이 이산화탄소 농도가 두 배 증가하면 섭씨 0.5도 정도 기온이 상승한다는 주장 역시 이론적인 추정이다. 우리는, 이산화탄소에 의해 적외선 복사열이 얼마나 흡수되는지 실험으로 그 값을 구한 후 이를 활용하여 이산화탄소 증가에 따른 적외선 복사열 차단 효과와 지표면 온도 상승효과를 추정할 수 있을 뿐이다.

이런 이론적 추정은 온도 상승이 일어나도 대기는 아무런 변화를 보이지 않는다는 전제하에 가능한 것이다. 그러나 현실의 대기는 온난화 혹은 냉각화 경향을 일으키는 모든 변화에 대해 반응한다. 궁극적으로 대기의 주요한 기능은 열이 많은 곳으로부터 열이 부족한 곳으로 열을 옮기는 것이다. 여기에 영향을 미치는 일이 일어나면, 대기는 특정한 방식으로 반응을 보일 것이다.

여기서 중요한 의문이 제기된다. 대기는 온난화를 증폭시키는 쪽으로 반응할까, 완화시키는 쪽으로 반응할까? 이런 반응을 피드백이라고 한다. 이런 피드백들 가운데에는 구름과 강수의 변화 등 이산화탄소 증가에 의한 온도 상승효과를 강화 혹은 약화시키는 방향으로 움직이는 것들이 포함된다.

인류가 방출하는 과도한 이산화탄소가 지구의 자연적인 온실효과를 약간 증폭시키고 있다는 사실에 대해서는 거의 이론이 없다. 논쟁이 되는 것은 이런 피드백에 대해서 대기가 어떻게 반응하는가 하는 점이다.

온실효과 1% 증가에 대한 기후의 반응

드디어 미래의 지구온난화를 둘러싼 논쟁의 핵심에 도달했다. 인류가 자연적인 온실효과를 (금세기 말에) 1퍼센트 증폭시키면 대기는 어떻게 반응할까? 기후 모델에서는 대개 지표면의 온도에 미치는 영향을 따져보기 위해서 여러 가지 반응을 투입한다. 이런 반응을 흔히 피드백이라고 부르지만, 나는 몇 가지 이유에서 이 용어의 사용을 최대한 자제할 작정이다. 첫째, '양의 피드백'은 나쁜 것이고, '음의 피드백'은 좋은 것이라는 개념이 약간 혼란스러울 수 있기 때문이다. 양의 피드백은 기후 시스템의 특정한 변화가 지표면의 온난화 추세를 증폭시킬 때를 가리키고, 음의 피드백은 지표면의 온난화 추세를 감소시킬 때를 가리킨다.

둘째, '피드백'은 피드백과 연관되어 있는 지표면의 온도 변화에 강조점을 둔다. 그러나 기후 시스템에는 온갖 종류의 변화가 일어날 가능성이 있다. 따라서 지표면의 온도가 기후 변화의 주요 요소라는 주장은 약간 치우친 느낌이 있다. 더 좋은 방법은 지표면의 온도 변화만이 아니라 기후 시스템 전반에 걸쳐서 에너지의 흐름이 어떻게 변하는가라는 관점에서 지구온난화를 살펴보는 것이다. 그렇기 때문에 일부 사람들은 '지구온난화' 대신에 '기후 변화'라는 용어를 선호한다.

대부분의 자동화된 기후 모델에서는 과도한 이산화탄소로 적외선이 차단되면 대기가 습해지면서, 증발율과 강수율이 증가하고, 평균 섭씨 2~5도 정도 지표면의 온도가 상승하는 등 여러 가지 변화가 나타난다.

금세기 말까지 섭씨 5도 정도 기온이 상승할 것이라고 하면 걱정하지 않을 사람이 없다. 그러나 이런 추정치를 믿어도 될까?

과학계에서는 기후 모델을 검토할 때, 대개 그 모델이 비슷한 사건을 얼마나 제대로 예측하는지를 평가하게 된다. 안타깝게도 현실의 기후 시스템에는 온실효과로 인한 온난화를 검증할 만한 실험 방법이 존재하지 않는다. 따라서 모델 개발자들은 기껏 각 모델을 현재의 평균적인 기후에 맞춘 뒤에 이산화탄소 증가로 복사 효과가 추가되었을 때 모델이 어떤 반응을 나타내는지를 지켜보는 수밖에 없다.

그런데 문제는 기후 모델을 구축할 때 내려야 할 결정 사항이 대단히 많고, 그중에는 임의적이거나 매우 불확실한 것들도 많다는 점이다. 우리는 지구온난화 이론을 현실에 적용할 때 핵심적인 결정은 어느 것이고, 핵심적이지 않은 결정은 어느 것인지 알지 못한다.

문제를 더욱 복잡하게 만드는 것은 기후 시스템이 비선형의 역동적인 시스템이라는 사실이다. 이런 시스템을 모델화하는 것은 매우 어려운 일이다. 나는 복잡한 기계 시스템을 컴퓨터로 모델화하는 작업을 하다가 은퇴한 기계 공학자와 이야기를 나눈 적이 있다. 그는 컴퓨터를 이용해서 기계 전체를 구성하는 개별적인 하위 시스템들은 성공적으로 구현할수 있었다고 한다. 그러나 개발된 그 하위 시스템들을 통합하자, 컴퓨터는 그 통합된 시스템이 어떻게 작동할 것인지 예측하지 못했다.

기후 시스템은 인간이 만든 시스템보다 훨씬 복잡하다. 모든 개별적인 하위 시스템들(구름, 수증기, 강수 등)이 각각 어떻게 작용하는가를 모델화하는 데 성공한다 하더라도, 그 하위 시스템들이 컴퓨터 속에서 하나로 결합될 때 제대로 작동할 거라고 어떻게 장담하겠는가?

앞에서는 가장 기초적인 수준에서, 대기와 바다가 넘치는 곳에서 부족한 곳으로 열을 이동시킴으로써 열의 불균형에 끊임없이 적응한다고 했다. 열은 지표면에서 대기 상층으로, 열대 지역에서 고위도 지역으로 이동한다. 대기 중의 열은 대부분 다양한 강수 시스템과, 고기압 및 저기압에 의한 순환 시스템에 의해서 이동한다. 바다에서는 걸프 해류와 쿠로시오 해류 같은 국지적이면서 얕은 순환 시스템, 바람에 의한 대규모의 해양 순환, 그리고 염도에 따라 국지적으로 달라지는 물의 밀도로 인한 열염 순환 같은 심해의 흐름에 의해서 열이 이동한다.

기후 모델은 기후 시스템이 가진 이런 일반적인 특징들을 성공적으로 모방하고 있다. 그러나 이 둘 사이에는 커다란 차이가 있다. 예를 들어, 역사적으로 살펴보면, 전 세계의 온도 분포에 대해서 똑같은 결과를 내놓았던 기후 모델들은 바다가 열대 지역에서 고위도 지역으로 이동시키는 열의 양에 대해서는 크게 다른 결과를 내놓았다. 즉, 그 모델들이 도달한 온도는 정확했지만, 그 온도에 이르게 된 이유들은 달랐다.

모든 모델들이 기후 시스템의 '평균적인' 작용에 대해 동일한 견해를 가지고 있다고 해도, 이는 지구온난화를 예측하는 데에는 아무런 의미도 가질 수 없다. 우리가 알아야 하는 것은 '규칙(경계 조건)'의 미미한 변화(예컨대 온실가스의 증가에 따른 온실효과의 미미한 증가)에 대해서 그 시스템이 어떻게 반응할 것인가이다. 기후 시스템의 통상적인 작용을 파악할 수 있다고 해도, 기후 시스템이 작은 변동에 대해 얼마나 민감하게 반응하는지를 파악하는 것은 훨씬 어려운 일이다. 이를 파악하려면 다른 과정들의 상호 작용과 그 과정들을 통제하는 요인에 대한 충분한 지식을 갖추어야 한다.

이제 기후 모델들이 예측하고 있는, 이산화탄소 배출량의 증가로 인한 몇 가지 변화들을 살펴보면서 그 변화 과정들을 제대로 이해할 수 있는지 확인해보자. 반드시 기억해야 할 것은, 여기에서는 그 변화들을 개별적으로 살펴보겠지만, 실제 대기에서는 이 모든 과정들이 서로 영향을 주고받는다는 사실이다.

수증기 못지않게 중요한 강수

기후 모델 개발자들이 지구온난화로 예상되는 그 어떤 변화보다 큰 확신을 가지고 있는 것이 바로 수증기의 증가이다. 종래의 지식에 따르면, 과도한 이산화탄소로 인한 지표면의 온난화 경향은 물의 증발량과 대기 중 습도를 증가시킨다. 수증기는 대기 중에 존재하는 주요 온실가스로, 온난화를 증폭시킨다. 지구온난화를 예측하는 데 사용되는 십여 개의 주요한 기후 모델들은 하나같이 이런 움직임을 보인다.

그러나 수증기로 인해서 온난화가 얼마나 증폭될지에 대해서는 몇 가지 의문이 제기되고 있다.

첫째, 수증기로 인한 온실효과를 좌우하는 것은 지표면에서 증발되는 수분의 양이 아니라 강수 시스템이다. 대류권 중층과 상층의 수증기 양(자연적인 온실효과에 가장 많은 영향을 미치는 대기층)은 강수 시스템 내부의 복잡한 과정들에 의해 좌우된다. 지표면에서의 증발로 대기에 수증기가 가득 찰 것 같지만, 강수에 의해 그런 상황이 방지된다. 일반적인 증발

속도로 따진다면, 1, 2주 만에 대기는 포화 상태(상대습도 100퍼센트)에 이를 것이다.

그러나 지표면 가까운 곳의 상대습도는 평균적으로 70퍼센트에 가깝다. 해발 3~5킬로미터의 아열대 고기압 지대의 상대습도는 5퍼센트 이하로 대단히 건조하다. 요컨대 강수 시스템은 흡수할 수 있는 햇빛의 양에 비례하는 자연적인 온실효과를 제한한다.

대기 중의 수증기 함유량과 자연적인 온실효과는 구름 속에서 이루어지는 강수 과정에 영향을 받는다. 이산화탄소로 인해 온난화가 진행될 때 대기 중의 수증기 함유량은 얼마나 늘어나는지, 그리고 온도가 상승할 때 대기 중의 수증기를 제거하는 강수 시스템은 어떻게 작동 방식이 변화할지 알 수 없다.

대기의 움직임 가운데에서 가장 이해하기 어려운 부분은 아마 강수 시스템의 작동 방식일 것이다. 사람들은 이해할 수 없는 것에 대해서는 중요성을 깎아내리는 습성이 있다. 그리하여 기후 모델 안에 정량화할 수 없는 과정은 포함시키지 않는다.

1994년 〈지구물리학 연구학회지Journal of Geophysical Research〉에 발표된 레노, 에마누엘, 스톤의 공동 논문은 강수 시스템의 효율성을 증가시키는 것만으로도 강수량은 줄고 기후는 서늘해지는 결과를 얻을 수 있다고 주장했다. 이 연구는 강수 시스템의 효율성을 비현실적일 만큼 크게 변화시켰는데, 그로 인한 온도 변화는 섭씨 7.5도가 넘었다. 또 다른 연구에서는 빗방울의 크기만 바꾸어도 전혀 다른 기후 상태가 나타난다는 사실이 확인되었다. 이런 유형의 연구들은 핵심적인 과정이 결여되어 있는 기후 모델들의 지구온난화 예측에 의문을 품게 한다.

적어도 이론상으로는, 강수 시스템 안에 평균적인 기후를 변화시킬 만한 다양한 변화들이 포함되어 있는 것은 분명하다. 그러나 우리는 이런 기후 변화가 현실에서 일어나는 것을 확인할 수 없다. 비현실적으로 작용하는 모델을 만드는 것보다는 현실적으로 작용하는 모델을 만드는 것이 훨씬 어렵다. 이해하지 못하는 측면이 많은데도, 모델들에 대해 지나친 확신을 가지는 태도는 문제가 있다.

따뜻한 열대성 시스템이 상대적으로 차가운 고위도의 시스템보다 훨씬 효율적이라는 사실을 입증하는 사례가 있다. 허리케인은 대기로부터 수증기를 제거하는 가장 효율적인 시스템이다. 적어도 이론상으로는, 열대성 강우 시스템이 고위도의 강우 시스템보다 효율적인데, 이런 경향은 지구온난화로 나타나는 강수 시스템의 효율성 변화가 기후를 안정화시키는 데 중요한 메커니즘이 될 수 있음을 암시한다.

강수에 대한 이런 인식 부족에도 불구하고, 지구온난화 전문가들은 수증기의 작용에 대한 자신들의 이해가 정확하다고 생각한다. 여기서도 자신들이 실제로 이해하고 있는 것보다 더 많은 것을 이해하고 있다고 주장하는 과학자들의 습성을 읽을 수 있다. 그들의 주장이 옳을 수도 있지만, 현재로서는 그들이 과학이 아니라 확신에 근거해서 주장을 펴는 것 같다.

"우리는 구름에 대해 아는 것이 하나도 없다"

지구온난화와 연관하여 과학자들이 가장 잘 이해하고 있는 것은 수증기의 변화이고, 가장 잘 이해하지 못하는 것은 구름의 변화라는 것이 과학계의 일치된 의견이다. 구름의 형성, 유지, 소멸은 복잡하게 뒤얽힌 비선형의 과정이 연속적으로 이루어지면서 나타나는 결과이다. 기후 모델을 통한 구름 연구는 조야한 형편이다. 우리는 무엇이 구름을 통제하는지 잘 알지 못한다. 설사 잘 알고 있다고 해도, 현재 수준의 컴퓨터로는 기후 모델 내부에 구름의 복잡한 특성들을 반영할 수 없다.

모델 개발자들은 수증기와 구름의 변화를 따로 다루고 있지만, 현실적인 기후 시스템 안에는 이 두 가지가 밀접하게 얽혀 있다. 구름을 형성할 수 있는 것은 수증기뿐이다. 기후 모델 내부의 구름을 제대로 이해하려면 수증기를 제대로 이해해야 하고, 수증기를 제대로 이해하려면 구름을 제대로 이해해야 한다.

크게 보면, 모든 구름의 기능은 지구를 냉각시키는 것이다. 평균적으로, 구름이 대기권 밖으로 반사하는 태양에너지의 양은 구름이 흡수하는 복사에너지의 양보다 많다. 이렇게 구름은 순 냉각 기능을 가지고 있는데도, 대부분의 기후 모델 개발자들은 구름이 온실가스를 방출하여 지구온난화를 증폭시키는 쪽으로 변화한다고 생각한다.

구름의 종류에 따라서 기후 시스템에 미치는 영향은 제각각 다르다. 구름은 하나같이 지구를 태양으로부터 보호하지만, 높은 대기권에 있는 성긴 새털구름은 반사하는 태양에너지의 양보다 많은 양의 적외선 에너지를 흡수한다. 따라서 이런 구름은 온도를 상승시키는 기능을 한다. 높은 구름의 증가는 그 자체만으로도 기후를 따뜻하게 하고, 높은 구름의 감소는 그 자체만으로도 기후를 차갑게 한다.

높은 구름과는 대조적으로, 낮은 구름은 거의 대부분 온도를 떨어뜨리는 기능을 한다. 구름에 의한 태양에너지 반사 효과가 구름에 의한 온실 효과보다 강력하기 때문이다. 현재 많은 모델 개발자들은 낮은 구름이야 말로 온난화 이론에서 가장 불확실한 요소라고 주장한다.

두 개의 구름이 각기 똑같은 위도와 조밀도, 수분 함유량을 가지고 있다고 해도, 기후에 미치는 영향은 크게 다를 수 있다. 구름을 구성하는 구름 입자의 크기는 구름이 대기권 밖으로 반사하는 햇빛의 양에 커다란 영향을 미친다. 작은 구름 입자들이 많을 때는 커다란 구름 입자들이 듬성듬성 있을 때보다 훨씬 많은 햇빛을 반사한다. 그 대표적인 사례로는 뇌우 중 비가 내리는 부분이 비가 내리지 않는 부분보다 일반적으로 밝게 보이는 것을 들 수 있다. 폭풍 가운데에서 비를 뿌리는 하강기류에 분포되어 있는 빗방울들은 구름이 섞인 상승기류에 분포되어 있는 작은 물방울보다 훨씬 많은 양의 햇빛을 통과시킨다.

1940년대와 1970년대 사이에 진행된 지구의 냉각화 추세를 설명하는 가설들 가운데에는, 인류가 만들어낸 미립자 형태의 오염 물질로 인하여 구름의 생성이 더 쉬워지고 작은 구름 입자들이 늘어나 그런 현상이 나타난 것이라는 주장이 있다. 대기 중에는 구름 응결핵이라고 불리는 다양한 미립자들이 존재한다. 이 미립자들은 구름 입자가 최초로 자라나는 씨앗 역할을 하는데, 인류가 만들어낸 미립자 형태의 오염 물질도 이런 핵들을 형성한다. 몇몇 기후 전문가들은 대기 중의 오염 물질을 제거할 경우 온난화가 심화된다고 주장한다. 이런 논리에 따른다면, 현재 진행되는 중국의 급속한 경제 성장과 그에 따른 대기 오염을 유익한 것으로 보아야 한다.

상당한 논쟁을 불러일으키고 있는 이론이 또 하나 있다. 태양이 발산하는 에너지가 조금만 바뀌어도 구름의 형성에 영향을 미칠 수 있다는 이론이다. 그러나 햇빛의 강도를 위성으로 측정한 결과는 거의 변화가 없는 것으로 확인되고 있다. 태양이 방출하는 우주선(cosmic rays: 우주에서 지구로 쏟아지는 높은 에너지의 미립자와 방사선을 총칭한다 — 옮긴이)과, 은하가 방출하는 우주선 중 태양에 가로막혀 지구에 도달하지 못하는 양이 구름 응결핵의 양에 변화를 일으킨다는 이론도 있다. 이런 효과를 뒷받침하는 실험 결과는 2006년에 처음으로 등장했다. 소수의 기후 연구자들은 현재의 온난화는 대부분 장기간에 걸친 태양 내부의 변화에 의한 것이라고 생각한다. 그들은 태양의 흑점 활동이 그 어느 때보다 활발한 것은 태양에서 무언가가 진행되고 있다는 암시라고 주장한다.

대기 중에 이산화탄소가 증가하면 구름은 어떤 반응을 보일까? 이것이 미래의 기후 예측에서 가장 불확실한 부분이라는 것이 일반적인 의견이다. 구름이 지구온난화 예측에서 가장 종잡을 수 없는 중대한 요소라는 사실은 누구나 동의하는 점이다. 지구온난화와 관련하여 구름의 변화를 이해하는 것은 불가능한 일이라고 주장하는 과학자들도 있다. 주디 콜린스Judy Collins의 말대로, 우리는 "구름에 대해 아는 것이 하나도 없다".

기후 모델의 새로운 변수들

적어도 이론상으로는, 지구온난화에 극심한 영향을 미치는 여러 가지 다양한 변화가 일어날 수 있다. 여기에는 빙하, 적설, 식생植生의 변화가 포함된다. 빙하와 적설은 지구온난화를 악화시킨다는 것이 일반적인 인식이다. 온난화가 진행되어 빙하와 눈이 녹으면 빙하와 눈에 비해서 어두운 지면과 해면이 노출되기 때문이다. 상대적으로 어두운 이런 표면들은 빙하나 눈으로 덮여 있을 때보다 훨씬 많은 햇빛을 흡수한다.

가장 이해도가 낮은 부분이 생물권에서 나올 수 있는 피드백이다. 식생과 해양 미생물의 변화는 온난화를 증폭시킬 수도 있고, 완화시킬 수도 있다.

마지막으로, 아직까지는 어떤 연구자도 온난화 과정에서 일부 피드백이 양에서 음으로 바뀔 가능성이 있음을 염두에 두지 않는 것 같다. 그러나 대기와 바다 등은 당연히 매우 복잡한 방식으로 움직인다.

바다는 지구온난화와 관련하여 특히 중요성을 띤다. 바다는 지구의 대부분을 덮고 있으며, 대기보다 1,000배나 많은 열을 품을 수 있다. 바다는 대기와 같은 유동체로서 햇빛이 바다 상층으로 흡수될 때 생기는 열을 재분배한다. 그러나 바다는 엄청난 열관성thermal inertia을 지니고 있다. 즉, 태양열이나 적외선열의 변화에 대해 바다는 서서히 반응한다. 이런 특성 덕분에 바다는 온도 변화를 장기간에 걸쳐 분산하고 최소화하는 경향이 있다. 온도에 대해 바다는 수십 년, 또는 수백 년의 시차를 보이며 서서히 반응하는 것으로 알려져 있다.

바다는 대기와 마찬가지로, 온갖 순환이 일어나는 비선형 유동체이다. 적어도 이론상으로는, 인류가 전혀 힘을 쓰지 않아도 바다의 순환이 자연스럽게 변화함으로써 기후에 큰 변화가 일어날 수 있다. 예를 들어, 엄청난 양의, 특별히 차가운 물이 수면으로 올라오면 그 위에 있는 대기의 온도를 수십 년에 걸쳐서 냉각시킬 수 있다. 열의 지리적 분포가 달라지면 기상 패턴도 달라진다. 우리는 바다의 순환으로 이런 변화가 일어나는 이유를 알지 못한다. 인간이 기후에 미치는 영향을 알아내려는 우리들에게 바다는 또 하나의 거대한 불확실성의 원천이다.

바다가 대기의 온도를 낮출 수 있다는 사실은 북미와 남미의 서해안에서 뚜렷이 증명되고 있다. 이 지역의 경우 바다는 차가운 물이 아래에서 위로 상승하고, 극 지역에서 저위도 지역으로 끊임없이 이동하는 일반적인 특징을 보인다. 차가운 표층수는 열대와 아열대 지역에서 서쪽으로 서서히 흘러가면서 햇빛을 흡수하여 점점 따뜻해진다. 이 열의 일부는 서태평양에서 극 방향으로 순환하면서 물의 온도가 낮은 극 지역을 따뜻하게 한다. 물이 극 지역에 도달하면 차가워지면서 순환 과정이 다시 시작된다. 대기와 마찬가지로, 바다 역시 순환을 통해 넘치는 곳에서 부족한 곳으로 열을 운반하는 기능을 한다.

흥미롭지만 거의 언급되지 않는 사실은 바닷물의 수온이 (심지어는 열대 지역에서도) 섭씨 4.4도 전후로 매우 낮다는 점이다. 햇빛을 흡수함으로써 따뜻해지는 것은 상층부의 비교적 얕은 수층뿐이다. 북극해에서는 차가운 심해수가 끊임없이 보충되고, 고염도의 표층수는 아래로 가라앉는 것으로 여겨진다. 엄청난 비축량을 지닌 차가운 물이 장기간에 걸쳐 온난화의 완충 요인으로 작용하는 것은 아닐까? 이 점에 대해서는 밝혀진 바가 없다.

온난화 상쇄 메커니즘

기후 모델들은 저마다 양은 다르지만, 하나같이 양의 피드백을 내놓는다. 다시 말해서, 기후 모델들은 (인류가 만들어낸) 온실가스로 인한 미미한 온난화를 확대하고 있다. 그러나 내가 아는 대부분의 회의론자들은 기후 시스템이 온난화를 증폭시키는 방향이 아니라 감소시키는 방향으로 움직일 것이라고 생각한다. 기후 모델 개발자들은 자신들의 온난화 예측은 쉽게 과대평가될 수도 있고 쉽게 과소평가될 수도 있는 것이라고 반박한다.

이런 주장을 들으면 기후 시스템에서 진행되는 과정들이 양수와 음수의 임의적인 결합에 지나지 않는 것처럼 보인다. 나는 열역학 제2법칙이야말로 기후 시스템의 궁극적인 기본 원칙이며, 이에 따라 기후 시스템은 시스템 내부에서 과도한 열을 제거하는 방향으로 변화한다고 가정하는 것이 더 합리적이라고 생각한다.

혹자는 대부분의 기후 모델들이 심각한 지구온난화를 예측하고 있으니 믿어야 한다고 주장한다. 그러나 전혀 다른 기후 모델들이 비슷하지만 그릇된 결과를 내놓는 데에는 다른 이유가 있다. 그들은 동일한 연구 집단에 의존하고 있고, 그들이 사용하는 모델들 역시 그 집단에서 구축된 것이다.

뿐만 아니라 보조를 맞추고 있는 상이한 모델 개발자들 사이에는 눈에 보이지 않는 동류의식이 있다. 가장 심각하게 온난화를 예측하는 모델 개발자 또는 가장 경미하게 온난화를 예측하는 모델 개발자는 다른 사람과 보조를 맞추어야 한다는 압박감을 느낀다. 선구적인 기후 모델 개발자인 보브 세스Bob Cess는 1997년 〈사이언스〉지에서 "〔그 모델들이〕 일치된 결과를 내놓는 이유는 간단하다. 그 모델들은 똑같은 일을 잘못된 방식으로 하는 경향이 있기 때문이다. 나는 상상력을 마음껏 뻗는 것만으로는 구름을 만들 수 있을지 확신할 수 없다"라고 시인했다. 그 후 10년간 진전이 있기는 했지만, 제아무리 최첨단 모델이라고 해도 그들이 내놓는 온난화 예측의 범위는 대단히 협소하다.

나는 지구온난화에 대해서 전혀 다른 방향의, 훨씬 낙관적인 관점을 제시하려고 한다. 이 관점에서 보면, 온난화는 비교적 미미할 것이다. 기후 시스템은 온실가스의 증가로 인한 온난화를 상쇄함으로써 스스로를 안정시키려는 경향이 있기 때문이다. 이런 대안적 관점이 타당하다고 생각하는 데에는 몇 가지 이유가 있다.

첫째, 흡수된 햇빛의 양과 방출된 적외선열의 양, 그리고 온실효과의 강도는 독립적으로 존재하는 정적인 것이 아니다. 이들은 대개 기상의 영향을 받는다. 실제로, 구름은 대기권으로 흡수되는 태양에너지의 약 80퍼센트만 통과시킨다. 기상 시스템은 구름이 이런 활동을 시작하기 전에 자신이 이용할 햇빛의 양을 결정한다.

기상 시스템은 또한 자신이 생산하고 유지하는 온실효과(주로 수증기와 구름에 의함)의 양을 결정한다.

구름과 수증기, 흡수된 햇빛, 그리고 방출된 적외선은 다양한 방식으로 결합하여 지구의 복사평형을 지키고 지구의 평균 기온을 비교적 일정하게 유지한다. 기후 시스템이 그중 한 가지 결합 방식만 택해도, 변화폭이 섭씨 0.5도 미만인 안정된 평균 기온을 보이는 까닭은 무얼까? 기후 모델 개발자들은 구름과 수증기의 평균 총량, 그리고 온도를 알아내기 위해서 모델 내부에 있는 각종 '조절 장치'를 만지작거린다. 기후 시스템이 이런 평균값을 유지하는 이유는 분명 존재한다. 그러나 어떤 모델이 평균 기후에 근접하는 성과를 낸다고 하더라도, 과연 그 이유까지 명확하게 파악하고 있을지는 미지수이다.

나는 다른 기후 상태가 아닌, 바로 그 기후 상태를 유지하는 것 자체가 기후 안정성을 입증하는 증거라고 생각한다. 역사적으로 보면, 기후 모델들은 평균적인 상태에서 빗나가는 경향이 있다. 이를 모델 '표류drift'라고 부른다. 모델 표류는 기후 모델들이 변화에 지나치게 민감하게 반응한다는 사실을 증명하는 경험적인 증거이다.

대기 중 이산화탄소의 양을 측정하는 데 필요한 '조절 장치'의 설정은 이산화탄소의 증가폭을 측정하는 데 필요한 설정과 똑같지 않을 것이다. 우리는 어느 것을 변화시켜야 할지 알지 못한다.

지구의 온도조절 시스템

나는 지구에 온도조절 시스템이 있음을 암시하는 증거가 있다고 생각한다. 그러나 이런 시스템은 4장의 서두에서 묘사한 것과는 달리, 무인도의 야자나무 위에 놓여 있는 것이 아니다. 진짜 온도조절 시스템은 바로 강수降水이다.

지구의 자연적인 온실효과와 구름의 양, 그리고 온도를 조절하는 내부 과정들을 다시 떠올려보자. 이 과정들은 거의 대부분 강수 시스템으로부터 시작한다. 이 시스템은 주요한 온실가스인 수증기가 대기에서 얼마나 제거될지, 그리고 얼마나 그대로 남아 지구를 덮을지를 결정한다.

이 시스템은 대기의 수직적인 온도 분포를 조절함으로써 구름의 양과 형태에 영향을 미친다. 앞 장에 기상 시스템에 의해 대기의 수직적인 온도 분포가 얼마나 변화하는지를 보여주는 그림이 소개되었던 것을 기억하는가? 이런 수직적인 온도 분포는 대개 구름의 형성을 간접적으로 조절한다. 강수와는 거리가 먼 구름도 예외는 아니다.

구름은 지표면에 닿을 햇빛의 양을 결정하는 요소일 뿐 아니라, 지구에 온실효과를 일으키는 두 번째로 강력한 요소이다. 기후 시스템 내부에서 모든 것이 얼마나 복잡하게 뒤얽혀 있는지 감이 오는가?

강수 활동과는 수천 킬로미터 떨어져 있는, 아열대 바다 위의 낮은 층운層雲과 층적운層積雲 역시 강수 작용 때문에 존재하는 것이다. 이 구름들은 기온 역전 현상으로 따뜻한 공기층 아래 습기가 모이면서 만들어진 것이고, 기온 역전 현상은 강수 시스템 내부에서 상승하는 공기와 하강하는 공기 때문에 나타나는 것이다.

나와 교류하는 몇몇 기후학자들은 지구의 10퍼센트 미만에만 영향을 미치는 강수가 전체 지구의 기후에 그처럼 강력한 영향을 미친다는 사실을 받아들이지 못한다. 그들은 우리가 지금 호흡하는 공기가 며칠, 혹은 몇 주 전에 강수 시스템 내부에 있다가 일정 시간에 걸쳐 재순환한 것이라는 사실과 바로 그 공기가 기후 시스템을 적절히 유지하는 역할을 한다는 사실을 알지 못한다.

집에 있는 온도조절 시스템과 냉난방 시스템을 생각해보라. 둘 다 집 안의 극히 일부를 차지하고 있다. 온도조절 메커니즘을 이해하지 못하면서 집 안의 온도가 어떻게 조절되는지 이해하는 것은 불가능한 일이다. 대기도 마찬가지이다. 강수 시스템은 작지만, 그 영향력은 막강하다. 인류는 상대적으로 적은 양의 이산화탄소를 대기 중에 내보내지만, 강수 시스템은 대기 상층에서 엄청난 양의 수증기를 뿜어내면서 수증기의 양을 조절하여 기후 시스템의 평균 온도를 유지하는 데 도움을 준다.

자연계에는 견제와 균형 시스템을 갖추고서 이런 식으로 기능하는 것들이 많다. 시스템이 정상에서 지나치게 벗어나면, 복잡한 상호작용이 일어나 시스템을 반대 방향으로 되돌린다. 기후 시스템이 불안정하다고 생각하는 과학자들과 환경주의자들은 이런 복원력을 믿지 않는다. 그들은 기후 시스템이 평균 상태에서 멀리 벗어나게 되면(즉, 이산화탄소의 농도가 증가하면), 계속 그 방향으로 밀려감으로써 가상의 전환점을 지나쳐 다시는 회복될 수 없게 된다고 생각한다.

우리는 강수 시스템이 좀더 효율적으로 움직이면 기후가 서늘해지고, 강수량이 줄어든다는 종래의 연구 덕분에, 기후 시스템이 이와 같은 온도조절 메커니즘을 하나 이상 가지고 있고, 이를 원하는 대로 사용할 수 있다는 사실을 알고 있다. 이 메커니즘이 실제로 작동되는 경우 온실가스로 인한 온도 상승효과는 측정할 수 없을 만큼 작아질 것이다. 즉 이산화탄소 배출량이 증가하여 온난화가 나타난다 해도 강수 시스템의 효율성이 약간만 높아진다면, 기온 혹은 강수는 거의 측정할 수 없을 정도로만 변화한다. 이런 변화는 강수 시스템 내부에서 일어나는 것이기 때문에 우리가 만든 기상 센서 앞에는 실체를 드러내지 않는다.

앞에서 든 사례들과 논의들은 내가 가설로 내놓은 기후 안정화 메커니즘을 설명하는 것이다. 이것은 나만의 독창적인 가설은 아니고, 다른 사람들의 저술을 토대로 한 가설이다. 입증되지는 않았지만, 이 가설은 우리가 개념적으로 알고 있는 대기의 작용과 상통한다. 나는 이 책에서는 전혀 논의되지 않은 다른 기후 안정화 메커니즘도 존재할 것이라고 생각한다.

기후 시스템의 자체 조절 메커니즘에 대해 과학은 피상적으로밖에 알지 못할지도 모른다.

지구온난화 연구의 미래

온갖 불확실성을 고려하고도, 우리가 지구온난화와 관련해서 확실하게 알고 있다고 자신할 수 있는 것은 무엇일까? 첫째, 인류는 석탄, 석유, 천연가스, 목재 등 온갖 연료를 사용하면서 이산화탄소를 발생시키고 있다. 나는 여기에 반론을 다는 과학자는 한 명도 보지 못했다.

둘째, 대기 중의 이산화탄소 농도는 서서히 증가하고 있다. 산업화 이전을 기준으로 하면 대기 중의 이산화탄소 농도는 현재 약 40퍼센트 정도 증가했다. 큰일 났다고 생각하는 사람도 있겠지만, 현재의 이산화탄소 농도는 공기 분자 10만 개당 이산화탄소 분자 38개에 해당하는 아주 미미한 수준이다. 인류는 이 이산화탄소 분자 38개에다, 5년에 한 번씩 이산화탄소 분자 한 개를 추가하고 있다.

이런 이산화탄소 증가와 관련해서 지적해두어야 할 몇 가지 중요한 사항이 있다. 이런 이산화탄소의 증가가 자연적인 과정에서 비롯한 것일 가능성은 전혀 없다. 인류는 관측된 이산화탄소 증가량보다 훨씬 많은 양의 이산화탄소를 만들어내고 있다. 우리가 만들어내는 이산화탄소 가운데 대기 중에 머무는 것은 약 50퍼센트뿐이고, 나머지는 '행방불명'이다. 아마 세계 전역의 바다와 생물권에 흡수되어 식물에 영양을 공급하고 식물의 성장을 촉진할 것이다. 이런 식으로 인간의 '오염'이 식물에게 유익한 역할을 하지만, 그 많은 환경주의자들은 이에 대해서는 굳게 입을 다문다. 그들은 이산화탄소 배출에 유익한 측면이 있다는 인상을 주고 싶어 하지 않는다.

지구 자체가 배출하는 이산화탄소의 양이 인류가 배출하는 이산화탄소의 양보다 많다는 이야기는 가끔 들어보았을 것이다. 그건 옳은 말이지만, 오해를 불러일으키기 쉽다. 현실에서는 엄청난 양의 이산화탄소가 바다와 땅에 의해서 흡수·배출되고 있다. 하지만 '배출원'에서 배출되는 양은 '흡수원'이 흡수하는 양과 균형을 이룰 것이다. 즉, 그 시스템은 평형을 이루어온 것으로 추정된다. 오늘날의 지배적인 견해에 따르면 대기 중 이산화탄소의 농도가 점진적으로 증가하는 것은 인류가 새로운 이산화탄소의 배출원임을 입증하는 증거라고 한다.

셋째로, 이산화탄소는 온실가스로서 적외선 복사열을 흡수하고, 대류권 하층의 온도를 끌어올리는 기능을 한다. 그러나 앞에서 설명했듯이, 기상에 의한 지표면의 온도 하락폭은 온실효과에 의한 지표면의 온도 상승폭보다 훨씬 크다.

마지막으로, 현재 지구의 평균 기온은 100년 전에 비해서 섭씨 0.5도 미만으로 상승했지만, 인류가 화석연료를 그다지 많이 사용하지 않았던 1940년 이전에 이루어진 증가분이 무려 40퍼센트에 이르기 때문에, 온도 상승의 원인을 온실가스로만 돌릴 수는 없다. 나머지는 1970년대 이후의 증가분이다.

이산화탄소 농도가 높아지고 지구의 평균 기온이 올라가고 있다. 그러나 전자가 후자에 미친 영향은 얼마나 될까? 두 가지 사건은 동시에 일어난 것이다. 그래서 지금 그 문제에 대해서 논의하는 것이다.

현재 진행되고 있는 온난화가 특정한 한 가지 원인, 혹은 여러 가지 원인들로부터 비롯된 것이라고 자신만만하게 이야기하기는 어렵다. 지구온난화의 원인이 인간에게 있다는 주장이 과학적 관측이 아니라 신념에 의존하는 이유가 바로 여기에 있다. 현재 겪고 있는 온난화의 전부, 혹은 대부분을 인류 탓으로 돌리는 태도는 신념의 표명에 지나지 않는다. 우리는 같은 시기에 일어난 온난화 가운데 어느 정도가 자연적인 기후 변동에 기인한 것인지 알지 못하는데, 온난화 이론은 우리가 알지 못하는 것을 가정하고 있기 때문이다.

많은 과학자들이 온난화를 인류 탓으로 돌리는 이유 중에는 인류에 의한 이산화탄소 배출은 널리 알려져 있지만, 자연적인 기후 변동은 대개 알려져 있지 않다는 사실도 들어 있다.

현재의 온난화 가운데 어느 정도가 자연적인 변화에 기인한 것인지 모른다면, 인류가 기후 변화에 어느 정도 영향을 미쳤는지도 알 수 없다. 예를 들어보자. 최근 수십 년 동안 여름철 해빙기가 되면 북극해 얼음이 크게 줄어들고 북극의 기온은 다른 곳의 기온보다 빠르게 상승해왔다. 과학자들과 환경주의자들은 이런 사실을 인류에 의한 지구온난화의 확실한 증거라고 주장한다. 그러나 지금까지의 기록들을 살펴보면 북극 지역은 1930년대에도 따뜻했던 것으로 추정되므로, 북극 지역에서 발생하는 온갖 문제를 인류 탓으로 돌릴 수는 없다. 당시에는 북극해의 얼음 상태가 어땠을까? 알 수 없는 일이다. 위성을 이용한 오지의 온도 측정은 1979년 이후에야 시작되었기 때문이다.

지난 100년 동안 섭씨 0.5도 정도 기온이 상승했다는 사실도 불확실한 측면이 있다. 장기간의 온도 측정치들은 '도심 열섬' 현상에서 비롯한 유사 온난화 현상을 보이는 것으로 알려져 있다. 도심 열섬은 자연적인 식생이 오랜 시간에 걸쳐서 건물, 주차장, 보도 따위로 교체되면서 인공 구조물 인근의 미기후micro-climate가 서서히 따뜻해지는 경향을 이르는 말이다. 도심 열섬 현상은 대도시 지역에서 가장 강력하게 나타나며, 이곳의 평균 온도는 다른 곳보다 섭씨 1~1.5도 정도 높다.

온도 측정치를 분석하는 사람들은 이런 도심 열섬 효과는 이미 고려되어 있다고 주장한다. 그런 작업은 도심 지역과 전원 지역의 온도 측정 장소를 비교하는 방식으로 이루어진다. 그러나 이런 방식으로는 인공 구조물에 의한 전원 지역의 온난화 경향을 고려할 수 없다. 사람들은 건물을 짓는 것을 좋아한다. 온도계가 설치된 곳 근처에 헛간을 짓거나 관개 시설을 설치하거나 토지를 새로 개간하기만 해도, 이산화탄소로 인한 온난화와 비슷한 효과가 나타난다. 나는 이렇게 정확하게 알려지지 않은 도심의 미세한 온난화 효과가 온난화에 대한 편견을 강화시킨다고 생각한다.

요컨대 우리가 굳게 확신하고 있는 사실들은 다음과 같다. 1)대기 중의 이산화탄소 농도는 서서히 증가하고 있는데, 이는 인간의 행동에 기인한 것일 가능성이 높다. 2)이산화탄소는 온실가스이다. 3)지구의 평균 기온은 1900년경 이후 섭씨 0.5도 가량 상승했다. 이런 모든 사실은 인간이 온난화의 주범이라는 가설과 일치한다. 그러나 명심해야 할 사실은 처음 관측된 현상에 대해 구축된 최초의 이론이 영원히 살아남는 법은 거의 없다는 점이다.

기후 모델은 여러 한계를 지니고 있기는 하지만, 지구온난화와 지구온난화가 기후 시스템에 미치는 영향을 양적으로 측정할 수 있는 유일한 방법이다. 기후 모델은 기상과 기후를 형성하는 다양한 물리적 과정들에 대한 이해가 확대되어감에 따라 끊임없이 변화한다.

그러나 미래의 성공이 보장되어 있는 것은 아니다. 앞에서 말했듯이, 대기와 바다 같은 복잡한 시스템은 예측 불가능하므로 이를 모델화하려는 시도는 좌절할 수 있다. 우리는 하위 시스템들의 실제 움직임을 파악할 수 있다. 그러나 하위 시스템들을 통합해서 전체 시스템을 모델화할 때에는 이런 실체가 사라질 수 있다. 비유하면, 건축에 사용하는 벽돌의 품질이 향상된다고 해서 지구온난화에 대한 예측이 정확해지는 것은 아니다. 그러나 지구온난화는 몹시 중요한 문제이기 때문에 우리는 계속 노력해야 한다.

지금이야말로 대안적인 기후 모델을 구축할 때가 아닐까 한다. 종래의 방법들은 전체 시스템을 모델화하기 위해 하위 시스템들을 꿰맞추고, 다시 그 하위 시스템들을 만들기 위해 하위 시스템들의 하위 시스템들을 꿰맞추는 방식이었다. 이런 상향식의 모델링은 물리학에서 선호되어온 방법이다. 그러나 핵물리학 분야에서 사용도가 높아지는 대안적인 방법이 있다. 그것은 한 걸음 뒤로 물러서서 기후 시스템이 지닌 '불시에 솟

아나는 특성emergent property' 들 전체를 검토하는 것이다. 이 방법을 사용할 경우 기후 시스템의 거시적인 주요 특징들이 가능한 한 적은 변수를 통해 가능한 한 쉬운 용어로 설명된다. 기타의 특징들이 모델에 추가되는 것은 기후 시스템의 전체적인 작용을 설명하기 위해 필요한 경우로 국한된다. 이런 방법으로 기후 문제를 바라보면, 이산화탄소의 증가에 따라 기후 시스템이 얼마나 민감하게 반응하는지 더 정확하게 파악할 수 있을 것이다.

이 방법을 사용하려면 위성 자료들을 더 완벽하게 이용할 수 있어야 한다. 위성 자료는 지구 전체의 기후 시스템이 어떻게 작용하는지 관측할 수 있는 유일한 방법이다.

chapter 5

과학자의 신념,
환경주의자의 종교

배기관을 안쪽으로 뺐거든요!

"망치 하나만 가진 사람의 눈에는 모든 것이 못으로 보인다"는 옛말이 있다.

기후 과학자들은 모든 것을 지구온난화 이론과 관련해서 보는 습성이 있다.

우리는 인간이 온실가스와 오염 물질을 배출한다는 사실을 알고 있다.

우리는 이것들이 기후 시스템에 분명히 영향을 미치리라는 사실을 알고 있다.

우리는 이런 영향을 양적으로 산정하여 모델에 산입한다.

그러나 우리는 무엇이 기후에 자연적인 변화를 일으키는지 알지 못한다.

우리는 이해하지 못하는 것은 무시하는 습성이 있다.

지구온난화 이론은 우리 손에 들려 있는 망치이고,

우리는 기후 시스템 내에서 일어나는 모든 변화(못)들을

지구온난화 이론과 관련시켜서 설명하는 경향이 있다.

인류가 지구온난화를 초래했다는 과학자들의 주장은 지식뿐 아니라 신념에 근거하고 있다. 기후 모델 개발자들에게는 자신들이 기후 시스템을 잘 알고 있다는 신념이 있고, 자신들의 수학적 설명 덕분에 모델이 현실적으로 기능할 수 있다는 신념이 있다. 그렇다면 그 모델들이 올바를 수 있을까? 물론 그럴 수 있다. 그러나 앞 장에서 보았듯이, 일반인들을 납득시킬 만한 증거들은 존재하지 않는다.

그렇지만 내가 하는 말까지 증거 없이 신념으로만 하는 말이라 생각할 필요는 없다. 2007년 5월 하트랜드 연구소의 기후 과학자 530명을 대상으로 설문 조사를 실시한 결과 그중 절반이 "기후 변화는 인간이 제공한 원인들에서 비롯한 결과이다"라는 데 동의했다. 반면 "기후 모델들이 미래의 기후 조건을 정확하게 예측할 수 있다"는 데 동의한 사람은 3분의 1에 지나지 않았다. 나는 이런 결과를 과학이 드디어 끝장을 본 증거라고 보지 않는다.

지구온난화라는 주제와 관련하여 심한 흥분 상태가 계속되고 있다는 사실은 이 논쟁에 과학만 개입된 것이 아님을 입증하는 확실한 증거이다. 과학은 우리가 품고 있는 과학적 질문들에 대한 정답이 무엇인가에 대해서는 아무 관심도 없다. 앞에서 사례로 들었듯이, 현재의 논쟁점이 체체파리의 짝짓기에 관한 두 개의 상이한 과학적 견해에 대한 것이라면 이렇게 큰 관심을 끌어 모을 수 있었을까? 그렇지 않을 것이다. 지구온난화를 둘러싼 논쟁은 현재 기후 시스템에서 일어나는 일들에 대한 단순한 논쟁 그 이상이다.

인류에 의해 지구온난화가 초래되었다는 것은 여전히 이론에 지나지 않는다. 이를 입증하는 증거로는 과학자들이 그 문제를 확률로 설명하고 있음을 들 수 있다. 예를 들어, 여러 과학자들이 현재의 지구온난화는 인류가 화석연료를 사용한 탓일 가능성이 90퍼센트라고 생각한다고 하자. 통계학적인 관점에서 보면, 확률은 과거의 사건들과 관련하여 수집된 다수의 자료나, 두 개의 주사위를 던져서 최악의 패가 나올 가능성과 같이 이미 알려져 있는 확률을 근거로 한다. 지구온난화는 이 둘 중 어느 쪽과도 관련이 없다. 인류가 초래한 지구온난화는 하나의 사건일 뿐이고, 그것은 현실적으로 진행되고 있거나, 진행되고 있지 않거나 둘 중 하나이다. 따라서 지구온난화에 확률에 의거한 설명을 적용하는 것은 정확한 판단을 그르칠 수 있는, 온당치 않은 일이다. 어떤 과학자가 확률에 의거한 설명을 사용한다면, 그것은 자신이 지닌 신념을 전달하는 사이비 과학에 지나지 않는다.

과학자들이 지구온난화를 연구할 때 미리 예상한 개념을 내놓는 것은 의문의 여지가 없는 일이다. 과학자들은 증거가 없을 경우, 직관에 의존하거나 자신의 전문 분야에 국한된 과거의 경험에 의존하게 된다.

기후 모델 개발자 vs 기상학자

과학자들은 당연히 자신의 연구에 지나친 확신을 개입시킨다. 결국 위태로워지는 것은 그들의 직업과 명성이다. 기후 모델링의 경우, 다양한 전공과 다양한 재능을 갖춘 수많은 개인들이 그룹을 이룬 채 기후 모델을 구축하고 향상시키는 데 여러 해를 투자한다. 따라서 어떤 기후 모델이 기후 시스템의 평균적인 작용을 그럴듯하게 모방하면 할수록, 그 모델의 개발자들은 그 모델에 확신을 가지기가 쉽다.

나는 기후 모델 개발자들과 기상학자들이 기후 시스템을 인식하는 방식에 뚜렷한 차이가 있음을 오랫동안 확인해왔다. 기후 모델 개발자들은 대개 기상학자들이라기보다는 컴퓨터 모델링에 뛰어난 물리학자들이다. 물리학자들은 물리적인 시스템의 작용을 연구하기 위해서 그것을 수학적인 방정식으로 축소시키는 일에 익숙하다.

그러나 물리학자들은 기상학자들에 비해서 기상을 단순하게 보는 경향이 있다. 그들은 대개 기상학과 관련한 공식 교육을 거의, 혹은 전혀 받지 않았다. 그러나 우리 기상학자들은 기후 시스템의 타고난 (생물학에 가까운) 복잡성을 인식하고 있다. 우리는 기상 예보와 기상 관측의 경험을 기초로 해서 기후 시스템을 자체 조절 능력을 지닌 시스템으로 본다.

기후 모델 개발자들과 기상학자들은 이렇듯 경력의 차이를 지니고 있기 때문에, 기상학자들은 물리학자들과 모델 개발자들에 비해 지구온난화의 부정적인 결과에 대해 훨씬 회의적이다. 모델 개발자들이 자신의 모델에 부당한 확신을 가지는 데에는 여러 가지 이유가 있다.

과학자는 왜 모른다는 말을 하지 않을까?

과학자들도 편견을 가진 인간이라는 사실(2장 참조)과 지구온난화 이론의 불확실성(4장 참조) 때문에 기후 연구자들은 다른 사람 앞에서 자신의 연구 결과를 실제보다 훨씬 단정적으로 설명하는 경향이 있다. 다시 말하면, 그들은 실제로 자신이 알고 있는 것보다 훨씬 많은 것을 알고 있다고 주장한다. 이런 습성은 기자들과 인터뷰할 때 특히 심해진다. 사람들은 우리가 아는 것이 많다고 생각한다. 우리는 유능한 전문가들이다.

우리는 확신이 부족하다는 말을 맡은 임무를 다하고 있지 않다는 이야기로 여길 수도 있다. 혹은 시시한 이야기를 하고 있다거나, 아는 것이 없다는 이야기를 듣게 될까 봐 겁이 날 수도 있다. 혹은 우리가 하는 연구가 성공적으로 보이지 않아서 정부의 자금이 끊길까 봐 겁을 낼 수도 있다. 이 모두에는 기본적인 인간의 성향이 반영되어 있고, 이는 결국 과학적 연구 결과가 어떻게 보도되느냐에 영향을 미치게 된다.

게다가 과학적 불확실성은 과학자들이 알지 못하는 것에서 기인하는데, 어찌하겠는가? 우리는 아는 것에 대해서는 불확실성을 인정하는 반면, 알지 못하는 것에 대해서는 중요한 것이 아니라는 확신을 품으려 한다. 기후 시스템에는 아직도 우리를 놀라게 할 만한 몇 가지 사실이 남아 있다.

일부 기후 과학자들은 지구온난화에 대해서 경고성 발언을 함으로써 인류를 위해 가치 있는 일을 하고 있는 듯이 행세한다. 내가 보기에 이들은 대부분의 환경주의자들과 마찬가지로, 정부가 규제를 확대함으로써 위험을 줄일 수 있다고 생각하는 것 같다. 지구온난화가 위험하다고 생각하는 사람들 가운데 드물게라도 이런 편견을 솔직하게 시인하는 사람은 극소수에 불과하다. 몇몇 사람들은 "지구온난화가 큰 문제가 아니더라도, 어쨌든 화석연료의 사용을 줄이는 건 좋은 일이다"라고 주장하기도 한다.

스티븐 슈나이더Stephen Schneider는 기후 과학자들의 공공성에 대해 입장을 밝힌 적이 있는데, 그의 발언은 맥락을 고려치 않고 잘못 인용되는 경우가 많다. 그가, 기후 과학자들은 변화를 촉진하기 위해서는 거짓말도 해야 한다고 말했다는데, 나는 정확한 것을 좋아하는 사람이라서 1989년 10월 〈디스커버Discover〉지에 실린 조너선 슈엘Jonathan Schell의 기사를 그대로 소개하기로 한다. 이 기사에는 슈나이더의 글이 그대로 인용되어 있다.

어떤 면에서 보면, 우리는 과학자들이기 때문에 도덕적으로 과학적 방법에 의지하고 진실, 그것도 완벽한 진실, 오직 그것만을 말할 것임을 약속해야 한다. 다시 말해서 우리는 불확실한 것과 단서, 가정, 그리고 예외들을 남김 없이 이야기해야 한다. 그러나 다른 면에서 보면, 우리는 과학자인 동시에 인간이다. 우리는 보통 사람들과 마찬가지로 세상이 더 좋아지는 것을 보고 싶어 한다. 현재의 주제와 관련해서 이야기하면, 우리는 재앙적인 기후 변화가 일어날 확률을 줄이기 위해서 노력해야 한다. 그러기 위해서 우리는 넓은 지지층을 확보하고 대중의 상상력을 사로잡아야 한다. 당연히 언론에도 많이 보도되어야 한다. 따라서 우리는 무서운 시나리오들을 내놓고, 단순하면서도 충격적인 발언을 하고, 혹시나 남아 있는 의문점에 대해서는 되도록 언급을 하지 말아야 한다. 우리가 자주 처하게 되는 이런 '이중적인 도덕적 곤경'을 해결할 수 있는 공식은 존재하지 않는다. 우리는 효율성과 정직성의 바람직한 균형점이 무엇인지 각자 결정해야 한다. 나는 그 균형점이 효율적이면서도 정직한 것이기를 바란다.

내가 보기에 생물학자인 슈나이더 교수가 지나친 부정직을 옹호한 것은 아닌 것 같다. 과학자들이 "세상이 더 좋아지도록" 재앙적인 기후 변화의 가능성을 과장해서 말해야 한다고 주장한 것도 아니다.

다음 장에서 살펴보겠지만, 이 발언은 기후 변화의 위험성을 불필요하게 과장하고, 편익과 위험을 따져야 하는 시점에서 편파적인 정책 결정을 야기할 수 있다.

이런 행동들은 선의에서 비롯한 것이겠지만, 그릇된 판단에 기초한 정책 결정으로 인해서 의도하지 않은 부정적인 결과가 나타날 경우에는 인간에게 해를 끼칠 수도 있다.

대중은 환경 재앙에 대한 과학자들의 예측에 적당히 회의적인 태도를 가지게 되었다. 이렇게 보면 과학자들의 성공률은 제로에 가까운 수준이다. 예를 들어보자. 돌이켜보면 1980년대 말에 제기된 초기의 지구온난화 예측은 지나치게 과장되어 있었다. 파울 에를리히의 《인구 폭탄》은 기근을 예고하며 폭탄을 터뜨렸다. DDT의 위험성은 상당히 작은데도, 살충제 사용을 금지시킴으로써 아프리카에서는 수백만 명이 목숨을 잃었다.

몇몇 사람들은 국민들에게는 과학자들의 공통된 견해를 믿지 않을 권리가 없다고 주장할 것이다. 국민들은 전문가가 아니기 때문이다. 그러나 보통의 국민들이 특정 과학 분야에 전문가가 되어야만 세계적으로 저명한 전문가들의 이상스러운 예측에 의문을 제기할 수 있는 것은 아니다. 나는 인간 정신의 내적 작용에 관해서는 전문가가 아니지만, 어떤 두뇌 연구자가 나의 두뇌 작용과 관련된 몇 가지 수치를 얻어낸 후 내가 앞으로 24시간 동안 정확하게 사고할 수 있을 거라고 이야기한다면, 그의 주장이 틀렸다고 자신 있게 말할 수 있을 것이다.

어떤 주제에 관한 과학적 연구를 통해서 배우는 것이 많아지면 많아질수록, 우리의 이해도는 갈수록 떨어지는 듯이 보이는 것도 당연하다. 새로이 연구되고 있는, 어떤 물리 과정에 대한 가설적인 설명은 대단히 명쾌해 보일 수 있다. 여러 가지 세부적인 것들에 대한 우리의 이해는 단순하다. 따라서 수집된 자료가 복잡해지면 복잡해질수록, 사물들은 갈수록 지리멸렬해진다. 우리는 규칙이라고 생각하는 것에서 예외를 발견한다. 또한 현재의 연구 과정이 우리가 생각하지 못했던 여러 요인들에 의존하고 있음도 깨닫는다.

자연 시스템의 온갖 변화에는 다양한 반응이 존재하고, 전체 시스템의 작용을 설명하기 위해서는 각각의 반응을 이해해야 한다는 사실을 받아들이려면 수준 높은 인식이 필요하다. 어떤 문제에 접근할 때 그 문제의 해결이 그다지 어렵지 않으리라 예측하는 것은 인간의 본성이다. 내가 집을 손질할 계획을 세울 때마다 그 계획을 완료하는 데 소요되는 비용과 시간을 과소평가하는 것과 마찬가지이다.

기후 과학자들은 지구의 기후 시스템이 우리가 알고 있는 물리적 시스템 가운데 가장 복잡할 수 있다는 사실을 겸허히 받아들여야 한다. 비선형의 역동적인 시스템에 대하여 쓴 논문들은 대개 그 시스템에 대한 예측보다는 그 불가사의함과 복잡성을 더 많이 다룬다. 조사가 깊이를 더하면 더할수록, 그리고 깨닫는 것이 많아지면 많아질수록, 우리가 이해할 수 있는 것은 적어지고, 자연의 작동 방식에 대한 경탄은 한층 깊어진다.

과학자들은 컴퓨터로 기후 시스템을 모델화하는 일에 수많은 시간을 투자해왔다. 우리는 수백만 달러를 투입하여 앞으로 몇 년 후, 몇 십 년 후에 얼마나 극심한 온난화가 나타날지를 제대로 파악할 수 있을 만큼 정확한 모델들을 구축하려고 노력해왔다. 모델 개발자들은 이런 노력이 성공을 거듭해왔다고 말하고 싶을 것이다. 엄청난 진전이 이루어지고 있는 것은 분명한 사실이지만, 모델링 과정에 아무리 노력을 기울이고, 미래의 기후를 예측하기 위해서 아무리 애를 쓴다고 해도, 그 시도들이 성공을 거두리라고 장담할 수는 없다.

컴퓨터 모델링은 기후 변화를 예측할 수 있는 유일한 희망이지만, 성공에 지나치게 매달리다가는 자칫 컴퓨터 모델을 과대평가하는 결과가 나타날 수 있다. 결론부터 말하면, 기후 모델을 얼마나 신뢰할 것인가는 그 모델이 미래의 기후를 예측하는 데 필요한 과정들을 얼마나 구현하고 있는지에 대한 확신에 좌우된다.

기후 모델 개발자들이 서로의 예측 결과를 비교할 때 나타나는 역학 관계는 매우 흥미롭다. 세계 각지에서 활동하는 2, 30개의 모델링 그룹들은 하나같이 온난화 정도를 가장 미미하게 평가하거나 가장 극심하게 평가하는 특이한 그룹이 되고 싶어 하지 않는다. 그것은 과학계에 존재하는 일종의 순응 압력이다. 즉, 특이한 모델의 우수성을 객관적으로 분석하기보다는, 잠재의식에 의거하여 다른 모델들의 평균적인 결과에 순응하게 되는 것이다. 아무도 통제하지 않는데도 말이다.

통계학적으로 볼 때, 이는 모델들이 산출하는 오류가 '임의성'을 띤다는 의미이다. 즉 특이한 모델이 아니라, 모든 모델의 평균치가 진실에 더 가까워지는 것이다. 그러나 가장 중요한 오류는 '체계성'을 띨 확률이 크다. 즉 모든 모델이 저마다 중요한 과정들을 한두 개씩 빠뜨리고 있기 때문에 특정한 방향으로 치우치게 된다. 과학자들은 이런 가능성에 대해 그다지 이야기하고 싶어 하지 않는다. 우리는 알지 못하는 것에 대해서는 연구할 수 없기 때문이다.

이는 자신의 연구 결과가 자신이 세운 가정에 기초한다는 사실을 곧잘 잊어버리는 과학자들의 습성을 보여주는 또 다른 사례이다. 이런 가정들 가운데에는 문제를 단순화하기 위해서 고의로 세운 가정도 일부 포함된다. 예를 들어보자. 기후 모델들은 고의로 단순화된다. 현재의 컴퓨터가 구닥다리가 되기 전에 연구를 완료하여 결과를 내놓기 위해서 말이다. 믿지 않는 사람도 있겠지만, 현재의 컴퓨터는 우리가 알고 있는 모든 요인들을 기후 모델에 포함하여 운영하기에는 너무 느리다. 그밖에 훨씬 더 많은 가정들이 우리가 미처 알지 못하는 사이에 만들어진다.

사람들은 과학자들이 자신들이 세운 가정에 대해서 일상적으로 의문을 제기할 것이고, 사물의 작동 방식에 대한 자신들의 설명이 올바른 가정에 입각하고 있음을 분명히 밝힐 것이라고 생각한다. 안타깝게도 현실은 그렇지 않다. 거대한 과학계의 진보는 대개 오랜 세월에 걸쳐서 진실로 추정되던 것에 누군가가 의문을 제기한 결과라는 사실을 명심하라. 기후 모델링은 상상하기 어려울 만큼 많은 가정들(명시적인 것이든 암묵적인 것이든)을 토대로 하고 있는 과학적 시도이다.

"망치 하나만 가진 사람의 눈에는 모든 것이 못으로 보인다"는 옛말이 있다. 기후 과학자들은 모든 것을 지구온난화 이론과 관련해서 보는 습성이 있다. 우리는 인간이 온실가스와 오염 물질을 배출한다는 사실을 알고 있다. 우리는 이것들이 기후 시스템에 분명히 영향을 미치리라는 사실을 알고 있다. 우리는 이런 영향을 양적으로 산정하여 모델에 산입한다.

그러나 우리는 무엇이 기후에 자연적인 변화를 일으키는지 알지 못한다. 우리는 이해하지 못하는 것은 무시하는 습성이 있다. 지구온난화 이론은 우리 손에 들려 있는 망치이고, 우리는 기후 시스템 내에서 일어나는 모든 변화(못)들을 지구온난화 이론과 관련시켜서 설명하는 경향이 있다.

또 다른 비유를 들어보자. 밤에 어두운 거리에서 무언가를 잃어버렸다고 하자. 가로등 아래 말고 다른 곳은 캄캄해서 아무것도 보이지 않는다면, 우리는 가로등 아래만 살펴볼 것이다. 우리에게 지구온난화 이론은 기후 변화의 극히 일부만을 밝혀주는 가로등이다. 우리는 그곳에서만 설명을 찾는다. 우리가 똑똑하게 볼 수 있는 곳은 그곳뿐이기 때문이다. 우리는 인간이 이산화탄소를 배출한다는 사실과 이산화탄소가 온실가스라는 사실을 알고 있다. 우리가 이해할 수 있는 기후 변화의 잠재적인 원인은 오직 이것뿐이기 때문에, 우리는 늘 그런 증거를 찾아다니는 경향이 있다.

기후 시스템과 관련해서 여전히 남아 있는 불확실성에 대해서 두 명의 기후 모델 개발자들과 토론을 해본 적이 있다. 두 사람의 결론은 똑같았다. 기후는 온난화되고 있는데, 인류가 배출하는 온실가스 말고는 그것을 설명할 방도가 없다는 것이었다. 이런 태도는 자연적인 기후 변화 과정은 온난화의 원인이 될 수 없다는 굳은 확신을 드러내는 것이다.

그렇다고 기후 시스템을 완벽하게 이해할 때까지 정책 결정을 미루고 기다리자는 소리는 아니다. 우리는 결코 이런 완벽한 이해에 도달할 수 없다. 9장에서는 우리가 온난화를 감소시키기 위해서 필요한 일들을 상당히 많이 실천하고 있음을 밝힐 것이다.

내가 이야기하고 싶은 것은 우리가 현재의 기후 모델들에 대해 그릇된 확신을 가지고 있다는 것이다. 이는 기후 시스템이 지닌 본질적인 복잡성에 기인하는 것이기도 하다. 그러나 또 한편으로 이는 과학자들이 문외한 앞에서는 지나친 자신감을 표출하는 습성에서 비롯한 것이기도 하다. 과학자들은 모든 해답을 알고 있는 사람들로 대접받기 때문에 "나는 모른다"라는 말을 하지 않는 게 아닐까.

온난화 부인자

일부 과학자들의 지나친 자신감은 이를 뒷받침하는 환경주의자들과 정치인들, 그리고 언론과 어우러져서 온난화 회의론자들에 대한 완고한 태도로 이어진다. 임박한 지구온난화의 재앙을 널리 알려야 하는 숭고한 사명 때문에, 일부 환경주의자들과 기자들은 감히 이의를 제기하는 사람들을 사악한 무리로 몰아간다. 구글 검색창에 '기후 변화 부인'이라는 글을 넣으면 7만 개의 웹페이지가 뜬다.

온난화 회의론자들을 일컫는 '온난화 부인자'라는 호칭은 온난화를 믿지 않는다는 뜻을 내포하고 있다. 그러나 이런 비난은 그릇된 것이다. 내가 아는 회의론자 가운데 온난화가 진행되고 있다는 사실을 부정하는 사람은 아무도 없기 때문이다. 자신들이 제기한 안건이 중요하다고 해서 자신들에게 유리한 사실들이 언급되는 것조차 허용하지 않는 것은 '선량한 과학'이라는 가면을 쓰고 사람들을 협박하는 짓이다.

"저명한 과학자들은 누구나 온난화를 믿는다"와 같은 식의 극단적인 발언은 좋게 말하면 사람들을 오도하는 발언이고, 나쁘게 말하면 여론에 영향을 미치려는 선동이며, 상반된 견해를 가진 사람들의 평판을 깎아내리려는 인신공격이다. 대다수의 과학자들과 다른 견해를 가진 사람을 정신 나간 사람이나 홀로코스트 부인자나 담배의 위험성을 부인하는 자로 모는 것은 선동가가 가장 즐겨 쓰는 책략이다.

감히 누가 과학자들 사이의 합의에 의문을 제기하겠는가? 기후 변화 부인자들을 우리 시대에 가장 변호하기 힘든 믿음을 가진 사람들과 동일시하는 현재의 이런 추세는 위험하지는 않더라도 대단히 우스꽝스럽다. 언론은 기후 시스템이 재앙의 문턱에 다가서지 않았다는 대담한 믿음을 가진 우리들을 싸잡아 비난하는 행동에 신이 나서 합세하고 있다.

예를 들어보자. 〈60분〉의 지구온난화 특집에 반대 견해가 소개되지 않은 까닭을 묻자, 사회자는 "만일 내가 언론인으로서 엘리 위젤(Elie Wiesel: 나치의 유대인 수용소에서 살아남은 루마니아 출신의 작가로 이와 관련된 책들을 냈다―옮긴이)과 대담을 할 작정이라면, 홀로코스트 부인자도 만나야 하는 겁니까?"라고 대꾸했다. 실제로 어느 호주인 논평가는 기후 변화 부인자들을 사회적으로 매장해야 한다고 주장했다.

앨 고어 역시 "소수이긴 하지만 달 착륙이 실제로는 애리조나주의 영화 촬영소에서 연출된 것이라고 믿는 사람들이 있다. 그보다 훨씬 적은 수의 사람들이 아직도 지구가 평평하다고 믿는다. 토요일 밤에 파티가 열리면 그들은 모두 온난화 부인자들과 어울릴 것이다"라는 발언으로 이 게임에 발을 들여놓았다. 게임 결과가 신통치 않게 나온다면 아주 우스운 일이 벌어질 것이다.

환경 뉴스와 논평을 다루는 온라인 잡지 〈그리스트Grist〉에는 온난화 회의론자들에 관한, 어느 기고가의 논평이 실렸다.

지금 우리는 온난화를 진지하게 받아들이고 있다. 우리는 온난화의 충격에 휩싸인 채 그 피해를 최소화하기 위해 세계적으로 투쟁하고 있다. 이제 우리는 온난화 부인자들을 기후 뉘른베르크 전범 재판에 세워야 한다.

이것은 어처구니없는 관점으로, 많은 사람들이 환경 재앙에 대해 품고 있는 감정적인 집착을 여실히 보여주는 것이다.

누군가에게 책임을 덮어씌우기 위해 게임을 할 작정이라면, 이번에는 내가 패를 던질 차례이다. 나는 아프리카에서의 DDT 사용을 계속 반대하는 환경주의자들이야말로 진짜 범죄자들이라고 생각한다. DDT 금지조치는 이미 수백만 명의 인명을 앗아간 것으로 잘 알려져 있다. 이런 진짜 비극에 대해서는 왜 격분하지 않는가? 우리와는 상관없는, 극빈국에 살고 있는 검은 피부의 인간들에게 일어난 일이라서? 우리는 수백만 명에 이르는 아프리카 흑인들의 불필요한 죽음보다는 환경주의라는 세속화된 종교에 대한 서구 세계의 집착을 더 중요하게 생각한다.

과학 단체들은 지구온난화 문제에 대해 확실한 의견을 밝히지 않은 채막연한 편들기에만 나서고 있다. 과학 단체인 영국 왕립학회는 거대 석유기업들은 온난화 회의론자들에 대한 자금 지원을 중단해야 한다는 내용의편지를 엑손 모빌 사에 보냈다. 그 편지에는 온난화 회의론자들이 온실가스 감축을 위한 교토 의정서 채택에 부정적인 영향을 미치고 있다는 언급이 들어 있다. 다음 장에서 살펴보겠지만, 경제와 정책에 대한 이런 식의그릇된 개입은 왕립학회의 정치적 편견을 입증하는 것에 지나지 않는다.

이런 개입은 언론의 자유를 옹호하는 사람들에 대한 모욕이다. 언론의자유는 특정한 정치적, 혹은 환경적 안건을 지지할 때만 옹호되는 것인가? 우리 온난화 회의론자들의 주장이 그렇게 터무니없는 것이라면, 우리가 발언을 통해서 스스로 웃음거리가 되도록 놔두는 게 낫지 않을까? 우리의 주장을 환한 조명 아래, 현미경 아래 놓아두어 그 어리석음을 만천하에 드러내는 게 낫지 않을까?

지구온난화, 종교가 되다

웹스터 사전에 나오는 종교에 대한 정의 중에는 "열정과 확신을 가지고지지하는 대의나 원칙, 혹은 신념 체계"라는 대목이 있다. 지구온난화는과학 연구의 정당한 영역이지만, 인류가 초래한 지구온난화가 파멸을 불러올 거라는 견해를 믿는 사람들은 종교 신봉자들이나 다름없는 태도를 보이고 있다. 그들의 입장에서 보면, 인간이 기후 시스템에 개입하는 것은 악이다. 인간이 없었다면 지구는 더럽혀지지 않았을 것이다. 인간이 자연 자원을 사용한 것은 어머니 지구의 법칙을 어긴 것이다.

논쟁적인 사안에 부딪힐 경우, 사람들은 일반적으로 확증된 것이 아닌, 자신이 믿고 싶은 바를 믿는다. 바로 이 점 때문에 지구온난화 문제에 대한 합리적인 토론은 대단히 어려워진다. 자연 세계와 기후 시스템에 대해서 특정한 믿음을 가질 수는 있다. 문제는 그런 믿음을 '과학'이라고 속여 넘기려는 사람들이다. 지구온난화가 '나쁘다'는 것은 철학적, 혹은 종교적 믿음은 될지언정 과학은 아니다. 앞에서 언급했듯이, 과학은 지구가 뜨거워질지 차가워질지, 혹은 그대로 있을지에 대해 신경을 곤두세우지 않는다. 신경을 곤두세우는 것은 사람들뿐이다.

이런 믿음을 종교 말고 무어라 부를 수 있겠는가? 인류의 영향을 받지 않은 원초적인 상태를 유지할 신성한 권리가 지구에 있단 말인가? 자연의 다른 부분은 기후 시스템에 영향을 미쳐도 되는데, 인간만은 안 되는 이유는 무엇인가? 피나투보 화산은 성층권에 수백만 톤의 유황을 토해 내도 괜찮다. 그것은 자연의 일부로 간주된다. 인류가 그런 행동을 하면, 그것은 지구를 망치는 짓이다. 참으로 이상야릇한 상황이 아닌가?

특정한 종교에 호의를 베푸는 것을 금지하는 헌법 규정이 있는데도, 우리는 학생들에게 자연에 대해 저지른 죄를 참회하라고 가르치고 있다. 학생들이 지구온난화의 장점에 대해 배우고 있다는 이야기는 들어보질 못했다. 예를 들어보자. 어떤 원인에서 발생한 것이든 이산화탄소와 온난화가 지구를 점진적으로 녹화綠化시킨다. 따뜻한 기후에 사는 종들의 서식지가 극쪽으로 조금씩 이동하고 있음을 드러내는 몇 가지 증거가 나타나고 있다. 지구온난화로 인해서 겨울철의 혹한은 완화되고 있다. 차가운 날씨에 사망하는 사람이 뜨거운 날씨에 사망하는 사람보다 많다는 것은 잘 알려진 사실이다. 그런데 지구온난화는 왜 무조건 나쁜 것인가?

인류가 지구의 기온을 떨어뜨리고 이산화탄소(식물 성장의 근원이 되는)를 파괴하고 있다면, 환경주의자들은 틀림없이 우리가 생물권의 숨통을 조이고 있다고 아우성을 쳤을 것이다. 그런데 인류가 더 많은 생명을 창조하는 데 도움을 주고 있는데, 왜 칭찬하는 소리는 들리지 않는가?

만물은 기후에 영향을 주고, 기후는 만물에 영향을 준다. 다양한 생물이 발견되는 열대 지역이 조금 더 넓어지는 건 좋은 일이 아닌가? 삼림이 기후에 영향을 주는 것은 유익하지만 인간이 기후에 영향을 주는 건 나쁘다고 하는 이유는 무엇인가? 생물의 생육 기간이 길어지는 것이 지구온난화가 인류에게 미치는 긍정적인 영향이 아니라 부정적인 영향으로 인용되는 까닭은 무언가?

1967년(다른 해를 골라도 좋다)의 기후 시스템은 '최적'의 상태였던 것으로 여겨진다. 그 상태에서 조금이라도 벗어나는 것은 나쁜 것이다. 자연의 다른 부분 때문에 변화가 나타난 것이라면 나쁘지 않지만, 인간 때문에 변화가 나타난 것이라면 무조건 나쁘다. 지구는 인간의 영향력으로부터 자유로울 '권리'가 있는 것으로 여겨진다.

그러나 '권리'라는 것은 인간만이 가진 독특한 개념이다. 가혹한 이야기로 들릴지 모르지만, 인간이 원해서 권리를 준 생명을 제외하면, 삼림을 비롯해서 지구상의 다른 모든 생명에게는 아무런 권리가 없다. 어떤 종류의 물고기가 다른 종류의 물고기들의 권리를 존중하겠다며, 다른 물고기들을 잡아먹지 않겠다고 결심하는 상황을 상상해보라. 우리가 좋아하는 북극곰들은 물개의 권리를 짓밟는 행동을 멈추지 않는데, 그 까닭은 무엇인가?

나는 환경을 배척하는 사람이 아니다. 나는 오랜 연륜을 가진 삼림을 보존하고, 물의 오염을 최소화하고, 에너지를 보존하는 것이 좋은 일이라고 생각한다. 나는 내 집 뒤뜰에 사는 여우와 가끔 찾아오는 사슴을 아낀다. 나는 심심풀이로 생명을 죽이는 짓을 즐기지 않기 때문에 야생 동물을 사냥하지 않는다. 그러나 자연의 이런 요소들이 가치를 갖는 것은 그 무엇으로부터도 방해받지 않을 기본권을 타고났기 때문이 아니라, 인간이 그것들에게 가치를 부여했기 때문이다.

일부 사람들이 환경에 대해 느끼는 종교적인 경의는 이교주의Paganism로 분류할 수 있을 것이다. 이교주의적 신앙은 일반적으로 지구, 생명, 그리고 우주의 삼라만상이 영적인 존재라는 믿음을 지닌다. 예를 들어, 앨 고어는 첫 번째 책 《위기의 지구Earth in the Balance: Ecology and the Human Spirit》에서 자신과 환경과의 영적인 관련성에 대해서 이야기했다. 이 책의 주제는 과학 기술 배척으로, 인류는 살아남기 위해서 다양한 자연 자원에 의존하는 종이 아니라 환경의 파괴자라는 종교적인 관점에서 다루어지고 있다. 앨 고어는 침례교도이지만, 그의 저술과 연설을 읽고 듣다 보면 기독교도라기보다는 이교주의자 같은 느낌을 준다.

내가 이런 말을 한다고 해서 이교주의자들을 얕본다고 생각하지 않았으면 좋겠다. 절대로 그렇지 않다. 이교주의는 종교적인 신념 체계로서 평화적이고 낙관적이다. 이교주의는 우리가 자연 속에서 목격하는 불가사의한 복잡성과 상호관련성을 인식하고 있다. 내가 짚어두고 싶은 것은 다만 자연과 인간의 관계와 관련된 그런 믿음은 본질적으로 종교적이라는 점이다. 공립학교에서 그런 믿음을 가르쳐야 하는가 하는 판단은 독자들에게 맡겨두겠다.

이교주의에 비해서 훨씬 정통적인 종교의 경우에는 명목상의 신자들과 열성적인 신자들이 구분된다. 특정 시점에 언론을 통해서 목소리를 내는 신자들은 대개 열성적인 신자들이다. 보도 가치가 있는 과학적 발견들을 다루는 〈사이언스〉지는 1967년에 버클리대학교 교수인 린 화이트 2세 Lynn White, Jr.의 발언을 실었다.

더 많은 과학과 더 많은 기술을 확보한다고 해도, 새로운 종교를 찾아내거나 이제껏 지녀온 낡은 종교를 재고하지 못한다면 우리는 현재 겪고 있는 생태계의 위기로부터 벗어나지 못할 것이다.

1982년에 그린피스의 창립자인 폴 왓슨Paul Watson은 환경과 관련한 자신의 종교적 각성에 대해서 다음과 같은 글을 썼다.

새를 사냥하러 나갈 것이 아니라, 새를 사냥하는 아이들을 사냥하러 나가야겠다는 생각이 들었다.

지구온난화가 인류와 환경에 심각한 위협이라는 믿음은 죄악과 범죄, 그리고 속죄라는 성경의 범례와 놀라우리만큼 유사한 것으로 평가된다. 작가 마이클 크라이튼Michael Crichton은 현대의 세속주의자Secularist가 잠재의식 속에서 살아가면서 느끼는 종교에 대한 요구를 명쾌하게 표현했다. 세속주의자가 환경에 대해 보이는 경의가 바로 그것이다. 크라이튼은 2003년에 한 연설에서 현대의 환경주의자들과 유대·기독교신자의 신념 체계가 얼마나 유사한지를 다음과 같이 요약했다.

태초의 에덴은 천국이자, 자연과 조화를 이루는 우아한 곳이었다. 인간이 지혜의 나무 열매를 따먹은 결과 그곳은 우아한 곳에서 오염된 곳으로 타락했다. 우리의 행동 때문에 우리 모두의 앞에 심판의 날이 다가오고 있다. 우리는 하나같이 구원을 받지 않으면 죽을 수밖에 없는 에너지 죄인이다. 오늘날 그 구원은 지속 가능성이라는 이름으로 불린다. 환경이 교회라면 지속 가능성은 구원이고, 유기농 식품과 무농약 성체는 온당한 믿음을 가진 온당한 사람들이 먹는 성찬이다.

크라이튼은 우리가 환경을 지키는 충실한 청지기가 되어야 한다는 자신의 생각을 분명히 밝히고 있다. 하지만 이런 감정은 '충실한 청지기'가 실질적인 관점에서 무엇을 의미하는가를 결정해야 할 순간, 사실을 차단하는 경우가 많다. 그 역시 국제적으로 DDT의 사용을 금지한 조치를 사례로 들었다. 그 조치는 건전한 과학보다는 감정에 훨씬 치우친 것이었다. 아프리카의 극빈국에서 DDT는 인간이나 동물에게는 거의 해를 끼치지 않고 말라리아라는 골칫거리를 크게 줄일 수 있는 방법이다. 그러나 지금도 크게 예방할 수 있는 말라리아라는 질병 때문에 아이들을 비롯해서 수백만 명이 계속 목숨을 잃고 있다.

이것이 환경주의자들이 행하는 종교 의식의 일부일까? 그들은 우리들 대다수와 다른 피부색을 가진, 머나먼 땅에 사는 아이들을 희생양으로 삼고 있다. 어느 유명한 기후 연구자가 강연을 하고 있을 때, 어떤 방청객이 혹독한 기상으로 인해 인도에서 숱한 사망자가 발생할 수도 있음을 지적했다. 그 과학자는 "당신은 수백만 명의 인도인이 죽어가는 게 나쁜 일인 것처럼 말씀하시는군요"라는 말을 해서 사람들을 놀라게 했다.

가이아 가설

가이아 가설은 제임스 러브록James Lovelock과 린 마굴리스Lynn Margulis(유명한 천문학자이자 작가인 칼 세이건의 부인이었다)에 의해 소개된 것이다. 그것은 우주가 영적인 실체라는 믿음을 가졌던 고대의 이교주의 신앙을 현대 과학이라는 이름으로 부활시킨 것이다. 특기할 점은 가이아 가설은 생물권을 가이아라는 하나의 유기체로 본다는 것이다. 가이아라는 이름은 그리스신화에서 유래한 것이다. 나는 가이아가 어떻게 후손을 번식시키는지 잘 모르지만, 그런 일이 벌어질 때 그 주위에 있고 싶은 마음은 전혀 없다.

현대 과학의 시대에 가이아 운동과 그 변종들은 영적인 욕구를 가졌으면서도 불편한 도덕적인 요구를 감수할 마음은 전혀 없는 사람들이 전통적인 종교에 대한 논리적인 대안으로 찾은 것이 아닌가 싶다. 나는 많은 과학자들이 이것을 자신들의 종교적 신념 체계로 삼고 있다는 사실을 깨달았다. 몇 년 전, 미국 항공우주국이 지구 시스템에 대한 연구를 시작했을 때, 연구 경과를 발표하는 간행물의 이름이 처음에는 '가이아'였다. 그러나 그 이름은 오래가지 못했다. 종교적인 느낌이 지나치게 강하다고 지적하는 사람들이 있었던 것은 아닐까 생각한다.

지구온난화는 지구에 대한 원죄로 여겨지고 있다. 인류는 가이아에게 열병을 안겨주고 있고, 가이아는 이것 때문에 몹시 화를 내고 있다. 사람 몸이 병원균에 맞서 싸울 때 열이 나는 것처럼, 가이아는 '인류'라는 이름의 병원균을 자기 몸에서 제거하기 위해 지구온난화라는 방법을 쓰고 있는 것이다. 이런 식의 믿음이 그토록 광범위한 영향력을 행사하게 된 까닭은 무엇일까? 아주 간단하다.

교회로 들어간 환경주의

수많은 성경 신봉자들이 인류가 자연에 영향을 미친다는 비극적인 관점을 받아들이고 있다. 환경주의자들은 자신들의 목적을 이루기 위해서 기독교 조직과 유대교 조직을 끌어들이는 눈부신 성과를 보여주고 있다. 실제로, 성경에는 우리가 창조주의 충실한 청지기가 되어야 한다고 암시하는 구절들이 있다. 첫 번째 사례는 하느님이 아담에게 에덴동산을 돌보라고 명령한 것이다. 이런 관점에서 보면, 독실한 믿음을 가진 사람들이 환경을 돌보기 위해서 열심히 노력하는 것은 당연한 일 같아 보인다.

그러나 성경의 첫 번째 책인 〈창세기〉 역시 아담에게 "땅을 채우라, 땅을 정복하라"고 명령하고 있다. 인류가 환경을 제멋대로 착취하는 태도가 이 대목에서 비롯한 것이라고 주장하는 사람도 있다. 모순처럼 보이는, 이 두 가지 명령은 기독교와 유대교 내부에 상당한 긴장을 불러일으키고 있다. '충실한 청지기'가 되라는 정확한 의미에 대해서는 다양한 해석이 있을 수 있다. 이 점에 관한 성경의 본의는 상당히 모호하여, 사람들에게 청지기의 의미를 제멋대로 결정할 수 있는 자유를 허용하고 있다.

흔히 있는 일이지만, 교파에 따라서 강조하는 바가 다르다. 기독교계 환경 운동가들 가운데에는 인류가 아니라 환경 쪽에 지나치게 치우치는 결정을 내리는 사람들이 있다. 뉴욕시의 성요한 대성당은 지구 숭배나 거의 다름없는 예배 의식을 거행하고 있다. 때때로 그들의 이교주의적인 가르침은 우주와 신으로서의 우주, 그리고 어머니 지구인 가이아의 통일성에 집중되곤 한다.

그러나 성경은 창조주가 창조물과 분리되어 있음을 분명히 밝히고, '창조주가 아니라 창조물을 경배'하는 사람들에 대해서 경고하고 있다. 어떤 사물을 경배하고자 하는 영적인 욕구를 가진 사람들이 선택할 수 있는 길은 두 가지뿐이며 세 번째 길은 없다. 무신론자들은 물질이 궁극적인 현실이라고 생각하고 물리적 법칙을 숭상한다. 성경 신봉자들은 신의 성령이 궁극적인 현실이라고 생각하고, 물리의 법칙과 영혼의 법칙을 제시한 창조주를 숭상한다. 불가지론자들은 이것에든 저것에든 아무 관심이 없으며, 사람은 아무리 애를 써도 확실히 알 수 없다고 주장한다.

'환경을 위한 미국 종교 파트너십Nation Religious Partnership for the Environment'은 뉴욕에서 성장하여 교회 내의 주도적인 환경 단체가 되었다. 이 단체는 미국 내의 6만 개가 넘는 교회에 우편물을 보내고 있다.

나는 이 교회들 가운데 많은 수가 극단주의적 환경론에 치우친 이 단체의 성향을 모르고 있을 거라고 생각한다. 교회들은 연수회를 개최하고, 재활용을 독려하며, 환경에 대한 책임을 가르치는 등 숱한 활동을 펼치고 있다.

일부 교회 지도자들은 이 문제를 지나치게 중요하게 받아들인 나머지 선거에서 정치적인 입장을 표명하기도 하고, 지구온난화에 대처하기 위해 특정 정책을 지지하기도 한다.

그러나 다음 두 장에서 살펴보겠지만, 교회가 환경주의자들의 편파적인 정책에 동조하는 것은 비생산적일 수 있다. 그것은 교회가 공언하는 사명과도 배치되는 것이다. 교회는 자신이 옹호하는 지구온난화 대책들로 인해 빚어지는, 의도하지 않은 부정적인 결과에 대해 눈을 감고 있다.

성경에는 자연 자원의 활용에 대해 언급한 대목은 상대적으로 적은 반면, 다른 사람을 돌보는 것이 중요하다는 충고는 많다. 어떤 방법을 택하든 사람들을 돌보는 행위는 자연 자원을 사용하는 것과 관련되어 있다. 그러나 환경과 인류 모두에게 혜택보다는 해악을 끼치는 행위를 피하기 위해서, 우리는 책임감 있게 정책 결정을 하고 과거의 실수를 되풀이하지 말아야 한다. 결론적으로 말해서, 이런 실수들은 대개 대부분의 정책적인 실수와 마찬가지로 특정한 영역, 즉 기초 경제학에 대한 일반화된 오해로부터 비롯하는 것이다.

chapter 6

경제학,
지구온난화를 해부하다

지구온난화에 대한 정책적인 대응은 다른 환경적인 문제들과 마찬가지로
항상 경제학과 연관된다. (……) 어떤 부정적인 결과가 빚어질지
따져보지 않고 이산화탄소 배출량을 감축해서는 안 된다.
앞으로 지구온난화에 대해서 '특단의 조치'를 시행하라는
압박이 점점 심해질 것이다. 최근에 제안된 환경 정책들이
안고 있는 위험성은 편익을 뛰어넘고 있다.
정치인들이 '특단의 조치'를 하겠다는 주장을 내놓을 때,
우리는 두 가지 질문을 던져야 한다.
"그 조치를 취하는 데 드는 비용은 얼마나 될까?"
"그 조치는 얼마나 도움이 될까?"

일부 기후학자들의 야단스러운 공언에도 불구하고, 과학 그 자체는 지구온난화와 관련하여 어떤 행동을 취해야 할지에 대해서는 아무런 말도 할 필요가 없다. 과학은 정책 중립적이며 가치 중립적이다. '우려하는 과학자 협회'는 사회가 지구온난화와 같은 다양한 문제에 어떤 행동을 취해야 할지에 관심을 기울이지만, 그들의 견해는 '우려하는 영화배우 협회'에 비해 그 영향력이 미미하다.

　그렇지만 과학자들도 국민이다. 우리는 인류와 환경에 대한 여러 가지 위협을 감소시키기 위해서 어떤 정책이 시행되어야 하는지에 대해 나름의 의견을 가지고 있다.

　내가 깨달은 바에 의하면, 정책에 대한 한 개인의 의견은 거의 대부분 경제학에 대한 이해로부터 비롯하는 것이다. 기초 경제학에 대한 충실한 지식이 없으면, 지구온난화를 비롯한 환경 문제와 관련하여 어떤 정책이 시행되어야 하는지 심도 깊은 논의를 진행할 수 없다.

　경제학적 개념들은 지구온난화 대책 논의에서 없어서는 안 될 것이지만, 안타깝게도 경제의 작동 방식에 대한 경제학자들의 설명은 일반적으로 전문 용어 일색에다 모호하기 때문에 생각만 해도 졸음이 쏟아지게 마련이다. 다행스러운 점은 반드시 알아야 할 경제학 원칙들은 비교적 이해하기 쉽다는 사실이다. 그 원칙들은 간단할 뿐만 아니라 그 진실성을 입증하는 역사적 증거가 풍부한데도 불구하고, 여전히 사람들의 신뢰를 받지 못하고 있다. 그러나 독자들은 이해력이 뛰어난 사람들이니 천천히 짚어나가기로 하자.

19세기에 경제학자 라이어넬 로빈스Lionel Robins는 경제학에 대해서 "여러 가지 쓰임새를 가진 희소 자원의 사용 방법에 대한 학문"이라는 유명한 정의를 내렸다. 이를 달리 표현하면, 경제학의 실재는 우리가 가진 시간과 재능을, 제한된 자원으로 최대의 상품을 만들어내는 방향으로 교환하는 것과 관련된다. 더 간단하게 말하면, 경제학은 사람들이 가능한 가장 효율적인 방법으로 서로에게 쓸모 있는 일을 하게 하는 것과 관련된 것이다.

지구온난화에 대한 우리의 정책적 대응이 결국은 경제학에 귀착되는 까닭은 무엇일까? 환경 의식이 투철하고 진보적인 사람이라면 "돈, 돈, 돈…… 결국 모든 사람들이 걱정하는 것은 돈을 얼마나 벌 수 있느냐 하는 것이다. 지구의 환경은 돈 문제로 귀착시킬 수 없는 아주 중요한 문제이다"라고 말할지도 모른다.

그러나 그가 깨닫지 못한 것이 있다. 사랑과 우정 같은 사회적으로 중요한 것들을 제외하면 모든 것이 돈으로 귀착된다. 우리가 돈이라는 단위로 계량하는 것은 돈 그 자체가 아니라, 인간이 평가하는 어느 물건과 다른 물건의 상대적인 가치이다. 각각의 물건에 대해서 각각 다른 화폐 가치를 부여하는 것은 화폐 가치가 사회적인 중요성을 계량화할 수 있는 가장 쉬운 방법이기 때문이다. 인간은 환경을 자신의 필요에 맞게 바꾸지 않으면 살아갈 수 없다. 현명한 경제적 결정은 필요한 자연 자원들이 가장 효율적인 방법으로 할당(분배)되게끔 해야 한다.

경제학의 기본 원칙들을 이해하지 못하면, 지구온난화를 비롯한 환경 문제들에 대해 책임 있는 관점을 가질 수 없다. 그런 문제들을 바로잡는 데에는 돈이 들어가기 때문이다. 자, 이제 자명한 경제학적 진리 몇 가지를 살펴보도록 하자. 이 개념들은 새로운 것은 아니지만, 훌륭한 경제학자, 토머스 소웰Thomas Sowell과 월터 윌리엄스Walter Williams에 의해서 명확하고 정교하게 다듬어진 것들이다. 그 개념들을 내가 가장 잘 이해할 수 있었던 방법으로 소개하겠다. 내가 설명하고 사례를 드는 과정에 정확하지 않은 내용이 나온다면 그것은 온전히 내 탓이다.

공짜밥은 없다

속담이란 게 늘 들어맞는 것은 아니지만, 이 속담은 항상 들어맞는다. 라디오 방송이 공짜라고 생각하는가? 우리는 라디오 방송을 통해서 광고되는 상품들과 용역들을 제값보다 비싸게 사면서 그 대가를 치른다. 의료비가 공짜라고? 누군가는 그 비용을 내야 한다. 유럽의 경우 '공짜' 의료비는 석유 3.7리터당 6센트의 비용으로 지불된다. 무슨 물건을 사면 다른 물건을 공짜로 주겠다는 영업 사원들의 말을 믿는가? "고맙습니다. 그 공짜 물건만 받을게요"라고 말해보라.

사람들은 계속 음식을 먹어야 한다. 입을 옷은 어떤가? 살 집은? 차편은? 통신 수단은? 병이 들었을 때 먹을 약은? 엑스박스와 아이팟은? 깨끗한 환경은? 이 모든 것들(나는 이것들을 '부' 또는 '물건'이라고 부를 것이다)을 생산하기 위해서는 노동과 자원이 들어간다.

자신의 노력으로 이런 것들을 마련하지 못하는 사람들은 어떤가? 가난한 사람, 남편이 없는 사람, 부모가 없는 사람, 만성질환을 앓는 사람, 그리고 늙은 사람은? 이들을 돌보기 위해서는 훨씬 많은 자원이 필요하다. 자연재해가 일어나서 많은 사람들이 경제 활동에 종사하지 못할 때 이들의 생존을 보장하기 위해서는 훨씬 많은 자원이 필요하다.

돈에 대한 그릇된 생각은 부에 대한 올바른 인식을 방해할 수 있다. 돈 자체가 본질적인 가치를 지니는 것은 아니다. 돈은 모든 사람들이 동의할 수 있는 방향으로 개별적인 부의 단위들이 교환되게 해준다. 돈이 있기 때문에 자동차 회사 사장은 빵 2만 1,000개를 받는 수고를 감수하지 않고서도 빵 가게 주인에게 자동차를 팔 수 있다. 그리고 그 빵 가게 주인은 자동차 방향 표시등 한 개를 대가로 받는 난처함을 감수하지 않고서도 자동차 회사 사장에게 빵 한 개를 팔 수 있다.

정부가 돈을 더 많이 찍어내면 어떨까? 부를 늘릴 수 있는 가장 쉬운 방법이 아니겠는가? 안타깝게도, 돈을 더 많이 찍어낸다고 해서 새로운 부가 만들어지는 것은 아니다. 정부가 돈을 더 많이 찍어내서 더 많이 쓰면 세금을 인상하는 것과 똑같은 효과가 나타난다. 이미 유통되고 있는 돈의 가치가 떨어지고, 예전과 똑같은 수의 상품과 용역에 더 많은 돈이 들어가기 때문에 가격이 오르는 것이다.

돈을 더 많이 찍는 관행은 인플레이션을 일으키는 주요 원인이다. 돈이 곧 부가 아니라는 사실을 이해하지 못해 온 나라가 파산하는 일이 많다. 제1차 대전 후에 독일은 전쟁으로 인한 부채를 갚기 위해서 돈을 엄청난 속도로 찍어냈다. 그러자 인플레이션이 극심해졌다. 조폐공들이 아침에 찍어낸 돈이 해가 저물녘이면 휴지 조각이나 다름없게 되었다. 돈을 더 빨리 찍어내려고 해도 조폐 기계가 모자랐다. 소소한 일상용품을 사려고 해도 엄청난 양의 돈을 들고 다녀야 하는 곤란한 상황이 되었다.

부를 창출할 수 있는 유일한 방법은 사람들이 서로에게 쓸모 있는 일을 하는 것이다. 공짜밥이란 있을 수 없다. 밥에는 시간과 자원과 인간의 노력이 들어간다.

지구온난화와 관련해서 자주 나오는 의견은 '특단의 조치를 취해야' 한다는 것이다. 그러나 '무언가를 한다'는 것은 우리가 가진 부의 일부를 그 문제에 투입한다는 의미이다. 바로 그 부의 일부는 다른 문제에는 이용될 수 없게 되는 것이다. 어떤 문제를 바로잡기 위해서 '무언가를 하는' 비용은 그 자금을 다른 문제에 사용하는 것과 비교해서 평가되어야 한다. 이것이 바로 '비용 편익 분석'이다.

바꾸어 말하면, 인류와 환경이 처한 모든 문제를 바로잡을 수 있을 만큼 무한한 자원이 있는 것은 아니라는 뜻이다. 이는 사람들의 욕구는 무한하지만, 상품과 용역의 공급은 유한하다는 일반적인 경제적 진리를 드러낸다. 우리는 누구나 서로에게 제공할 수 있는 것보다 많은 것을 원한다. 이것이 바로 경제학자들이 '희소성'이라고 부르는 것이다.

CBS 〈60분〉의 리포터인 존 스토셀John Stossel은 몇 년 전에 놀라운 사실을 발견했다. 그는 몇 가지 기본적인 경제적 진실을 깨달았다. 특집 프로그램 첫 회에서 그는 "우리는 스스로를 두려움에 몰아넣어 죽일 작정인가?"라는 질문을 제기했다. 이 질문이 의미하는 바는 비유가 아니라 글자 그대로였다. 그의 중심적인 주장은 덜 위협적인 문제에 대해 지나친 걱정을 하고 우리가 가진 부의 일정 부분을 그 문제에 쓰게 되면, 더 급박한 다른 문제에 배당할 돈이 줄어든다는 것이었다.

언론은 어떤 문제에 대한 정보를 사람들에게 제공할 것인지 말 것인지를 결정할 때 자신도 모르는 사이에 엄청난 책임을 떠안게 된다. 언론이 자신이 중요하다고 판단한 문제들에 대해 여론을 형성하는 행동은 글자 그대로 사람들을 죽일 수 있는 공공 정책을 초래할 수 있다. 이것은 경제학자들이 오래전부터 해온 이야기이지만, 우리는 그 뜻을 이해할 수 없었다. 경제학자들은 '희소성'과 '한계비용'이라는 용어를 계속 사용하기 때문이다.

그러나 우리는 지구온난화와 관련하여 미래에 발생할지도 모를 손실에 대비하여 무언가를 해야 하지 않을까? 물론 해야 한다. 단, 그것은 경제학적으로 합리적인 경우로 국한되어야 한다. 예를 들어보자. 우리는 복구할 여력이 없는 손실로부터 자신을 보호하기 위해서 주택 보험에 든다. 20만 달러짜리 주택이 화재로 파괴될 경우 원상 복구비 전액을 지급하는 주택 보험에 1년에 1,000달러를 지출하는 것은 합리적인 일이다. 그러나 지구온난화 보험의 경우, 현재 추진되고 있는 대부분의 정책들은 원상 복구 비용을 전혀 충당하지 못하는 보험에 1년에 1만 달러를 지출하는 꼴이다.

부와 효율의 상관관계

부의 양은 항상 일정하므로, 그 파이의 일부를 손에 넣기 위해 각자 무슨 일을 할 것인지 결정하는 게 중요하다고 생각하는 사람들이 많다. 그들은 세상에는 '가진 자'와 '못 가진 자'가 존재하고, 인생은 모두가 '자기 몫을 챙기기'위한 불공평한 싸움이라고 생각한다. 이런 관점을 가진 사람들은 계급투쟁에 참여한다. 그들은 부자들을 미워하고 시기한다(물론, 여기서 '부자'란 자신보다 돈이 많은 사람을 가리킨다).

부의 총량이 일정하다는 말이 사실이라면, 우리가 오랜 세월에 걸쳐서 이뤄온 생활수준의 향상은 어떻게 설명할 것인가? 몇 십 년 전에는 부자들만이 자동차, 냉장고, 전자레인지를 소유할 수 있었다. 그런데 지금은 가난한 사람들도 대부분 이런 현대 문명의 이기를 소유하고 있다.

부의 총량이 일정하다는 것은 우리가 어떤 일을 하느냐는 중요한 것이 아니라는 의미이다. 우리가 어떤 일을 해도 부의 총량을 바꿀 수는 없기 때문이다. 이것이 사실이라면 우리가 모두 도랑을 파는 일이나 도랑을 메우는 일을 직업으로 가져도 된다는 이야기이다. 우리 중 절반이 하루 종일 도랑을 파는 일을 하고, 나머지 절반은 다시 도랑을 메우는 일을 한다고 치자. 모든 사람이 열심히 일을 하므로 실업률은 0이다. 그렇지만 부는 전혀 창출되지 않는다. 음식은 어디에서 얻을 것인가? 깨끗한 물은? 집은? 옷은? 병원 치료는? 텔레비전은? 컴퓨터는? 아이팟은? 자동차, 비행기 등의 교통수단은? 이런 상품과 용역을 제공하는, 보다 효율적이고 새로운 방법은 누가 발명할 것인가? 새로운 부가 창출되지 못할 뿐 아니라, 기존의 부도 서서히 고갈되거나 낡아서 파괴될 것이다.

사람들이 일을 하되 어떤 일을 하느냐에 따라 세상은 크게 달라진다. 그저 일을 하는 것만으로는 세상이 달라지지 않는다. 당신 집 마당에 구덩이를 하나 파준 대가로 이웃에게 2달러를 주든 2,000달러를 주든, 당신이 보게 되는 것은 똑같은 구덩이 하나이다. 중요한 것은 우리가 가진 돈으로 어떤 일을 하는가, 그리고 그 일을 얼마나 효율적으로 하는가 하는 것이다. 사람들이 필요로 하는 상품과 용역을 효율적인 방법으로 제공하면 할수록 모든 사람이 손에 넣는 부의 양은 늘어난다.

부 창출의 주체, 국민

텔레비전 대담 프로그램에서 어떤 방청객이 "이 서비스를 이용하는 대가는 납세자가 아니라 정부가 내야 한다"고 주장했다. 경제학적인 관점에서 보면, 납세자가 곧 정부이다. 대개의 경우, 정부는 새로운 부를 창출하지 않는다. 정부가 모든 사람들이 중요하게 여겨서 기꺼이 세금을 내는 일부 서비스(예컨대 국방)를 제공하는 것은 예외적인 경우이다.

정부는 국민들에게 세금을 거둬서 우리가 선출한 대표자들이 결정한 우선순위에 따라서 그 돈을 다른 사람들에게 재분배한다. 그러나 그 '나랏돈'의 가치는 사람들 사이의 거래에서 비롯하는 것이지, 그 돈을 나누어주는 정부의 행위에서 비롯하는 것이 아니다.

건전한 경제에서는 어떤 물건이 얼마나 필요한지를 결정하는 것은 정부 관료가 아니라 국민이다. 이것은 단지 이론이 아니다. 어떤 상품과 용역이 필요한지, 그리고 그 가격은 얼마가 되어야 하는지를 가장 효율적으로 결정하는 것은 정치인이 아니라 국민이라는 것은 역사적으로 입증된 사실이다. 국가 지도자들이 가격이나 공급을 통제하려고 할 때 국민들의 뜻은 좌절을 겪는다. 바로 이 때문에 정치적, 경제적 자유는 국가 번영의 전제 조건이 된다. 많은 나라들, 특히 아프리카의 많은 나라들이 가난에서 헤어나지 못하는 것도 바로 이 때문이다.

일반적인 경우 정부는 부를 창출하지 못하지만, 법을 제정하고 세금을 거둠으로써 부의 창출을 격려할 수도 있고 저지할 수도 있다. 정부가 어떤 활동에 대해서 세금을 많이 매기면 매길수록 소비자나 투자자들은 그 활동을 기피할 것이고, 반대로 정부가 세금을 적게 매기는 활동은 촉진될 것이다. 2005년과 2006년에 미국의 세수가 예상보다 수천억 달러나 증대될 정도로 경제가 활성화된 원인 중 하나로 자본 소득세 인하 조치를 꼽을 수 있다. 이것은 어느 누구의 회계 장부를 보더라도 알 수 있다.

일반적으로, 경제 성장을 촉진하는 조치가 세율을 인상하는 조치보다 훨씬 세수를 늘릴 수 있다. 세수는 '활동의 백분율'이다. 즉 더 많은 활동을 하도록 장려하면 세수가 증대한다. 정치인들이 세율 인상으로 세수를 증대하려 할 경우 부의 창출이 저해되고, 더 나아가 세수는 감소한다.

자유 시장은 번영을 제공한다

애덤 스미스Adam Smith가 1776년 《국부론》에서 언급했듯이, 자유 시장 경제에서 이윤을 추구하는 사람들의 이기심은 '보이지 않는 손'이 되어 다른 사람들에게 도움을 준다. 누군가 부자가 되려면 다른 사람들의 자발적인 참여가 있어야 한다. 다른 사람들은 가진 돈의 일부를 내주고 부유한 사람과 그의 사업체가 제공하는 가치 있는 상품이나 용역을 얻거나, 부유한 사람과 그의 사업체가 그런 상품과 용역을 생산할 수 있도록 그 과정에 참여한다. 이런 이동이 조화롭게 이루어질 때 모두가 이익을 얻는다. 자유 시장경제에서도 마찬가지이다.

미국과 같은 자유 시장경제에서 경제적인 결정을 내리는 것은 소비자, 즉 우리들이다. 우리는 어떤 것의 비용이 자신이 매기는 가치보다 크면, 자신이 더 큰 가치를 매기는 다른 것에 돈을 지출한다. 판매자는 어떤 물건을 충분히 많이 팔지 못하면, 즉 소비자들이 구매하지 않는 물건이 지나치게 많아지면, 그 물건을 다른 물건보다 더 매력적으로 만들기 위해서 가격을 낮추어야만 한다. 그 물건을 생산하는 데 지나치게 많은 비용이 들어가서 판매자에게 이윤이 남지 않으면, 다른 누군가가 그 물건의 제조와 유통 비용을 절감할 수 있는 더 좋은 방법을 개발한다. 자유 시장경제는 최대량의 물건이 최소 가격에서 이용될 수 있게 한다.

과거 소련에서 수십 년 동안 경제 실패가 계속된 것은 정부가 국민들을 대신하여 공급 결정을 내렸기 때문이다. 자유 시장경제처럼 생산자와 소비자 사이에 끊임없는 피드백이 이루어질 수 없었기 때문에 엄청난 비효율성이 야기된 것이다. 소련의 경제학자들은 이 문제를 정확히 알고 있었지만, 소련 정부는 경제 정책에 대한 비판을 용납하지 않았다.

우리의 높은 생활수준은 수요와 공급에 따라 가격이 오르내리는 것을 허용한 덕분에 가능했다. 정부가 공급과 가격을 의도적으로 고정시킬 수 있지만, 그런 정책은 시장의 효율성을 떨어뜨려 부의 창출을 저해한다.

미국에서도 가격 통제가 시행된 적이 있었지만, 그 결과는 번번이 좋지 않았다. 가격 통제는 물건 값을 싸게 유지하는 데 도움을 줄 것 같지만,

결국에는 해악을 낳고 시장을 망가뜨려 부의 창출을 가로막는다. 가격의 인상과 인하는 시장이 제대로 작용하고 있다는 신호이다. 가격 통제는 먼저 시장에 진입한 극소수 사람들에게는 이득이 되지만 나머지 사람들에게는 아무런 이득이 되지 않는다.

에너지가 부족한 경우 자유 시장 시스템은 그 문제의 가장 좋은 해결책을 제공한다. 허리케인으로 멕시코만의 석유 굴착 기지가 파괴되거나, 에너지에 대한 수요가 공급을 앞질러서 석유 가격이 급등하면, 사람들은 자연스럽게 에너지를 절약한다.

예를 들어보자. 2005년 허리케인으로 멕시코만의 석유 생산이 중단되어 유가가 급등했다. 몇 달 만에 유가는 다시 떨어지기 시작했다. 사람들이 주유기 앞에서 주춤거렸기 때문이다. 또한 사람들은 지난번에 장을 보러 갔을 때 잊어버리고 사지 않았던 면봉을 사겠다고 자동차를 끌고 10킬로미터 떨어져 있는 할인 매장까지 가는 일을 그만두게 되었다.

반대로, 에너지 가격을 '적정한' 수준에 묶어두려고 했던 캘리포니아 정치인들의 욕구는 2000년 여름 정전 사태를 야기했다. 요금을 상승시켜 소비자들의 소비를 억제하지 않았기 때문에 전력 부족은 훨씬 더 심해졌다. 캘리포니아의 전력 업체들은 수요가 많은 시기에 추가 전력을 얻기 위해서 다른 주에 높은 가격을 지불해야 했고, 그 때문에 엄청난 손해를 보았다. 그 전력 업체들이 입은 손해는 주정부가 메워주어야 했으므로, 결국 캘리포니아 주민들은 전기에 더 높은 가격을 지불해야 했다.

이윤은 자유 시장경제를 번영시키는 핵심적인 역할을 함에도 불구하고, 사람들 사이에는 부자들에 대한 적개심이 널리 퍼져 있다. 빌 게이츠

Bill Gates는 '필요' 이상으로 많은 부를 가지고 있지 않은가? 그 말이 옳을 것이다. 그러나 더 많은 부를 손에 넣을 수 있다는 기대감이 있기 때문에 사람들은 더 효율적인 방법과 더 낮은 비용으로 상품과 용역을 제공하기 위해서 열심히 일하는 것이다. 역사가 입증하다시피, 이윤 동기가 사라지면 사람들은 게을러진다. 그러면 모두가 고통을 겪게 된다.

하지만 그 과정에서 극소수의 사람들이 엄청난 부자가 된다고 해도, 나한테는 무슨 이득이 되겠는가? 나는 마이크로소프트사가 만든 소프트웨어 덕분에 일을 더 쉽게 하고 생산성을 더 높인다. 내 입장에서는 빌 게이츠가 소비자들에게 되돌려주겠다고 결심한 재산 중에서 극히 작은 내 몫보다는 전 세계 수억 명의 사람들이 누리고 있는 이런 혜택이 훨씬 높은 가치를 가진다.

빌 게이츠는 자기 혼자서는 이런 소프트웨어를 구상하고 제조하고 유통시킬 수 없으므로, 자신의 일을 도울 수천 명의 직원을 고용하고, 그들은 새로 창출된 부의 일부를 차지한다. 마이크로소프트사의 직원들은 그렇게 번 돈을 온갖 종류의 가게에서 상품과 용역으로 교환하고, 이 가게의 상인들은 자신의 일을 도울 직원들을 고용하는 것이다.

부자가 부를 모을 수 있는 것은, 소비자들이 자발적으로 부자가 제공하는 가치 있는 상품과 용역을 이용하고 돈을 지불하기 때문이다. 우리는 부자가 존재한다는 사실, 그 자체만으로도 시스템이 잘 굴러가고 있고, 창조적인 소수의 혁신적인 아이디어 덕분에 수백만 명의 사람들이 이득을 보고 있다는 사실을 깨달아야 한다.

자유 시장 시스템과 관련하여 가장 큰 불만은 그 시스템이 '공정하지 않다'는 것이다. 부유한 사람과 가난한 사람 사이에는 엄청난 간극이 있다. 그러나 혁신으로 엄청난 번영을 가져다주는 사람들이 보상을 받는 게 공정하지 않다는 말인가? 다른 사람들의 요구를 충족시킬 수 있는 더 효율적인 방법을 개발하는데도? 수백만 개의 일자리를 창출해서 수많은 사람들이 새로 창출된 부의 일부를 분배받게 하는데도? 자신의 힘으로는 생계를 유지할 수 없는 사람들을 (자선 활동을 통해서) 부양할 수 있는 추가적인 부를 창출하는데도?

그러나 사람들은 상품과 용역의 교환에 '공정함'이라는 요소를 개입시키면 우리 사회의 부가 모두에게 똑같이 돌아가리라는 착각에서 헤어나지 못하고 있다. 평등에 치우다 보면, 의도와는 달리 모두를 똑같이 비참하게 만들게 된다. 그렇게 되면 사회의 부를 극대화하려는 유인이 사라지고, 경제는 곤두박질친다.

경제 현실이 이런데도, 주류 언론은 계속해서 '공정한' 접근법을 주장하는 사람들을 옹호한다. 쿠바의 피델 카스트로Fidel Castro와 같은 세계적인 지도자들을 극찬하는 사람들은 쿠바에서 살려는 생각이 전혀 없는 사람들이다. 쿠바 사람들이 미국으로 밀입국하려다가 물에 빠져 죽는 사건이 계속 이어지는 데는 까닭이 있다. 경제 문제에 무지한 언론인들이 많은 까닭이 궁금하다면, 언론 관련 학과에서 학위를 따는 데 필요한 강좌들을 들여다보는 것만으로도 충분할 것이다.

일반적으로 볼 때, 자유 시장경제체제에서 사는 가난한 사람들은 다른 경제체제에서 사는 가난한 사람들에 비해서 훨씬 풍요롭게 산다. 자유 시장 경제가 창출하는 부의 총량이 크기 때문에 기부금이 많고, 따라서 이런저런 이유로 자기 힘으로는 생계유지를 할 수 없는 사람들이 먹고살 수 있는 것이다.

허리케인 카트리나가 휩쓸고 간 후 사람들이 베푼 자선 덕분에 주택을 잃은 수십만 명의 이재민에게 주택이 공급되었다. 직접 자선을 베풀지 않은 국민들도 세금을 통해서 허리케인으로 폐허가 된 루이지애나주, 미시시피주, 앨라배마주 지역을 복구하는 데 도움을 주었다. 미국이 그다지 큰 어려움을 겪지 않고 이런 재난을 견뎌낼 수 있었던 유일한 이유는 오랜 세월에 걸쳐서 쌓아온 부와 경제 기반에 있다. 자유 시장은 무엇이 자신에게 가치 있는지를 결정할 수 있는 자격을 관료가 아니라 국민에게 부여한다. 자유 시장이 없다면, 이런 부의 창출은 불가능한 것이다.

사회주의 국가에서는 새로운 아이디어를 개발하기 위한 추가적인 노력에 대해 거의 보상을 하지 않는다. 인민들은 정부의 지시에 따라서 창출한 빈약한 부를 누구나 똑같이, 평등하게, 극히 작은 몫씩 나누어 가진다. 스웨덴 같은 나라가 그토록 오랫동안 사회주의 정책을 펼 수 있는 것은 그 나라가 완전한 사회주의 국가가 아니기 때문이다. 스웨덴은 자유 시장 원칙을 유지하고 있고, 그 덕분에 현재와 같이 엄청나게 높은 세금 정책을 뒷받침할 수 있는 부를 창출하고 있는 것이다. 2006년 스웨덴에서는 복지 지출보다 일자리 창출에 대한 욕구가 증가하면서 사민당이 정권에서 퇴출되었다.

환경주의자들의 오류

일부 미국인들은 대부분의 사람들이 자신과 같은 부를 누리지 못한다는 사실에 대해 죄책감을 느낀다. 많은 환경주의자들은 서구의 현대적 생활 양식을 비난한다. 또 어떤 사람은 돈은 그 자체가 가진 가치보다 훨씬 많은 문제를 야기한다고 생각한다.

하지만 부자들이 느끼는 죄책감은 쓸데없는 자격지심이다. 부자가 가진 부는 다른 사람들이 가치 있다고 여기는 상품과 용역을 제공함으로써 창출되는 것이다. 그렇다면 자격지심에 시달리는 그 부자 한 사람만 혜택을 보는 것이 아니라 훨씬 많은 사람들이 집단적으로 혜택을 보게 된다.

부를 나쁜 것이라고 생각하는 사람들이 제시하는 대안은 무엇인가? 어린 자식들 가운데 절반이 열 살이 되기도 전에 전염병, 더러운 물, 영양 부족, 그리고 냉장 시설 부족으로 신선하지 못한 음식을 섭취하고 죽어가는 모습을 지켜보아야 하는 고통은 어떻게 할 생각인가? 100년 전만 해도 대부분의 인류가 이런 고통을 겪어야 했다. 지금도 10억에 가까운 사람들이 이런 고통을 겪고 있다.

가족들에게 하루하루 먹을 것과 입을 것, 그리고 잠잘 곳을 마련해주기 위해서 등뼈가 휘도록 힘든 노동을 해야 하는 사람들의 고통은 또 어떤가? 산업혁명이 시작되면서 (국내 총생산으로 측정되는) 부의 수준이 급격히 상승하게 된 것은 그리 오래전의 일이 아니다. 기술 진보는 우리에게 새로운 도구, 새로운 문명의 이기, 새로운 약품을 선사했을 뿐 아니라 우리의 수명을 연장시켜주었고 유아 생존률을 높여주었다. 위성과 기상 레이더가 허리케인과 토네이도의 접근을 경고해주는 덕분에 수많은 인명이 살아남을 수 있다. 이와 반대로, 최근 20세기 말에 가난한 방글라데시에서는 열대성 사이클론으로 수만 명이 목숨을 잃었다.

진심으로 '행복했던 지난날'로 돌아가고 싶은가? 아직도 그런 시절을 보내는 사람들이 있다. 그 사람들과 이야기를 나눠보면, 행복했던 지난날이 그렇게 좋은 것은 아니었음을 깨닫게 될 것이다. 그 사람들은 하루하루 사는 것이 얼마나 비참한지 쉬지 않고 이야기할 것이다. 더럽고, 냄새나고, 온갖 질병이 들끓고, 위험하기 짝이 없는 생활을. 말이 교통수단으로 널리 사용되던 시절에는 말의 배설물로 악취가 끊이지 않았고, 많은 사람들이 말 때문에 부상을 입거나 목숨을 잃었다.

텔레비전 드라마 〈초원의 집〉에 나오는 사람들이 모두 행복하고 생기발랄해 보이는 것은 출연진이 잘 조리된 점심을 배불리 먹고 나서 냉난방 시설이 완벽하게 갖추어진 트레일러에서 뜨거운 물로 샤워를 한데다가 거액의 출연료에 대한 기대감이 컸기 때문이다.

비외른 롬보르는 《회의적 환경주의자》라는 훌륭한 책에서 국제연합의 자료를 이용하여 인류와 환경이 수십 년 전에 비해 얼마나 풍요로워졌는지를 자세히 검토하고 있다. 미성년기의 사람들을 죽음으로 내몰았던 대부분의 질병들은 완전히 근절되었거나 치료제가 개발된 상태이다. 부의 창출로 전기, 깨끗한 상하수도, 냉장 시설이 광범하게 보급되었다.

지금 '행복했던 지난날'을 그리워하는 사람들은 부, 건강, 안락, 그리고 안전이 보장되는 위치에 있기 때문에 그런 생각을 하는 것이다. 화석연료는 인류의 생활수준을 향상시키는 데 꼭 필요한 것임에도 불구하고, 일부 사람들은 이런 진보에 에너지를 공급해온 화석연료를 폐기하고 싶어 한다. 그들은 마치 자신에게 음식을 먹여주는 보이지 않는 손을 물어뜯는 말썽꾸러기 아이들 같다. 그들은 낙원을 짓기 위해 완벽을 달성하는 것이 가능하기나 한 것처럼, 좋은 점을 칭찬할 생각은 하지 않고 나쁜 점에만 초점을 맞추고 있다. 그러나 안타깝게도 낙원은 사람들의 상상 속에만 존재할 수 있는 것이다.

그러나 일부 사람들은 아직도 부와 성과의 균등한 분배가 공존하는 낙원이 세워질 수 있다는 믿음을 고수하고 있다. 역사적인 경험이야말로 현대의 생활에 의미를 부여하고 현대의 생활이 다른 대안들보다 우월하다는 것을 입증해주는데, 그들은 현대의 생활을 역사적인 맥락에서 보지 못한다. 그들은 우리가 역사적으로 볼 때 진보, 건강, 행복, 그리고 안전의 정점에 서 있는 것을 깨닫지 못하고 모든 것이 더 개선될 수 있다고 생각한다. 스스로는 깨닫지 못하지만, 사실 그들 대부분은 모두가 평등을 강요당하는 사회에서는 살고 싶어 하지 않는다.

지구온난화의 가장 비현실적인 해결책을 옹호하는 사람들은 (자유시장 경제에 참가하고 있으면서도) 자유 시장경제가 어떻게 작동하는지 이해하지 못하는 것 같다. 그들 대부분은 순수한 선의를 가진 사람들이겠지만, 잘 알려진 속담을 조금 바꾸어서 말하면, "환경 멸망으로 이르는 길은 선의로 포장되어 있다."

지구온난화를 비롯한 여러 환경 정책을 구상할 때 기본적인 경제학적 진실을 이해하고 있어야만 한다. 사랑과 우정 같은 사회적 자본은 예외 겠지만, 가치를 지닌 다른 모든 것들에는 가격이 매겨질 수 있다. 울창한 숲은 펄프용 목재와 건축용 목재로 쓰일 수 있을 때 더 높은 가치를 가지는가, 아니면 사람들이 그저 삼림욕이나 즐길 때 더 높은 가치를 지니는가? 그 판단은 사람들이 두 가지 대안에 얼마만큼의 대가를 지불할 마음이 있는가에 따라 달라진다.

한 사람을 예로 들어보자. 제레마이어 존슨이라는 남자는 16만 1,900 평방미터의 황무지를 유일한 재산으로 소유하고 있다. 제레마이어는 충분한 음식과 옷, 그리고 집을 마련하기 위해서 뭔가 결정을 내려야 한다. 그는 그 모든 일을 직접 해결하기로 결정할지 모른다. 그리하여 풀잎을 엮어서 옷을 만들어 입을 수도 있고, 숲에서 모아온 산딸기를 먹을 수도 있고, 씨앗을 뿌려 농사를 지을 수도 있다. 직접 오두막을 지을 수도 있다. 그는 병에 걸리거나 병원 치료를 받아야 하는 긴급한 사고를 당하지 않기를 간절히 바랄 뿐이다.

그러던 어느 날 누군가가 찾아와서 제레마이어에게 거래를 제안한다. 제레마이어가 가진 땅 가운데 4만 평방미터만 내주면, 나머지 땅에 그가 살 집을 지어주고 음식과 옷을 주겠다는 제안이다. 누구라도 이런 상황에서 이런 제안을 받으면 쉽게 거절하기 어려울 것이다. 아무 도구도 없이 야영을 해본 사람이라면 이 말을 이해할 수 있을 것이다.

제레마이어는 자신의 땅에 금전적인 가치를 매긴다. 금전적인 가치는 어떤 물건이 다른 물건에 비해 얼마나 가치가 있는지를 나타내는 것이다. 나는 대부분의 사람들과 마찬가지로, 미국은 황무지와 공원을 개발하지 말아야 한다고 생각한다. 그 황무지와 공원은 일반 국민들에게 특별히 가치 있는 것이기 때문이다. 그것은 우리의 국부의 일부이다. 그 땅을 보존하자는 결정은 결국 경제적인 결정이다.

땅이 금전적인 가치를 유지하려면 개인 소유의 땅을 보호해야 한다. 땅 주인은 땅에서 얻을 수 있는 자원을 극대화하기 위해서 땅의 가치를 유지하려는 동기를 가진다. 파괴된 땅은 어느 누구에게도 가치 없는 것이 되고 만다. 땅 주인은 이윤을 극대화하고 유지하기 위해서는 책임감 있게 그 땅을 돌보아야 한다.

에너지의 경제학

앞에서 살펴보았듯이, 비용의 문제없이 화석연료를 대체할 수 있는 간단한 대안이 있다면, 그 대안으로 갈아타는 것은 아주 쉬운 일이다. 그러나 일은 그렇게 쉽게 풀리지 않는다. 현재로서는 화석연료를 대체할 수 있는 실용적인 대안이 존재하지 않는다.

사람들은, 훨씬 적은 비용으로 생산할 수 있는 친환경적인 에너지가 있는데도 에너지 회사들이 이를 알리지 않고 있다고 생각한다. 사람들은 에너지원을 태양열이나 풍력으로 전면적으로 바꾸면, 지구온난화 문제는 사라질 것이라고 생각한다. 에너지 회사들은 환경주의자들을 괴롭히려는 의도에서 환경을 오염시키려고 기를 쓴다는 식이다.

> 시가촘핑 석유 회사 간부 1: 이봐, 요즘에는 환경 쪽 사람들이 잠잠하던데. 거기 이름이 뭐더라? 아, 맞아, '지구가 최우선, 사람은 맨 나중'이지.
>
> 시가촘핑 석유 회사 간부 2: 맞아. 송유관 어딘가에서 기름이 새게 하면 어떨까? 그러면 그 사람들 엄청 열 받을 거 아냐!

에너지 회사들은 환경주의자들과 대중들로부터 박해를 당하고 싶어서 일부러 그러는 것일까? 에너지 회사들은 유가가 치솟으면 가격을 부풀렸다는 비난을 받고, 유가가 내려가면 싸구려 석유로 오염을 부채질했다거나 정치적 압박에 굴복했다는 비난을 받는다. 앞에서 언급했듯이, 기본적인 경제학에 대한 사람들의 인식은 정치적 관점에도 영향을 미친다.

가격을 부풀렸다는 주장은 휘발유 1리터의 소매가격이 석유의 수요와 공급의 변화 등 순전히 시장적인 요인으로 인하여 연간 무려 50퍼센트나 변할 수 있다는 사실을 무시하는 것이다. 물론 가격이 올라가면, 석유 회사들은 엄청난 이윤을 챙길 수 있다. 누구나 필요로 하는 상품을 공급하는 산업은 공급 감소(혹은 공급이 감소된다는 위협)로 인해 가격이 상승하면 엄청난 돈을 번다. 앞에서 언급했듯이, 막대한 이윤에 대한 기대감은 자유 시장경제의 효율성을 제고하여 모든 사람의 생활수준을 향상시킨다.

그러나 석유 산업 역시 하강세를 보이고 있다. 4급 허리케인이 멕시코 만을 휩쓸고 와서 연안에 상륙한 이후 석유 업계는 석유 굴착 장치와 굴착 시설, 그리고 정련 장치를 수선할 자금이 필요한 상황이다. 고유가 시대에 석유 업계가 올린 막대한 이윤을 공익적으로 재분배해야 한다고 주장했던 사람들이 과연 재난을 당한 이 회사들을 구제하려고 나설까?

뿐만 아니라 우리는 시가촘핑 석유 회사의 간부들이 그 회사의 소유주가 아니라는 점을 명심해야 한다. 석유 회사의 소유주는 일반 투자자들이다. 또한 대부분의 경우 산업상의 이득과 손실은 그 회사의 직원들이 아니라, 투자자들에게 돌아간다.

미국과 같은 자유 시장경제에서 대체 연료의 비용은 그 연료가 석탄과 석유 같은 다른 에너지원을 대신하여 어느 정도나 사용될 것인지를 좌우하는 중요한 요소이다. 나는 어느 석유 회사 직원으로부터, 만일 화석연료 말고 다른 경제적인 에너지원을 찾을 수 있다면 자신의 회사는 당장 그 에너지원의 판매에 나설 것이라는 말을 들은 적이 있다. 그 회사들의 본업은 소비자에게 에너지를 공급하면서 돈벌이를 하는 것이다. 그들은 그 에너지가 무엇이든 상관하지 않는다.

풍력발전소가 화력발전소보다 비용이 적게 든다면, 풍력에너지의 사용은 점점 늘어날 것이다. 태양에너지가 경제적으로 경쟁력이 있다면, 태양열의 사용 역시 점점 늘어날 것이다. 그러나 정부는 때때로 비경제적인 대체 기술에 대해서 보조금을 지원한다. 자유 시장경제에서 경쟁력이 없는 기술을 인위적으로 지원하면 그 기술들에 대한 장기적인 투자가 이루어지지 않는다. 투자자들은 인위적인 지원이 사라지자마자 이윤이 발생할 가능성이 사라진다는 사실을 잘 알고 있다. 민간 자본이 기술 개발에 얼마나 투자되고 있는지를 살피는 것만으로도 미래의 에너지 기술이 지닌 잠재력을 알아볼 수 있다.

다행히도 자유 시장경제는 그런 문제들을 자연스럽게 해결한다. 미래의 에너지 기술이 정말로 유망하다면, 투자자들이 뛰어들어 그 기술을 발전시킬 것이다. 이런 일을 유도하기 위해서 정부가 할 일은 손을 쓰지 않고 가만히 지켜보는 것뿐이다.

편익의 극대화, 비용의 극소화

공장과 대기업에 대한 환경주의자들의 태도는 혼란스럽다. 상품 생산을 대규모 제조 시설 내에 집중(대량생산)하는 경우, 폐기되는 자원과 에너지, 그리고 오염의 양이 지극히 작아지는 상품들이 많다.

대량생산이 가지는 이런 효율성에도 불구하고, 많은 사람들은 "공장이 만들어내는 오염 물질을 봐라. 끔찍하지 않은가!"라고 불평한다. 그러나 일반적으로 볼 때, 공장에서 대량생산을 할 경우, 각 가정 혹은 각 도시가 그 상품을 독자적으로 만드는 경우에 비해서 배출되는 폐기 자원과 오염 물질의 양이 적다. 그러나 생산 과정에서 나오는 폐기물이 한곳에 집중되기 때문에 사람들은 대량생산이 환경에 미치는 순 효과에 대해 잘못된 인상을 받기 쉽다.

물론 우리는 집중적으로 배출되는 오염이 해당 지역의 환경과 우리의 건강에 과도한 손해를 야기하지 않게 해야 한다. 그러나 오염의 총량은 규모의 경제 덕분에 대단히 극소화된 상태이다. 오염을 합리적인 수준 이상으로 대폭 감축할 것인가 하는 문제는 경제적인 결정이다. 정부가 대폭적으로 오염을 줄이라고 강제할 경우, 이를 이행하는 데 우리가 가진 부의 일부가 소요된다. 점점 엄격해지는 환경 기준을 달성하기 위해서 우리는 상품과 용역에 얼마나 더 비용을 지불할 태세가 되어 있는가?

미국 환경청은 환경 기준을 강화하면서도, 그로 인해 사회가 부담해야 할 비용에 대해서는 전혀 관심을 보이지 않는다. 환경청 소속의 어느 공무원이 최근 대기 오염과 관련된 어느 회의에서 더욱 깨끗한 환경을 지키기 위해 "엄격한 조치를 중단할 수 없다"고 말했다. 나는 그 말을 듣고 대단히 놀랐다. "더욱 깨끗한" 환경으로 인한 이득이 지나치게 작다는 점에서 이런 태도는 대단히 위험하다. 한정된 부 가운데 일부를 사회의 온갖 문제를 처리하는 데 이용한다면 그만큼의 부를 더 중요한 문제에는 투입할 수 없기 때문이다.

일반적으로 환경청에서 일하는 정부 규제자들은 사회가 오염을 계속 줄여나갈 때 부담해야 하는 비용에 대해서는 아무런 걱정을 하지 않는다. 그들은 특정 오염 물질을 처음에는 90퍼센트, 다음에는 99퍼센트, 다음에는 99.9퍼센트 줄여달라고 끝없이 요구한다. 계속해서 오염을 줄이는 것이 그들의 임무이기 때문이다.

그러나 아무리 노력을 해도, 오염을 완전히 뿌리 뽑는 것은 물리적으로 불가능한 일이다. 설사 가능한 일이라 해도, 오염을 완벽하게 제거하기 위해 막대한 비용을 지불하고 싶어 하는 사람은 없을 것이다. 우리가 살고 있는 집을 예로 들어보자. 우리는 건강에 해가 될 정도로 쓰레기를 쌓아두어서는 안 된다. 그러나 강박증을 가진 사람이 아니라면, 집 안을 세균 한 마리 없는 곳으로 만들겠다고 터무니없이 많은 시간과 에너지를 쓰지는 않을 것이다. 가사 도우미를 쓰는 데 돈이 들어가듯이, 오염을 줄이는 데도 돈이 들어간다. 즉 집 안을 더 청결하게 하려고 하면, 그만큼 많은 비용이 들어간다.

다음 그래프는 오염을 줄이는 데 들어가는 비용과 그로 인한 편익을 분석한 것이다. 환경주의자들이 환경을 더 깨끗하게 하려고 할수록, 비용은 급격하게 늘어난다. 사회의 욕구는 무한하지만 사회가 가진 재정적 자원은 유한하므로, 깨끗한 환경을 유지하는 데 드는 비용은 사회가 직면하고 있는 다른 문제들에 들어가는 비용과 조화를 이루어야 한다. 그래프에 나타나듯이, 완벽하게 깨끗한 환경을 유지하는 데 드는 비용은 엄청나게 높을 수 있다.

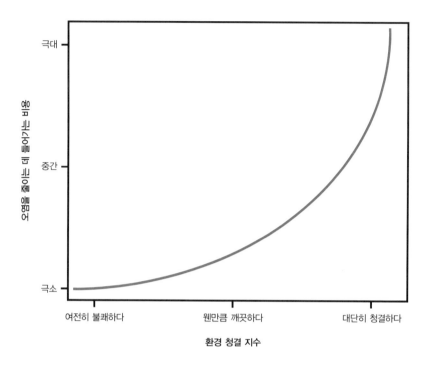

미국 환경청이 어느 업계에 '청결'을 요구한다고 해서, 환경청이 그 비용까지 모두 부담할 것이라고 생각하는가? 일반적으로 볼 때, 자유 시장 경제의 경우 경쟁 때문에 한계이윤은 극소화된다. 과거의 사례를 보면 한계이윤은 평균 10퍼센트에 이른다. 회사의 이윤은 그 회사의 주식을 소유하고 있는 국민들에게 분배된다. 업계가 오염을 줄이기 위해 쓰는 추가적인 비용은 처음에는 소비자에게 전가되고, 다음에는 (이윤이 낮아짐으로써) 주주에게 전가된다.

대중이 특정 산업에 그 활동으로 인한 오염 물질을 정화하라고 요구하는 것은 곧 그 정화 비용을 지불하겠다고 암묵적으로 동의하는 셈이다.

오염은 환경주의자들과 정치인들이 대중적인 정서에 영합하기 위해서 사용하는 정치적인 미끼인 경우가 많다. 석탄을 원료로 하는 화력발전소에서 배출하는 수은을 예로 들어보자. 화력발전은 1800년대 말에 시작된 이후 지금까지 규제의 대상이 된 적이 없다. 화력발전소가 배출하는 수은이 우리 건강에 부정적인 영향을 미친다는 경험적인 증거는 없다. 일본인들의 경우 생선을 많이 섭취하기 때문에 상대적으로 체내의 수은 농도가 높지만 암 발생률은 훨씬 낮다. 치과 의사들은 오랫동안 수은을 다루어왔지만 그 때문에 건강을 해쳤다는 이야기는 들은 적이 없다.

그럼에도 불구하고, 부시 행정부는 대중의 건강을 위협하는 것으로 인식되고 있는 화력발전소를 2010년까지 29퍼센트, 2018년까지 무려 79퍼센트나 대폭 감축하겠다고 했다. 이로써 전력 산업이 부담해야 할 비용(곧 소비자가 부담해야 하는 비용)은 20억 달러에 이르는 것으로 추정된다. 이것은 수은으로 인한 오염을 통제하기 위해 최초로 제안된 정책인데도, 환경주의자들은 미흡한 조치라면서 훨씬 더 대폭적으로, 훨씬 더 신속하게 화력발전소를 줄여야 한다고 주장했다. 이들의 주장을 따라가려면 3,000억 달러가 넘는 비용이 필요한 것으로 추정된다. 일부 비평가들은 부시 대통령의 '우유부단한' 계획은 자신의 자녀들을 해치려는 음모라는 주장을 펴기까지 한다.

나는 환경주의자들의 계획 역시 그다지 대단하지 않다고 생각한다. 제대로 하려면, 전력 산업은 한 달 안에 수은 배출을 멈춰야 한다. 이른바 '환경주의자들'은 이런 위험한 오염 물질을 당장 없애달라고 주장하지 못할 만큼 자기 자녀들의 건강을 중시하지 않는 것인가? 그렇다면 그들은 우리 자녀들을 해치기 위해서 기를 쓰고 있는 것이 틀림없다. 그들의 제안 역시 그 위험성을 일시에 완전히 제거하는 것이 아니라, 오랜 시간에 걸쳐서 점차적으로 제거하는 것이다.

이제 내 말뜻을 이해했으리라 생각한다. 가장 중요한 것은 편익을 극대화하고 비용을 극소화하는 방향으로 환경 규제가 구상되어야 한다는 점이다. 또한 국민들은 일부 정치인들이 환경을 오염시키기를 '원하고' 있다거나, '환경 규제를 반대하고' 있다는 정치적인 수사에 넘어가서는 안 된다. 우리는 일상생활에서 비용과 편익을 저울질하여 결정을 내린다. 갈수록 강력한 환경 요건을 내세우는 일부 주장에 대해서도 똑같이 비용과 편익을 저울질해야 한다.

요컨대 지구온난화에 대한 정책적인 대응은 다른 환경적인 문제들과 마찬가지로 항상 경제학과 연관된다. 이 장의 목적은 독자들이 지구온난화 문제(또는 기타 여러 환경 문제들)와 관련된 각종 제안들이 합리적인지 스스로 판단할 수 있는 든든한 기초를 제공하는 데 있다. 어떤 부정적인 결과가 빚어질지 따져보지 않고 무조건 이산화탄소 배출량을 감축해서는 안 된다.

지구온난화에 대해서 '특단의 조치'를 시행하라는 압박은 점점 심해질 것이다. 최근에 제안된 환경 정책들이 안고 있는 위험성은 편익을 뛰어넘고 있다. 정치인들이 '특단의 조치'를 하겠다고 하면 우리는 두 가지 질문을 던져야 한다. "그 조치를 취하는 데 드는 비용은 얼마나 될까?" "그 조치는 얼마나 도움이 될까?"

지나치게 구속적이고 위험한 정책을 옹호하는 사람들은 대부분 정치적인 동기를 가지고 있다. 다음 장에서는 이 게임에 참여하고 있는 일부 선수들의 면면을 살펴볼 것이다. 우리는 그들 가운데 어느 누구도 편견에서 벗어난, 도덕적 옹호자가 아님을 알게 될 것이다.

chapter 7
기후 커넥션

환경보호단체, 강도를 높이고 있습니다.

지구온난화의 위협이 실제로 사라졌다고 하자.

환경주의자들과 과학자들, 그리고 공무원들이 모두 안도의 숨을 내쉬면서 "인류에게는 너무나 기쁜 소식이다! 이제는 이 문제로 걱정할 필요가 없다!"고 말할 것 같은가? 그럴 리가 없다. 이제까지 지구온난화 위협에 크게 의존해온 그들의 경력과 과학적 명성은 가뭇없이 사라지게 될 것이다.

기후 연구 프로그램을 관리하는 공무원들은 자금 지원을 극대화하기 위해서 의회에 출석하여 지구온난화의 위협을 강조하는 발언을 한다. 다른 기관들도 자금을 따내기 위해서 똑같은 행동을 하기 때문에 이런 작태는 사라지지 않는다. 또한 그들이 의회에서 써먹으려고 만들어낸 지구온난화의 무서운 시나리오는 미래에나 나타날 일이다.

그러나 연구 프로그램 전체가 온난화의 위협을 과장하는 데 집중되어 있다면, 틀림없이 그쪽으로 치우친 연구 결과가 나올 것이다.

가까운 미래에 지구온난화에 대해서 '특단의 조치'를 취하는 데 들어가는 비용과 그로 인한 결과는 어마어마해질 것이다. 인류가 번창하기 위해서는 풍부한 자원과 값싼 에너지가 필요하다. 정부가 에너지 정책을 어떻게 바꾸더라도, 재정적으로나 정치적으로 큰 이득을 보는 사람과 큰 손해를 보는 사람이 생겨날 것이다.

정부(자유 시장에 참가하고 있는 사람들이 아니라)가 활용 가능한 에너지의 종류와 양을 통제할 수 있다면, 국민에 대한 정부의 통제력은 엄청나게 증대될 것이다. 지구온난화는 국경을 따지지 않는다는 점에서 세계를 품 안에 넣고자 하는 국제연합의 꿈은 그 어느 때보다 실현 가능성이 높아질 것 같다.

지구온난화는 전 세계 정치인들의 단합을 가능하게 하는 공동의 적으로 여겨진다. 더 정확하게 말하면 지구온난화 문제는 정치인들이 정당한 수단을 통해서 이룰 수 없는 이기적인 목적을 달성할 수 있는 기회를 제공한다.

'지식의 발견', 그 이면의 현실

자, 이제 나와 같이 힘없는 사람들에서부터 시작하자. 과학자들은 일반적으로 정치적 압력(지구온난화의 위협을 전 세계에 알리지 못하게 하는)에 맞서 싸우는, 편견 없는 지구온난화 지식의 제공자로 여겨지고 있다. 그러나 장담컨대 과학자들은 편견 없는 사람들이 아니다. 독자들은 과학자들의 비옥한 과학적 상상력이 만들어낸 온갖 재앙의 시나리오들에 대해서 들어본 바가 있을 것이다.

우리 기후학자들은 거의 예외 없이 연방 정부로부터 자금을 지원받는다. 우리는 미국 항공우주국, 미국 국립해양청, 미국 국립과학재단, 혹은 미국 에너지청에 연구 제안서를 제출한다. 우리의 연구 비용을 부담하는 것은 바로 납세자들인 국민들이다. 국민들은 자신이 낸 세금이 특정한 정치적 신념에 치우치지 않게 쓰이기를 원할 것이다. 안타깝게도 국공립 시설에 소속된 과학자들과 관리자들은 정치적 편견과 재정적 동기를 가지는 경우가 많고, 이는 지구온난화 문제와 그 해결책에 접근하는 방식에 영향을 미친다.

나는 오래전부터 여러 기후학자들이나 관리자들과 이야기를 나눌 때마다, 그들 중 상당수가 사회주의자에 가깝다는 사실을 깨닫곤 했다. 그들 가운데 대부분은 이 점을 반박하거나 인식하지 못하고 있지만, 그들은 사회주의에 아주 근접한 정견을 지지하고 있다. 적어도 그들은 우리가 지구온난화에 대해서 '특단의 조치'를 취해야 한다고 생각하고 있으며, 대부분 교토 의정서와 같은 방식의 접근법을 지지하고 있다(교토 의정서에 대해서는 다음 장에서 더 자세히 다룰 것이다). 일부 사람들은 지구온난화가 문명에 대한 위협은 될 수 없다고 해도 자신의 생각에는 변함이 없을 거라고 공언하기도 한다. 바꾸어 말하면, 과학이 아닌 다른 무엇인가가 그들의 의견에 영향을 미치고 있다는 이야기는 아닐까?

유복한 서구인들이 흔히 그렇듯이, 대부분의 과학자들과 국공립 연구기관의 관리자들은 인류가 지구를 지배하고 있다는 공통된 세계관을 가지고 있다. 이런 세계관은 진행 중인 여러 가지 연구 프로그램, 과학자들이 자금을 지원받기 위해 써내는 제안서, 그리고 각각의 연구가 진행되는 방식에 영향을 미친다. 나는 과학계의 방만한 행실을 비난하려는 것이 아니라, 지구온난화 연구가 정치적인 신념 및 세계관과는 무관하게 진행되는 것이 어렵다는 사실을 지적하고 싶을 뿐이다.

우리 과학자들은 대중에게 유용한 상품이나 용역을 (적어도 직접적으로는) 제공하지는 않는다. 우리는 하루하루 밥벌이를 할 필요가 없다. 바로 앞 장에서 설명했듯이, 과학자들이 자유 시장경제의 실체로부터 약간 동떨어져 있는 것은 바로 이 때문이다. 과학자들의 임무는 부를 창조하는 것이 아니라, 부를 쓰는 것이다. 뿐만 아니라 우리의 박사 학위는, 우리가 사람들이 일상적으로 필요로 하는 상품과 용역을 제공하는, 세속적인 일에서 벗어나 있음을 입증하는 증거이다. 우리는 훨씬 고귀한 소명을 가지고 있다. 우리가 취급하는 것은 '지식의 발견' 이다.

지구온난화 정책에 대한 수많은 과학자들의 의견과 관련하여 흥미로운 점은, 그들이 처음으로 편안한 인생행로에 도달한 과정과 그 의견이 모순 된다는 것이다. 이들 과학자들은 민주정치와 자유 시장경제 덕분에 창출된 부를 통해 자신들의 관심사를 추구할 수 있었다. 미국은 세계 전역에서 진행되고 있는 대부분의 기후 연구에 수십, 수백억 달러에 이르는 거액의 자금을 제공하고 있다.

그러나 이런 연구자들 가운데 대다수는 지구온난화가 위협이냐 아니냐에는 전혀 관심도 없는, 정치라는 권력 게임에서 볼모노릇을 하면서도 그 사실을 전혀 알아채지 못하고 있다. 과학자들은 잠재의식 속에서까지 인류가 환경의 적이 되는 이 게임에 참여해야 정부 기관으로부터 자금을 지원받을 수 있음을 알고 있다. 과학자들이 행정부의 온난화 연구 프로그램을 돕는다면, 이들에 대한 자금 지원은 계속될 가능성이 높다.

게다가 지구까지 구할 수 있으니 금상첨화이다. 얼마나 신나는 일인가!

지구온난화 연구자들은 인류가 지구온난화를 초래했음을 부정하는 증거가 아니라, 입증하는 증거를 찾음으로써 자금 지원을 받는다. 따라서 그들의 연구 결과는 인류에 의한 지구온난화 이론을 뒷받침하는 쪽으로 치우쳐 있고, 연구 논문 역시 이런 편견으로 물들어 있다.

일부 과학 문헌들은 인간이 끼친 이런저런 영향으로 기후가 불안정해졌다고 주장한다. 국공립 연구 기관들은 이 논문들을 근거로 그 문제를 연구하는 데 더 많은 돈이 투입되어야 한다고 주장한다. 이 논문들은 연구 주제는 물론이고 제안 방식과 조사 방식에서부터 편견에 치우쳐 있기 때문에 결코 객관적인 결론이 나올 수 없다.

나는 지금 지구온난화 연구 프로그램들이 진행되어서는 안 된다거나, 이 프로그램에 참여하는 연구자들은 대개 인류가 지구온난화를 초래했음을 확신하는 사람들이라는 이야기를 하려는 게 아니다. 과학자들은 누구나 지구온난화가 적어도 이론상으로는 심각한 문제라는 데 동의할 것이다. 내가 지적하고 싶은 것은 그 연구에 참여하는 과학자들과 그들을 지원하는 정부 공무원들이 편견에 치우쳐 있다는 사실이다.

나는 연방 정부가 두 집단에 똑같은 액수의 자금을 지원한다는 목적을 가지고 기후 연구 제안서를 요구하는 것이 더 효과적이지 않을까 생각한다. 어느 한 그룹이 기후가 불안정하다는 증거를 조사하면, 다른 그룹은 기후가 안정되어 있다는 증거를 찾을 것이다. 연구자들이 지구온난화의 부정적 결과를 찾아내는 데만 혈안이 되어 있는 상황에서 이런 접근법은 지구온난화 연구에 내재해 있는 편견을 해체하는 데 도움이 될 것이다.

과학계에는 정부 공무원들이 어떤 연구 제안서에 자금을 지원할지 결정하는 데 도움을 주는 검열 과정이 있다. 그건 괜찮은 일이다. 공무원들에게는 과학자들의 제안에 대해 이런저런 결정을 내릴 수 있을 만큼 충분한 지식이 없기 때문이다. 그러나 이런 검열 과정에 참여하는 과학자들 역시 똑같은 연구 진영에서 선발된 사람들이기 때문에, 어느 정도 '동업자 봐주기' 의식을 가지고 있다.

설상가상으로, 연구 분야가 대단히 특수한 경우에는 특정인의 제안서를 검토할 사람이 전 세계적으로 대여섯 명밖에 되지 않는다. 따라서 이런 검열 과정은 과학자들과 공무원들이 이미 지니고 있는 정치적, 재정적 편견을 더욱 확고하게 만든다.

그래도 온난화 위기론자들이 편견을 지니고 있다는 말이 믿기지 않는가? 그렇다면 이 점을 생각해보라. 걱정할 일이 전혀 없다는 일부 과학자들의 설득력 있는 주장이 현실화되어 지구온난화의 위협이 실제로 사라졌다고 하자. 환경주의자들과 과학자들, 그리고 공무원들이 모두 안도의 숨을 내쉬면서 "인류에게는 너무나 기쁜 소식이다! 이제는 이 문제로 걱정할 필요가 없다!"고 말할 것 같은가? 그럴 리가 없다. 이제까지 지구 온난화 위협에 크게 의존해온 그들의 경력과 과학적 명성은 가뭇없이 사라지게 될 것이다.

기후 연구 프로그램을 관리하는 공무원들은 자금 지원을 극대화하기 위해서 의회에 출석하여 지구온난화의 위협을 강조하는 발언을 한다. 다른 기관들도 자금을 따내기 위해서 똑같은 행동을 하기 때문에 이런 작태는 사라지지 않는다. 그들이 의회에서 써먹으려고 만들어낸 지구온난화의 무서운 시나리오는 미래에나 나타날 일이다. 그러나 연구 프로그램 전체가 온난화의 위협을 과장하는 데 집중되어 있다면, 틀림없이 그쪽으로 치우친 연구 결과가 나올 것이다.

미국 항공우주국이 의회에 제출한 '행성 지구의 사명'이라는 프로그램을 보고받고 나서, 일부 의원들은 항공우주국이 새로운 위성들을 발사하면 곧바로 지구온난화의 해법이 찾아질 것이라고 기대했었다. 짠! 10년이 지났지만, 우리는 여전히 그 위성들이 보낸 자료들을 토대로 기후 시스템이 온실가스에 얼마나 민감한지를 확인하고 있을 뿐이다.

내 경험에 따르면, 공무원들은 과학자들에게 특정한 연구 결과들을 내놓으라거나 의회에 대한 증언 내용을 바꾸라는 직접적인 압력을 행사하지는 않는다. 훨씬 미묘한 방식으로 압력을 가한다. 나는 항공우주국의 과학자로서 의회에서 증언할 기회가 있었다. 그때 나는 전문 분야에 대해서만 증언하고, 정책 토론은 전문 분야가 아니니까 절대 참여하지 말라는 권고를 받았다. 항공우주국의 위성으로 측정한 지구의 온도에 관해서만 진술하고 다른 것은 건드리지 말라는 이야기였다.

나는 지구온난화 이론 가운데에서 "인류에 의해서 야기되었다"는 부분에 의문을 제기하면 내가 위탁받은 연구 프로그램이 위기에 처할 수도 있다는 사실을 잘 알고 있었다. 따라서 나는 충실한 고용인처럼 그들의 '권고'를 따랐다. 그런데 의회 증언 중에 어느 상원 의원이 이런 질문을 던졌다. "당신이 상원 의원이라면 지구온난화와 관련해서 어떤 조치를 취하겠습니까?" 나는 교묘하게 대답을 얼버무릴 수밖에 없었고, 결국 해당 위원회 의원들에게서 비웃음을 샀다. 그들은 내 대답이 정치인들이 하는 대답 같다고 말했다. 아이쿠!

반면, 온난화 위기론에 기울어 있던 미국 항공우주국의 다른 직원들은 증언 중에 더 결정적인 의견을 내놓지 말라는 권고를 받지 않았던 것으로 보인다. 예를 들어, 2006년 항공우주국의 제임스 한센 박사는 행정부로부터 압력을 받았다고 언론에 폭로했다. 그러자 항공우주국 홍보국이 행정부를 대신해서 한센에게 압력을 가하기 시작했고, 행정부는 지구온난화에 대한 한센의 견해 중 일부는 증거가 뒷받침되지 않은 것이라는 우려를 표명했다.

항공우주국 홍보국은 직원들에게 언론과 접촉할 경우 그 상황을 보고하라고 지시했다. 항공우주국의 높으신 분들은 사전에 아무런 통지도 받지 못한 채 소속 직원들의 발언이 조간신문에 실리는 것을 좋아하지 않았다. 나는 항공우주국 직원으로서 그 관례를 따르지 않을 수 없었다.

항공우주국의 사업에 행정부가 얼마나 '개입'할 수 있는지 궁금하다면 항공우주국이 정부 소속의 독립기관이라는 사실에 주목하라. 항공우주국과 그 직원들은 대통령에게 소속된다. 대통령이 항공우주국의 우두머리인 것이다. 항공우주국 직원이 되는 것은 권리가 아니라 특전이다. 항공우주국은 창립 초기부터 국민들 앞에서 통일된 목소리를 내놓았다.

그러나 지구온난화 연구의 대부인 제임스 한센은 뒤를 봐줄 정치인이 나보다 훨씬 많았다. 한센 박사는 온난화와 관련된 과학과 정책에 대해서 자신이 원하는 시간에, 원하는 곳에서, 원하는 사람에게, 원하는 것을 이야기하는 데 이미 익숙해져 있었다. 행정부는 틀림없이 항공우주국에 관례를 따를 것을 요구했을 것이고, 한센은 거기 따랐으리라는 것이 나의 판단이다.

하기야 알 수 없는 일이다. 내가 "지구를 구하라"는 사명을 짊어지고 있다고 느낀다면, 그리고 내가 한센 박사의 입장이었다면, 아마 똑같이 행동했을 것이다.

그러나 한센 박사와는 달리, 나는 언론 앞에서 이런 것은 말해도 좋고, 저런 것은 말해서는 안 된다는 식의 구속을 받는 데 지쳐버렸다. 나는 2001년 자진해서 항공우주국을 나왔다. 나는 이 문제로 언론에 큰 소동을 일으키지도 않았고 마음속에 원한을 품지도 않았다.

한센 박사는 지구온난화와 관련하여 미국 정부의 주도적인 연구자이기 때문에, 무슨 말을 하고 무슨 일을 해도 그의 자리는 안전한 것 같다. 긍정적으로 보면, 항공우주국은 이런 일련의 사건들을 겪으면서 직원들이 대중에게 다양한 의견을 내놓는 것에 대해서 예전보다 훨씬 너그러워진 것 같다. 정부 기관이 과학 연구와 관련해서 일부 과학자들의 입에 재갈을 물리지 않고서도, 대중에게 통일된 메시지를 내놓을 수 있는 방법은 과연 무엇일까? 과학 연구에는 필연적으로 다양한 의견이 나오기 마련이다. 과학적 의견이 여러 가지로 갈라지는 것을 막는 길은 과학자 한 명에게만 자금을 주는 방법뿐이다.

지구온난화와 관련된 중요한 과학 정보가 대중에게 차단되고 있다는 말인가? 그럴 리는 없다. 지구온난화와 관련해서 제기되는 공포의 시나리오들은 이런저런 경로를 통해서 하나하나 언론의 집중타를 맞는다. 여러분이 놓친 정보는 단 하나도 없다. 달 착륙과 비밀군사기지 51구역, 그리고 항공우주국의 기상통제 장치를 제외하면, 정부 소속 과학자들은 그어떤 비밀도 가지고 있지 않다.

내가 더 우려하는 바는 여러 안건이 있는데도, 과학자들의 입이나 막으려고 법석을 떨거나 다른 정치인들의 평판을 깎아내리느라 시간을 낭비하는 정치인들이다.

영적 정치가와 열성적 환경주의자

의원들은 지구온난화와 관련하여 두 개의 부류로 나뉜다. 이미 이 문제에 대해서 확고한 입장을 지닌 채 자신이 듣고 싶어 하는 이야기를 해줄 과학자들을 찾는 부류와 정보에 근거한 결정을 내리기 위해서 다양한 견해들을 진심으로 이해하고 싶어 하는 부류이다.

죄송! 방금 말한 두 번째 부류는 농담이다.

아무튼 대부분의 정치인들은 정치가 경제에 미치는 엄청난 영향을 제대로 파악하고 있다. 1997년 미국 상원이 95명 만장일치로 버드-하겔 결의안을 통과시킨 것을 보아도 알 수 있는 일이다. 이 결의안에서 상원은 온실가스를 감축하기 위한 국제연합의 교토 의정서를 비준하지 않겠다는 의견을 밝혔다. 교토 의정서에는 중국, 인도 등 개발도상국들에 대한 제한 규정이 없기 때문에 미국의 기업들은 환경 관련 규제가 적어서 오염 물질을 얼마든지 배출할 수 있는 나라로 이전하면 그만이었다.

일부 정치인들은 일반인들이 교토 의정서 채택을 가로막은 것은 부시 행정부라고 생각하도록 방치하고 있는데, 이는 자신들의 입장을 감춘 채 모든 비난의 화살을 다른 누군가에게 떠넘기는 무책임한 태도이다.

공평하게 말하면, 의회는 지구온난화 정책과 관련하여 곤경에 처해 있다. 환경주의자들은 물론이고, 다수 대중들까지 '특단의 조치'를 취하라고 끊임없이 목청을 높이고 있다. 여론 조사 결과 사람들은 지나친 비용을 감수해야 하는 '특단의 조치'를 원하지 않는다. 정치 비평가이자 재담가인 빌 마허Bill Maher는 온난화를 막기 위해 모든 것을 버려야 한다면 텔레비전 리모컨을 내다버릴 사람이 얼마나 되겠느냐는 예리한 질문을 던진 바 있다.

경제계는 의회에 '특단의 조치'가 기업을 망하게 할 것임을 일깨우고 있다. 앞 장에서 살펴보았듯이, 여기서 기업은 곧 우리 모두를 뜻한다. 지구온난화 관련법을 제정할 때 현명하게 처신하지 않는다면 우리 모두는 경제적으로 고통을 받게 된다. 항상 가장 저렴한 가격으로 상품을 사고 싶어 하는 우리 소비자들은 곧 기업이다. 온실가스를 줄이기 위해서 지출해야 하는 비용이 커지면, 공장들과 전력 회사들은 그 돈을 땅에서 파내겠는가? 그 비용을 지불해야 하는 것은 바로 우리이다.

지구온난화 관련 정책을 실용적인 관점에서 다루는 정치인들도 있지만, 그 문제를 영적이고 개인적인 것으로 받아들이는 정치인도 있다. 그는 "지구를 구하라"는 사명을 완수하려는 열정을 품고 달변을 토한다는 점에서 다른 정치인들과 구별된다. 그 사람은 바로 전직 미국 부통령 앨고어이다.

제임스 한센이 현대의 지구온난화 연구에 있어 과학계의 대부라면, 앨고어는 현대의 지구온난화 정책에 있어 정치계의 대부이다. 앨 고어는 상원 의원이었던 1988년에 지구온난화의 잠재적인 위협을 대중에게 인식시키는 데 크게 기여했다. 상원 의원 앨 고어는 유례없이 더울 것으로 예보된 날에 열린 청문회에 한센 박사를 보내, 그해 그레이트플레인스(북아메리카평원) 지역에 발생한 가뭄은 지구온난화 탓이었을 가능성이 높다고 증언하게 했다.

한센 박사는 가뭄의 원인이 인류가 배출한 온실가스라고 99퍼센트 확신한다는 내용의 충격적인 증언을 했다. 이로써 한센 박사는 과장된 표현으로 사람들의 판단을 흐리는 데 성공한 최초의 과학계 인사가 되었다. 과장된 표현이란, 틀린 것은 아니지만 충격을 극대화하기 위해 신중하게 선정된, 편파적인 용어로 특정 내용을 진술하는 것을 의미한다.

앨 고어는 지구온난화가 파멸을 야기할 것이라는 견해에 부합되지 않는 불편한 진실들은 모조리 무시하기로 작정한 것처럼 보인다. 그의 주위에 포진해 있는 과학자들은 지구온난화의 위협을 과장하는 사람들뿐이다. 대부분의 기자들 역시 그들이 내뱉는 달콤한 정보를 채택하고 있다.

나는 앨 고어가 비교적 과학에 눈이 트인 사람이라고 생각한다. 그러나 그는 1990년에 출간한 《위기의 지구: 생태계와 인간의 영혼》에서 지구온난화 문제는 자신에게 영적인 문제이기도 하다는 점을 분명히 밝히고 있다. 그는 자동차 운전 같은 인간의 다양한 활동들이 폐기되어야 한다고 주장한다. 5장에서 살펴보았듯이, 영적인 측면을 근거로 해서 공공 정책을 변화시키려는 태도는 국가가 이교주의 종교를 지원하는 것과 아주 흡사하다.

앨 고어는 공직에 있는 내내 지구온난화 문제에 전념했다. 몇 년 후에 미국에 기상재해가 일어나자, 앨 고어 부통령은 피해 상황을 조사하고 희생자를 위로하기 위해서 피해 현장으로 향하는 비행기에 올랐다. 그 비행기에는 고위직 기상 전문가(앞으로는 '전문가씨'라고 부르겠다)도 타고 있었다. 앨 고어 부통령은 전문가씨에게 그 기상재해가 지구온난화의 결과가 아니겠느냐고 물었다. 전문가씨는 "글쎄, 그렇지는 않을 거다, 버뮤다 해역에 고기압이 정체되어 습한 공기가 계속 흐르고 있어서일 거다"라는 등의 이야기를 했다.

몇 분 뒤에 부통령이 클린턴 대통령의 자그마한 여성 보좌관에게 "전문가씨가 이번 일은 지구온난화 때문에 일어난 거라는데"라고 말하는 소리가 들렸다. 그 보좌관은 부통령의 얼굴을 올려다보면서 대꾸했다. "부통령 각하, 우리는 지금 고통을 겪고 있는 사람들을 찾아가고 있습니다. 대통령 각하는 당신의 지구온난화 허풍을 듣고 싶지 않으실 겁니다."

누구라도 이 이야기를 들으면 앨 고어가 온난화 문제에 얼마나 열정적인지 알 수 있을 것이다.

그러나 이제부터는 진지하게 하는 말이다. 미국 의회는 지구온난화의 위협을 과장하는 극소수의 '전문가들'만의 증언을 근거로 해서 자동인형

처럼 정책 결정을 내린 일이 있다. 그 전문가들 중 두 사람만이 진짜 전문가였고, 세 번째 사람은 온난화를 주제로 한 유명한 영화에서 전문가 역할을 맡았던 배우였다. 다행히도 의회는 정책 결정에 영향을 미칠 수 있는 과학적 연구 결과들을 좀더 엄밀히 조사해야 한다는 사실을 차츰 깨닫고 있다. 의회는 단 한 건의 과학적 연구만을 근거로 서투른 정책 결정을 내렸다가 나중에 그에 대한 비판을 감당해야 하는 힘겨운 상황에 처하기도 한다. 더 큰 문제는 의회가 흡족한 심정으로 통과시킨 법령들은 단기적으로는 입법부 의원들에게 이득을 주지만, 장기적으로는 나라 전체에 부정적인 결과를 초래하는 경우가 있다는 점이다.

산성비 관련 법령이 통과되는 데 결정적인 역할을 한 과학적 연구 결과가 얼마나 얄팍한 것인지 모르는 사람들이 많을 것이다. 산성비의 원인과 영향을 측정하기 위해서 10년간 전국적으로 산성비 측정 사업이 진행되었다. 연구가 끝난 1990년 산업 오염 물질로 인해 호수와 삼림 지역에 산성비가 내릴 것이라는 두려움은 근거가 없는 것이라는 결론이 나왔다. 눈에 띌 정도의 영향이 확인된 것은 고도가 높은 지역에서 자라는 한 품종의 나무뿐이었고, 호수를 산성화시키는 원인은 대부분 자연적인 것이었다.

그럼에도 불구하고, 환경보호청에는 규제가 마련되었고, 일자리가 창출되었고, 이런저런 약속이 제시되었고, 많은 비용이 소요되는 산성 강하물 관련 법령이 통과되었다. 우리는 산성비의 위협이 지나치게 부풀려져 있다고 분명히 말할 수 있다. 그러나 대부분의 국민들은 아직도 이 사실을 깨닫지 못하고 있다. 다행히 미국이 생산하는 부는 청정 공기 법령에서 규정한 대로 제조업에서 배출되는 공기를 정화하는 데 필요한 초과 비용을 부담할 수 있는 규모이다. 그러나 배출되는 이산화탄소를 정화하는 문제는 여전히 큰 문제로 남아 있다.

기후 변화와 관련된 정치 역학에서 특별히 짚고 넘어가야 할 곳이 바로 미국 환경보호청이다. 정부 기관들의 중심적인 활동 목적은 두 가지이다. 첫 번째는 기관 자체의 존립을 영구히 지속시키는 것이다. 이런 기관들은 일단 설립되고 나면, 난공불락의 요새로 인식되기 마련이다. 미국 대통령의 일자리가 보장되는 기간은 일시적인 것이지만, 어떤 정부 기관 하나를 없애고 공무원들을 해고하는 것은 거의 불가능한 일이다. 정부 기관의 두 번째 목적은 확보할 수 있는 자금을 최대한 지출하는 것이다. 그것이 그들의 임무이다.

일반적으로 연방 기관들에 널리 퍼져 있는 사고방식은 앞 장에서 검토한 환경 정책의 기본적인 경제적 진실과 정면으로 배치된다. 환경보호청은 오염물질에 대한 규제를 강화하는 방향으로 끊임없이 활동을 벌이고 있다. 한 나라에 환경 관련 법률이 왜 그렇게 많은지. 그 까닭은 환경주의자들이 알 것이다. 일부 환경주의자들은 오염이 선택 사항으로 취급되는 꿈의 세계에서 사는 사람들처럼 행동한다. 그들은 오염을 발생시키지 않는 것은 불가능하다는 사실을 깨닫지 못하고 있다. 그들은 비용이 엄청나게 들거나 말거나, 오염 물질의 마지막 0.00001퍼센트까지 없애야 만족할 것이다. 누군가가 비용이 지나치게 많이 드는, 엄격한 환경 규제에 맞서 싸우려 한다면, 어떤 일이 벌어질까? 환경의 적이라는 비난, 대기업과 거대 석유 기업의 앞잡이라는 비난, 또는 우리 후손들의 건강을 파괴하는 자라는 비난이 쏟아질 것이다.

정치적인 측면에서 보면, 환경보호청은 열성적인 환경주의자들에게 의존하고 있다. 그들을 환경보호청이 부리는 응원단이라고 불러도 좋을 것이다. 환경주의자들의 도움이 있기 때문에, 환경보호청은 깨끗한 공기와 깨끗한 물, 그리고 깨끗한 흙을 향유할 수 있는 국민의 권리를 수호하는 이타적인 옹호자로 행세하고 있는 것이다. 환경보호청이 국민을 지키는 투사라면, 대기업들은 국민의 적이다.

국민의 적, 대기업

정치인들은 '대기업'에 대한 국민의 분노에 영합하고 있다. 앞에서 언급했 듯이, 국민은 곧 대기업이다. 기초적인 경제학적 관점에서 볼 때, 우리 소비자들은 다른 물건보다 훨씬 가치 있다고 여겨지는 상품과 용역을 받는 대가로 기업들에 자발적으로 돈을 내놓는다. 어느 기업과 그 기업의 간부들, 그리고 그 기업의 투자자들이 그 과정에서 엄청난 부자가 된다면, 그것은 우리가 그들이 부자가 되도록 그들에게 돈으로 '투표' 했기 때문이다.

우리는 그들에게 부자가 될 수 있는 기회를 허용한 덕분에 수준 높은 생활을 영위할 수 있다. 그런데도 우리는 성공의 자리에 오른 그들에게 분노한다. 우리는 수준 높은 생활을 하게 된 것에 만족하면서도, 성공의 정상에 오른 다른 사람들이 그 덕분에 이득을 얻는 것은 원하지 않는다. 질투심은 볼썽사나운 것이다.

나는 계층적인 시샘에 영합하는 정치적인 태도가 지구온난화와 관련된 수많은 정책적 해법들을 지탱하는 원동력이라고 생각한다. 사람들은 한 사회가 생산한 풍요를 모든 사람들이 대등하게 나누어가지는 것을 보고 싶어 한다. 그것은 기특하기는 하지만, 이룰 수 없는 목표이다. 역사가 분명히 입증하고 있듯이, 부의 생산 과정에서 경제적 효율성을 극대화하려면, 효율성을 극대화한, 비교적 극소수의 사람들에게 자발적으로 보상을 해주어야만 한다.

우리는 성과와 풍요 가운데 하나를 대등하게 누릴 수 있지만, 두 가지 모두를 동시에 누릴 수는 없다.

국민들도 그렇지만, 정치인들 역시 자유 시장경제에서의 부의 축적 방식에 대해서 잘못된 관점을 가진 사람들이 많다. 이런 현상은 직업적인 정치인들의 경우 특히 심하다. 그들이 기업의 소유주 혹은 경영자로서 부의 축적 과정에 참여해본 적이 없기 때문이다. 만일 내가 미국을 다스리는 왕이 된다면, 선출직 공무원들의 임기를 제한할 뿐 아니라, 공직에 나서기 전에 경제적으로 유익한 활동을 한 경력을 자격 요건으로 규정할 것이다.

유가가 급등할 때 석유 기업들의 '뜻밖의 횡재'에 대해서 의회가 조사를 벌이는 것은 자유 시장경제에 대한 일반인의 그릇된 인식 때문이다. 석유의 경우 유가를 결정하는 것은 시가를 꼬나문 석유 기업의 임원들이 아니라, 세계적인 수요와 공급이다. 수많은 석유 기업들은 국민이라는 기업을 겨냥하여 서로 경쟁하고 있다. 수요와 공급에 변함이 없을 경우에는 그 경쟁 때문에 가격이 최대로 낮아진다. 하기야 막연히 부자들을 미워하는 것이 경제 현실을 직시하는 것보다 훨씬 쉬운 일일 것이다.

기업 간의 가격 담합은 자유 시장경제에서는 극히 희귀한 현상이다. 가격 담합을 억제하는 경쟁이 존재하기 때문이다. 가격 담합은 전체 업계에서 비밀에 부쳐져야 하고, 가격을 낮추는 방향으로 작용하는 경쟁은 은밀히 분쇄되어야 한다. 석유와 같은 세계적인 상품의 경우 가격 담합은 국제적으로 이루어져야 한다. 다섯 개 석유 기업의 임원들이 점심이나 같이 먹자고 모이는 것도 불가능한 판에, 세계적인 가격 담합을 이끌어내기 위해 그들을 모두 모이게 하는 것이 어떻게 가능하겠는가.

대기업이 국가의 번영에 어떤 역할을 하는지 제대로 인식하지 못하는 한, 앞으로도 우리는 각종 규제와 세제를 동원하여 제 꼬리를 잡아채려는 짓을 계속할 것이다. 정치인들과 환경주의자들은 일반인의 지지를 이끌어내기 위해서 기업들을 계속 적으로 돌릴 것이다. 많은 정치인들이 지구온난화와 관련하여 널리 퍼져 있는 그릇된 인식을 이용하면서 흐뭇한 미소를 짓고 있다. 그들은 날이 갈수록 부와 대기업, 그리고 오염에 대한 일반인들의 인식에 영합하는 쪽으로 기울 것이다. 이런 추세가 계속 이어지면 틀림없이 경제는 심각한 타격을 입게 될 것이다.

환경주의자들에게도 경제적인 타격을 걱정해야 할 더할 나위 없이 훌륭한 이유가 있다. 경제가 어려워지면, 납세자들은 환경주의 등 여유 만만한 문제들에 대해 더 이상 걱정하지 않을 것이다.

지구온난화 문제는 자유와 번영에 역행하는 정책들을 독촉하는 결정적인 무기를 정치인들에게 제공하고 있다. 일반 국민들이 아니라 대기업들을 오염의 주범으로 지탄하는 일이 가능하다면, 정치인들은 앞으로도 계속해서 우리의 번영과 자유를 희생하여 권력을 지키려 할 것이다.

앞으로 살펴보겠지만, 지구온난화를 막기 위해 제안된 정책들은 하나같이 미래의 지구 온도에는 털끝만큼도 영향을 미치지 못하지만, 경제에는 심각한 해악을 미칠 것이다(가장 큰 타격을 입는 것은 가난한 사람들이 될 것이다). 엄밀히 따져보면, 경제에 해악을 미치는 정책들은 지구온난화 문제의 진정한 해법을 찾는 데 방해가 될 수 있다.

chapter 8

말도 안 되는
지구온난화 해법

서구 국가들,
환경 문제 해결에 나서고 있습니다.

환경주의자들은 가난한 사람들이 기후 변화에 가장 민감하므로,
자신들이 옹호하는 정책들은 궁극적으로 세계 곳곳의 가난한 사람들에게
도움을 줄 것이라고 주장한다. 예를 들어 그들은 열대 지역의 기온이
더 상승하면 특정한 질병이 확산될 수 있다고 주장한다.
우리는 전 세계의 가난한 사람들에게 가장 큰 위험은 바로
'가난'이라는 가장 중요한 사실을 잊지 말아야 한다.
기후는 인류의 도움이 있으나 없으나 변하게 마련이다.
전 세계의 가난한 사람들을 환경에 존재하는 자연적인 위험으로부터
보호하는 가장 좋은 방법은 그들이 가난에서 벗어날 수 있도록 돕는 것이다.
부의 창출은 적절한 가격의 에너지를 손에 넣을 수 있을 때 가능하다.
이론으로만 존재하는 미래의 온난화를 예방하기 위해
부를 탕진하는 것은 제 손으로 제 발등을 찍는 짓이다.

지구온난화와 같은 위협에 직면하면, 사람들은 당연히 '특단의 조치'를 취하고 싶어 한다. 문제는 가까운 미래에 큰 변화를 일으킬 수 있는 조치가 마련될 수 있는지가 분명하지 않다는 점이다. 인류가 번영하기 위해서는 대량의 저렴한 에너지가 필요하고, 지금 그 요구를 충족시키는 것은 화석연료뿐이다. 미래의 온난화 수준이 어느 정도로 예상되든, 현재 그 대책으로 제시되고 있는 대체 에너지들은 모두 향후 20여 년 안에는 거의 영향력을 발휘하지 못할 것이다.

나는 풍력과 태양열 같은 재생 가능한 에너지라는 주제와 관련해서 일반인들과 다른 의견을 가지고 있다. 이런 에너지들은 현재 화석연료와 함께 소량 사용되고 있지만, 지구온난화의 위협을 감소시키기에는 역부족이다. 나는 재생 가능한 에너지원이 지구온난화를 '바로잡을' 수 있다고 주장하는 사람들과 일상적으로 마주친다. 그러나 세계의 에너지 수요는 엄청난 규모이기 때문에, 재생 가능한 에너지원만으로는 그 수요를 충족시킬 수 없다.

사람들은 누구나 풍력이나 태양열 따위의 재생 가능한 에너지를 쓰고 있다고 말하고 싶어 한다. 그러나 그들에게 에너지 비용을 청구하거나 그들 집 앞에 풍력발전소가 들어설 것이라고 이야기하면, 그들의 생각은 달라진다.

대량의 화석연료를 대체할 수 있는 방법은 없다. 적어도 현재로서는 그렇다. 우리가 가까운 미래에도 대량의 화석연료에 의존한다면, 환경 단체들과 일부 정치인들은 국민들에게 징벌적인 수단을 동원해서라도 그 문제를 개선해야 한다는 믿음을 심어주려 할 것이다. 예를 들어, 정부는 이산화탄소 배출의 상한선을 공표하고, 이산화탄소 세금을 매기고, 산업화된 국가들이 가난한 나라들로부터 '오염권'을 구매하게 할 수 있다.

나는 그런 '해법들'을 지지하는 정치인들은 비판적인 사고력이 결여되어 있거나, 드러나지 않은 정치적, 재정적 동기를 품고 있는 것이라는 결론에 도달했다. 그들은 대중의 정서에 영합하거나, 사회주의를 전파하거나, 현대적인 생활양식을 망쳐놓고 싶어 한다. 어쩌면 그들은 이 세 가지를 동시에 이루고 싶어 하는지도 모른다.

6장에서 설명했듯이, 모든 지구온난화 해법들은 비용과 편익의 관점에서 진지하게 검토되어야 한다. 일부 정치인들은 그 문제를 현실적으로 바로잡을 수 있는 정책보다는 정부에 더 많은 통제권을 부여하는 정책을 옹호하고 있다. 그러나 옹호자들이 어떤 주장을 펴더라도, 현재 검토되고 있는 대부분의 정책들은 기본적으로 아무런 이득도 없이 손실만 안겨주는 것이다.

문제를 바로잡을 가망이 없는 정책들을 가지고 왈가왈부하느라 터무니없이 많은 시간을 낭비하는 것은 참으로 위험한 일이다. 나는 사람들에게 안도감을 주는 것 말고는 아무런 의미가 없는 조치들을 옹호하는 광고들과 정치인들의 발언을 보고 듣고 있다. 사람들은 그런 시도들이 성과를 거두지 못해도 손해가 될 것은 없다고 생각하지만, 실제로 그런 시도들은 시간과 자원을 낭비하는 것이고, 그 문제에 대한 현실적인 해법을 찾는 데 방해가 될 수 있다.

간단히 말해서, 해결책이 될 수 없는 것을 쫓아다니느라 탕진한 부는 현실적인 해결책에 투자될 수 없게 된다.

내가 '말도 안 되는 것'으로 분류하고 있는, 특정한 해법들에 대해 토론하기 전에, 우선 말도 안 되는 해법을 개발한 사람들을 이끄는 세 가지 주요 원칙들에 대해서 간단히 살펴보기로 하자.

경제에 피해를 주지 않으면서 배출량을 줄일 수 있다(가정 1)

이런 그릇된 생각은 내가 6장에서 요약한 기본적인 경제적 진실을 무시하는 데서 비롯한다. 어떤 사람들은 에너지 사용에 벌칙을 부과하면, 업계는 어쩔 수 없이 새로운 에너지 기술을 찾아내게 될 것이고, 이는 결국 경제 성장을 자극할 것이라고 생각한다. 그러나 그런 정책들이 창출하는 일자리는 극소수에 지나지 않지만, 그로 인한 희생은 모든 사람들이 떠안아야 할 것이다.

그런 방법이 성과가 있다고 생각한다면, 도시와 마을을 몽땅 때려 부숴서 건설 분야의 경제 활동을 자극하면 좋지 않을까? 일부러 모든 사람을 병들게 해서 의약 분야의 성장을 자극하면 좋지 않을까?

필수적인 일상적 교역 활동을 제재함으로써 경제가 이득을 얻으리라 기대할 수는 없는 노릇이다. 경제적으로 유용한 활동들이 좌절되거나 처벌의 대상이 되면, 경제 전체가 병이 든다. 노벨 경제학상 수상자 중에 그런 관점을 옹호하는 사람이 하나 있다면, 그런 관점이 몰상식한 것임을 아는 사람은 열 명에 이를 것이다.

사전 예방의 원칙(가정 2)

사전 예방의 원칙은 한 사회가 새로운 기술을 개발할 때 따라야 하는 지도 원칙으로 자주 언급된다. 사전 예방의 원칙은 인간의 건강이나 환경에 해를 끼칠 위험이 있는 새로운 기술은 개발하지 말아야 한다는 내용이다. 얼핏 듣기에는 바람직한 목표이지만, 여기에는 한 가지 현실적인 문제가 있다. 그것은 바로 어떤 생명체도 그렇게는 살 수 없다는 점이다.

인류는 새로운 기술을 개발함으로써 이전 세대가 겪었던 고통과 불안, 질병과 요절을 극복해왔고, 이런 새로운 기술들은 하나같이 위험을 내포하고 있었다. 우리가 일상적으로 내리는 결정은 아무리 사소하고 세속적일지라도(예컨대 차도를 건너고, 음식을 먹는 것 따위) 편익에 대응하는 위험을 내포하고 있다.

사전 예방의 원칙이 이처럼 널리 보급되어 있는 것은 현대 문화가 지니고 있는 위험 기피 성향이 어느 정도인지를 반영한다. 어떤 에너지를 새롭게 개발하고 사용할 것인가를 결정할 때에는 새로운 에너지 기술의 위험과 편익을 고려해야 한다. 우리는 전기를 지속적으로 이용하기를 바라면서도 발전소가 더 세워지는 것은 바라지 않는다. 우리는 풍력 발전을 더 많이 이용하기를 바라면서도, 풍력탑이 풍경을 망치는 것은 바라지 않는다. 우리는 쓰레기와 폐물을 내다버리기를 바라면서도 더 많은 매립지가 들어서는 것은 바라지 않는다. 우리는 원자력이 공해를 발생시키지 않는다고 좋아하면서도, 원자력 폐기물과 안전성에는 신경을 곤두세우고 싶어 하지 않는다.

사전 예방의 원칙을 옹호하는 사람들은 우리가 현대적인 생활을 포기하기를 바라거나 더 나은 대안을 찾아야 한다고 주먹을 흔들어대며 불평한다. 그들은 편안한 곳에 앉아 있기 때문에 그런 견해를 표현할 수 있는 것이지만 그런 사실을 깨닫지 못한다. 상상의 세계에서는 충분한 노력을 기울이기만 하면 원하는 것은 무엇이든, 어떤 위험도 무릅쓰지 않고 손에 넣을 수 있다.

여러 가지 이유가 있겠지만, 이는 교수들과 지식인들이 지닌 태도인 것 같다. 세계가 안고 있는 문제들을 풀 수 있는 이론적인 해결책들을 꿈꾸는 데 지나치게 많은 시간을 투입하면, 환상과 현실을 혼동하기 쉽다. 이런 태도가 주는 현실적인 유용함은 기껏 자동차에 붙이는 "꿈꾸자, 세계 평화" 혹은 "꿈꾸자, 오염 없는 세상" 따위의 스티커 정도이다. "꿈꾸자, 현실을." 이건 어떤가?

온난화의 위협을 알리기 위해서 적극적으로 활동하는 사람들은 흔히 사전 예방의 원칙에 대해 확신을 갖는다. 그러나 그런 사람들은 지나치게 위험을 기피하기 때문에, 화석연료에 대한 현실적인 대안을 내놓지 못한다. 원하는 것이 동굴에 사는 것이 아니라면 말이다(이것 역시 경제학적으로 볼 때 문제가 있다. 동굴에 대한 수요가 공급을 앞지를 테니까). 이런 사람들은 그 문제에 대해서 불평을 늘어놓기는 하지만, 현실적인 해결책에 대해서는 아무런 말이 없다.

사전 예방의 원칙은 우리가 그 어떤 위험도 감수하지 않고 편익을 손에 넣을 수 있다는 비현실적인 가정에 입각해 있다. 대학 교육을 받고 환경과 관련한 해박한 지식을 가진 많은 사람들이 이 원칙을 진리로 받아들이고 있는 형편이니, 우리는 사전 예방의 원칙이라는 게 있다는 사실이라도 알아야 한다. 그러나 사전 예방의 원칙은 지구온난화에 대한 현실적인 해결책을 구상하는 데는 도움이 되지 않는다. 그 원칙은 당장 집어 던진 다음, 까맣게 잊어버려야 한다.

지구온난화는 가난한 사람들에게 고통을 준다(가정 3)

6장에서 소개한 기본적인 경제 개념에 입각해서, 환경 정책이 가난한 사람들에게 미치는 영향에 대한 잘못된 생각들을 살펴보도록 하자. 환경주의자들은 가난한 사람들이 기후 변화에 가장 민감하므로, 자신들이 옹호하는 정책들은 궁극적으로 세계 곳곳의 가난한 사람들에게 도움을 줄 것이라고 주장한다. 예를 들어 그들은 열대 지역의 기온이 더 상승하면 특정한 질병이 확산될 수 있다고 주장한다.

우리는 전 세계의 가난한 사람들에게 가장 큰 위험은 바로 '가난'이라는 가장 중요한 사실을 잊지 말아야 한다. 기후는 인류의 도움이 있으나 없으나 변하게 마련이다. 전 세계의 가난한 사람들을 환경에 존재하는 자연적인 위험으로부터 보호하는 가장 좋은 방법은 그들이 가난에서 벗어날 수 있도록 돕는 것이다. 부의 창출은 적절한 가격의 에너지를 손에 넣을 수 있을 때 가능하다. 이론으로만 존재하는 미래의 온난화를 예방하기 위해 부를 탕진하는 것은 제 손으로 제 발등을 찍는 짓이다.

가난한 사람들이 허리케인의 위협이 도사린 연안 지역에 살고 있다. 해답은 지구온난화 관련 법령을 제정하여 다음 100년 동안 허리케인의 풍속을 시속 5킬로미터 정도 낮추는 것이 아니다. 해답은 가난한 사람들이 대피할 때 이용할 수 있는 튼튼한 자동차를 살 수 있도록 생활수준을 향상시키는 것이다.

진심으로 전 세계의 가난한 사람들을 돕고 싶다면, 에너지를 더 적게 사용하는 활동이 아니라 더 많이 사용하는 활동을 격려해야 한다. 이것이야말로 가난한 나라에서 발생하는 사망과 불행을 대부분 예방해주는 방법이다. 내 말에 동의하지 않는 사람들에게 한 가지 부탁이 있다. 당장 전기 사용을 중단함으로써 자신의 입장이 얼마나 확고한지 보여달라.

환경주의자들은 온난화가 가난한 사람들에게 해를 끼칠 것이라는 주장을 옹호하기 위해 말라리아를 예로 든다. 그러나 말라리아와 관련한 것이라면 절대로 환경주의자들의 말에 귀를 기울여서는 안 된다. 잘못된 환경 정책으로 인해서 이미 수백만 명에 이르는 전 세계의 가난한 사람들이 죽어가고 있다. 오래전부터 유럽 각국은 아프리카 각국에 대해 DDT를 사용할 경우 통상을 제한하겠다는 위협을 가해왔다. DDT는 선진국들이 말라리아를 정복하기 위해 사용해온 비교적 안전하고 대단히 효과적인 살충제이다. DDT 사용을 금지한 덕분에 아프리카에서는 해마다 100만 명 가까운 사람들이 목숨을 잃고 있고, 그보다 훨씬 많은 사람들이 회복할 수 없는 불구의 몸이 된다. 부유한 나라의 환경 정책을 가난한 나라에 강요하는 한 이 같은 죽음과 고통은 앞으로도 계속될 것이다.

DDT를 사용해도 건강상의 위험이나 환경상의 위험이 전혀 없다는 이야기를 하려는 게 아니다. 내가 이야기하려는 것은 이 효과적인 살충제를 소량 사용할 경우 얻을 수 있는 이득은 그로 인한 위험보다 훨씬 크다는 것이다. 환경주의자들이 진심으로 가난한 사람들을 돕고 싶다면, DDT 사용을 재개하려는 아프리카 각국을 공개적으로 지지함으로써 그 마음을 입증하기 바란다. 환경 보호 기금은 웹사이트를 통해 자신들이 DDT의 사용을 금지시키는 데 중요한 역할을 했다고 떠벌리고 있는데 도저히 용납할 수 없는 일이다.

언젠가 의회에서 증언을 마쳤을 때, 어떤 아프리카 사람이 내게 다가왔다. 그는 환경 단체들이 내놓은 환경 정책으로 자국의 수많은 가난한 사람들이 죽었다면서 법적인 조치를 취하려는데 도움을 줄 만한 사람이 있느냐고 물었다. 나는 무슨 말을 해야 할지 판단을 내릴 수가 없었다. 이런 상황은 인류에 대한 범죄에 지나지 않는다. 다시 말하면 그것은 인종 학살이나 다름없는 것이다. 장담컨대 서구의 부유한 나라들이었다면 말라리아의 발생을 방관하지 않았을 것이다. 다행히도 많은 세월이 흐른 지금 일부 아프리카 국가들이 주거지에 DDT를 살포하게 함으로써 말라리아로 인한 희생자수를 크게 줄이고 있다.

서구인들은 참으로 이상한 이유 때문에 전 세계의 가난한 사람들이 그냥 궁핍하게 사는 편이 낫다고 생각하는 것 같다. 언젠가 나는 우간다 대사관에서 아프리카 사람 하나와, 산업화된 국가들이 가난한 아프리카 국가들을 바라보는 시각에 대해서 이야기를 나눈 적이 있다. 그는 백인들이 냉방 장치가 된 레인지로버를 타고 아프리카를 여행하면서 주민들의 기묘한 생활양식을 구경하느라, 아프리카가 세계 경제에 편입되는 것을 거부하고 있는 데 분개했다. 우리는 〈내셔널 지오그래픽National Geographic〉에 실린 것과 같은, 아프리카인들의 소박한 생활양식을 동경하지만, 실제로는 그들 대신 그런 생활을 하고 싶어 하지는 않는다.

실제로 아프리카와 인도의 오지에 전기를 공급하기 위해 수력발전소를 건설하려 할 때 환경주의자들이 그 계획을 중단시킨 일이 있다. 그들은 수력발전소를 세우면 강의 생태계가 망가질 거라고 걱정했다.

가난한 나라에서는 부가 형성되지 않는 것이 인간에 의한 오염보다 환경에 미치는 해악이 훨씬 크다. 가난한 나라들은 취사와 난방 연료로 나무와 동물 배설물밖에 쓸 수 없기 때문에 국토가 황폐해진다. 예컨대 위성사진을 보면 아이티와 도미니카공화국의 국경을 분명히 알아볼 수 있다. 아이티는 매우 가난하기 때문에 나무들이 거의 베어지고 없다. 주거지에서 나무와 동물의 배설물을 태우는 바람에 해마다 100만 명이 넘는 전 세계의 가난한 사람들이 호흡기 질환으로 사망하고 있다. 소박한 생활이라…… 참으로 낭만적인 이야기이다.

일반인들의 생각과는 달리, 가난한 나라가 자연 자원이 부족해서 가난한 것이 아니다. 그게 사실이라면, 일본은 세계적인 경제 대국이 되지 못했을 것이고 러시아는 세계 최고의 부국이 되었을 것이다. 한 나라에서 부의 축적을 가로막는 가장 큰 장해물은 바로 사람들의 생활을 간섭하고 통제하는 정부이다.

바로 이 때문에 세계 전역에 민주적인 개혁이 절실히 필요한 것이다.

일반적으로 정치적, 경제적 자유는 기본권으로 인식되고 있다. 민주적인 개혁에 의해서만 빈곤을 근절하고 생활 조건을 향상시킬 수 있다. 그러나 국제연합이 독재자들과 압제자들을 다른 세계가 본받아야 할 모범적인 지도자로 두둔하는 한, 그들은 이런 목표를 현실화하는 데 아무 도움을 주지 못할 것이다.

우리가 세계의 가난한 사람들을 위해서 할 수 있는 가장 중요한 일은 자유를 확산시키는 것이다. 자유를 확산시킴으로써 그들이 빈곤에서 벗어나서 번영할 수 있도록 도울 수 있다. 환경주의자들은 이와 정반대되는 결과, 즉 빈곤을 지속시키는 정책을 강요하려고만 한다.

에너지 사용에 대해 벌칙을 부과하는 식의 해법은 가난한 나라와 부유한 나라를 막론하고 가난한 사람들에게 해를 끼친다. 상류 계층과 중류 계층은 연료 가격에는 별 영향을 받지 않지만, 가난한 사람들은 연료 가격이 상승하면 경제적으로 파산하고 만다. 하루 벌어 하루 먹고사는 사람들은 휘발유와 난방용 석유, 그리고 전기 가격이 두 배로 뛰면 감당하지 못한다.

전 세계의 가난한 사람들이 부의 혜택을 받지 못하는 원인으로 엘리트 의식에 사로잡힌 극소수의 과격한 환경주의자들을 꼽을 수 있다. 그들 가운데에는 자발적으로 자신이 누리고 있는 부를 내놓으려는 사람이 거의 없을 것이다. 그들은 전기를 이용하지 못하는 지구상의 10억, 20억의 인구는 물론이고, 날마다 생존에 필요한 음식, 연료, 깨끗한 물을 구하기 위해 악전고투하는 30억의 인구에도 속하지 않는다.

이런 환경주의자들은 아늑한 냉난방 시설을 갖춘 주택에서 깨끗한 물과 음식, 냉장 시설, 그리고 좋은 의료 서비스를 누리며 산다. 이런 편의 시설은 하나같이 자연 자원에서 직접적으로 얻어지는 것들이다. 환경주의자들이 환경 문제에 대해 걱정하는 호사를 누릴 수 있는 것도 이런 자연 자원 덕분이다.

우리는 어째서 현대적인 생활이 전 세계의 가난한 사람들에게 부정적인 영향을 미친다는 환경주의자들의 주장을 그리도 쉽사리 받아들이는 것일까? 아마 우리가 누리는 것을 누리지 못하는 수십억의 인구를 생각할 때 느끼게 되는 고뇌와 죄책감에서 비롯할 것이다. 사람들이 부유한 삶에 대해서 탐탁치 않은 감정을 느끼는 까닭은 아마 부유한 삶이 환경에 부정적인 영향을 미친다고 여겨서일 것이다.

이런 관점은 불필요할 뿐 아니라 위험하다. 6장에서 언급했듯이, 부의 축적은 어머니 자연이 부과하는 일상적인 위협으로부터 인류를 보호할 수 있는 유일한 방법이다. 지구온난화가 현대의 화두가 되기 전까지 이것은 진실이었다. 그것은 앞으로도 변함없는 진실이다. 부와 현대적인 생활의 혜택은 그로 인한 비용을 크게 앞지르고 있고, 전 세계의 가난한 사람들은 우리가 당연한 것으로 여기는 경제 과정에 참여하기를 간절히 바라고 있다.

유명무실한 국제연합

국제연합이야말로 지구온난화에 대한 비효율적인 해법을 논의하기에 가장 좋은 출발점이다. 국제연합은 문제를 해결해주지 못하는 해법에 돈을 퍼붓는 것으로 유명하다.

국제연합은 오랜 세월에 걸쳐서 광범위한 환경 정책을 조직해왔다. 국제연합의 관료들은 1973년 몬트리올 의정서가 성공적으로 통과되자 크게 고무되었다. 이 의정서는 오존층 파괴의 원인으로 추정되는 클로로플루오르카본의 사용을 단계적으로 줄이기 위해 채택되었다. 이를 대체하기 위해 유해성이 덜한 대체 냉각제와 새로운 냉각 장치가 개발되었다. 부유한 나라의 경우 새로운 냉각 장치를 설치하는 비용이 부담이 되지 않았다. 반면에 가난한 나라의 경우 그 비용은 냉장 설비(음식 관련 질병으로 인한 사망자 수를 감소시킬 수 있는)를 마련하는 데 드는 비용과 거의 맞먹었기 때문에 냉장 설비의 가격은 폭등했다.

현재 국제연합은 지구온난화에 대해 나름의 판단을 내리고 있다. 지구온난화는 국제적인 문제이다. 따라서 국제연합이 선봉에 서서 이에 대한 국제적인 해결책을 제시하고 싶어 하는 것은 당연한 일이다. 국제연합은 통제권을 장악하기 위한 정책, 부를 부유한 나라로부터 가난한 나라로 이전시키기 위한 정책 등을 이미 제안한 적이 있다.

내가 이 책을 쓰고 있을 때, 국제연합대학교가 연구 논문을 발표했다. 그 논문은 2010년에 이르면 사막화와 환경 파괴로 500만 명에 이르는 '환경 난민'이 발생할 거라고 예측했다. 사막을 비롯한 자연 환경은 늘 확장되거나 축소되는 식으로 변화하고 있다. 인류가 여러 가지 자연의 위협에 대처하는 가장 좋은 방법은 환경으로부터 우리 자신을 보호하거나 그곳에서 빠져나오는 것이다.

사막 등 극한의 기후에서 살기로 한 사람들은 어떻게 목숨을 부지하고 있을까? 그들은 그 문제에 대처할 만한 부를 지니고 있다. 그들은 환경적인 요소들이 제멋대로 움직이는 것을 방관하지 않으며, 충분한 음식과 물, 그리고 주거지가 저절로 자신에게 주어질 거라고 생각하지 않는다. 우리는 자연이 우리에게 제공하는 어떤 환경 조건에서도 살아갈 수 있는 기술을 가지고 있다. 그런 기술들이 모두 첨단 과학을 요구하는 것은 아니다. 그러나 이런 기술이 탄생하기 위해서는 사람들이 자기 자신과 세계 사이에서 벌어지는 경제 활동에 자유롭게 참여할 수 있어야 한다.

어째서 국제연합은 전 세계의 가난한 사람들이 그토록 간절히 바라는 정치적, 경제적 자유를 확산하는 일에는 선봉에 서지 않을까? 아프리카 사막 지역에 살고 있는, 뼈만 앙상하게 남은 아이들의 사진을 보라. 이런 일이 일어나는 것은 식량이 부족해서가 아니다. 정부 정책과 전투 활동 때문에 식량이 그곳까지 도달할 수 없어서이다. 현대 세계에 기근이 존재하는 것은 식량이 부족해서가 아니다. 물론 가뭄 때문에 식량 사정이 악화될 수는 있다. 그러나 무엇보다 기근의 해법은 필요한 사람들에게 식량이 도달할 수 없게 하는 정치적, 경제적 장벽을 제거하는 데 있다.

미국인들은 아프리카를 돕기 위해 수십억 달러를 쓰고 있지만, 그중 대부분은 부패한 정권을 유지하는 데 쓰인다. 가난한 아프리카 사람들을 돕고 싶어 하는 가수 보노는 존경할 만하지만, 우리는 이미 아프리카에 더 많은 돈을 투자함으로써 유익하기보다는 유해한 결과를 낳을 수 있음을 잘 알고 있지 않은가.

국제연합은 이런 문제들의 근본적인 원인을 바로잡기 위해 노력하기는커녕, 그것을 제대로 이해하려는 노력조차 하지 않는 것 같다. 그들은 부를 창출하는 것이 아니라 부를 파괴하는 환경 정책들을 강요하여 사람들이 빈곤에서 벗어나지 못하도록 한다. 이런 정책들은 또한 사람들의 생활에 대한 정부의 통제력을 강화시킬 수 있다.

국제연합이 인류가 직면한 문제들을 해결하는 데 무관심한 이유를 알 것도 같다. 세계의 인민 대중에게 자신의 문제를 해결할 권한을 부여하면, 국제연합의 직원들은 일자리를 잃게 된다. 불 보듯 뻔한 일이다.

교토 의정서의 두 얼굴

국제 연합은 오존층을 파괴하는 화학 물질의 제조를 제한하는 몬트리올 의정서를 관철시킨 후 그 여세를 몰아, 온실가스 배출을 규제하려는 노력에 나섰다. 1995년에 발의된 교토 의정서(공식 명칭은 기후 변화에 관한 국제연합 규약의 교토 의정서)는 호주와 미국을 제외한 모든 산업 국가들이 비준한 지구온난화 협약이다. 이 의정서에 따라 각국은 2012년까지 온실가스 배출량을 1990년 수준 이하로 평균 20퍼센트씩 감소시켜야 한다.

교토 의정서의 채택 과정은 지구온난화와 관련한 우리의 과학적 지식을 총괄한 정기적인 과학 보고서 요약본을 토대로 진행되었다. 이 과학 보고서를 간행하는 기후 변화에 관한 정부 간 패널(Intergovernmental Panel on Climate Change, 약칭 IPCC)은 2, 3년에 한 번씩 최신 보고서를 내놓고 있다. 언론은 이 위원회를 "지구온난화 문제의 심각성에 동의하는 2,000명의 기후 과학자들"이라고 일컫기도 한다. 그러나 실제로 이들 2,000명의 '과학자들' 대부분은 관료와 정부 대표이고, 기후 과학자는 거의 찾아볼 수 없다.

실제로 과학자들에게 그 성명에 동의해달라고 요청한 사람은 아무도 없다. 정치적으로 약삭빠른 극소수의 과학자와 관료들이 마지막 정당화의 근거로 과학을 내세우기 위해 IPCC를 이용하고 있는 것뿐이다.

IPCC 소속 과학자들이 지구온난화와 관련하여 발행한 과학 기술 관련 보고서는 완벽하고 공정하다. 그러나 정책 결정자들은 그것을 제대로 읽지 않는 것 같다. 나조차도 읽어본 적이 없으니까. '정책 결정자를 위한 요약본'이 그 보고서를 대신한다. 극소수 정책 '벌레'들이 보고서가 집필되기 전에 미리 '정책 결정자들을 위한 요약본'에 실린 내용을 결정한다. 정책 결정자를 위한 요약본이 완성되면, 과학자들이 각각 맡은 부분을 집필한다. 관료들이 이들이 쓴 과학 보고서에 정책 결정자를 위한 요약본과 부합하지 않는 내용이 없는지 확인한다는 이야기도 있다.

'정책 결정자를 위한 요약본'은 과학적 측면에서 명백한 모순이 되지 않도록 기교적으로 집필되어, 지구온난화와 관련한 충격을 극대화하는 데 성공하고 있다. 이렇게 대단히 효과적인 방법을 처음으로 사용한 것은 1988년에 앨 고어를 위해 의회 증언에 나섰던 제임스 한센이었다. 그 요약본은 기후 변화와 관련한 불확실한 사실들은 모두 무시하거나 수박 겉핥기식으로 넘어가고, 기후 변화에 영향을 미칠 수 있는 자연적인 원인들에 대해서는 피상적으로만 다룬다. 보고서의 대부분은 인류가 배출한 온실가스가 미래의 기후 시스템에 어떤 영향을 미칠지에 대해 여러 가지 추측들을 다룬다.

앞에서 살펴보았듯이, 국제연합이 교토 의정서를 발의한 뒤인 1997년에 미국 상원은 합리적인 사고와 행동에 의거하여 '기습 공격'을 감행했다. 그들은 교토 의정서가 미국 경제에 엄청난 부정적인 충격을 줄 수 있으며, 인도와 중국 등 급속하게 개발이 진행 중인 나라들을 배제하고 있다는 사실을 근거로 교토 의정서의 비준을 거부한다는 결의안을 만장일치로 통과시켰다.

아무리 상원이 채택한 결의안에 대해서 동의하지 않는 사람이라도, 상원이 이룬 초당파적인 단합을 무시하지는 못할 것이다. 이 표결로 나타난 의회 다수의 분별력 있는 판단이 지구온난화와 관련해서 다시 나타날 가능성은 전혀 없다. 그것은 그야말로 역사적인 사건이었다.

교토 의정서를 채택시키기 위한 기나긴 협상 과정 중 정부 관료들은 세계 전역의 이국적인 장소들을 여행하면서 호사스런 식사를 즐겼다. 그중 몇 사람과 이야기를 나누었는데, 그들은 자신들의 임무가 국민들에게 어떻게 살아야 하는지를 말해주는 것이라고 생각했다. 국민들이 주는 월급을 받으며 그들은 국민의 자유를 놓고 협상을 벌인다. 그들은 자신들이 협상하는 내용이 나쁜 것일 수도 있다는 생각은 전혀 하지 않는다. 그들은 정부 규제가 늘어나는 것은 좋은 것이고, 줄어드는 것은 나쁜 것이라고, 그러니 계속 이런 기조를 유지하면 그만이라고 생각한다.

전 세계의 수많은 나라들이 교토 의정서에 서명한 것은 환경을 지키려는 이타주의적인 욕구에 의해서가 아니라 정치적, 재정적 동기에 의해서라는 사실은 새삼스러운 것이 아니다. 영국은 이미 환경오염이 덜한 천연 가스를 주로 이용하고 있으므로, 다른 나라들보다 훨씬 쉽게 온실가스 배출량을 1990년 수준으로 감축할 수 있을 것이다. 러시아가 마지못해서 의정서에 서명한 것은 유럽연합이 교토 의정서 서명을 조건으로 러시아의 세계무역기구WTO 가입을 허용했기 때문이다.

대부분의 가난한 나라들은 교토 의정서를 부의 이전 메커니즘으로 보았다. 교토 의정서에 따르면, 부유한 산업 국가들은 온실가스 배출권을 가난한 나라들로부터 구입해야 한다. 가난한 나라들은 온실가스 감축에는 관심도 두지 않고 그저 돈이 굴러들어오기만을 기다릴 것이다.

교토 의정서는 2005년 초에 시행되었다. 그러나 교토 의정서에 서명한 산업 국가들 가운데 대부분이 배출량 감축 목표를 달성하지 않으리라는 것은 2005년 말에 벌써 분명해졌다. 그렇게 될 수가 없다. 배출량 감축 정책이 산업에 미치는 부정적인 영향은 날이 갈수록 분명해지고 있으며, 유럽에서는 조업 감축이 시작되고 있다. 관료들은 기본적인 경제학의 교훈을 깨닫는 대가로 값비싼 수업료를 물고 있다.

이들 나라들이 배출량 감축 목표를 달성한다고 해도, 그것이 지구 기온에 미치는 효과를 측정할 방법은 없다. 교토 의정서는 미래의 온실가스 배출량을 절반으로 감축하는 정도의 확실한 효과를 올리기에는 턱없이 작은 움직임에 불과하다.

교토 의정서와 관련해서 내가 느끼는 가장 큰 불만은 기본적인 경제학에 위배되는 아이디어에 엄청나게 많은 시간과 에너지, 그리고 부가 낭비된다는 점이다. 사람들은 누구나 온실가스 배출량을 줄여야 한다고 말한다. 하지만 그것은 온실가스 배출량을 줄임으로써 경제가 얼마나 타격을 입을지 모르고 하는 말이다. 사람들이 경제적인 타격에 대해서는 들어보지도 못한 까닭이 무엇일까?

온난화 해결법? 일자리 파괴법!

의회는 같은 의견을 가진 전문가들을 끌어들인 로비 집단들이나 어쩌다 영화에서 전문가 배역을 받았던 배우들의 증언을 토대로 법안을 통과시키는 못된 습성을 가지고 있다. 내 아내가 자주 하는 말마따나, 과학계에는 대개 상식과 관련한 부문에서 활동하는 인원이 부족하다. 그래서 과학자들이 온갖 정책 싸움에 섞여 들어가는 것이다.

실제로 그런 전문가들을 후원하는 그룹이 있는데, 그 그룹의 이름은 '우려하는 과학자 협회'다. "안녕하세요. 제 이름은 제이슨입니다. 저는 우려하는 과학자입니다." "안녕하세요. 제이슨."

앨 고어는 지구온난화와 관련하여 다양한 정책을 제안해왔다. 그가 제안한 정책들 가운데 막대한 해악을 끼치지 않으면서 그 문제를 해결하는 데 실질적인 기여를 할 수 있을 만큼 합당한 것이 있는지 판단하기에는 아직 이르다. 그러나 앨 고어가 영화 〈불편한 진실〉의 말미에 제안한 내용으로 미루어본다면, 그의 제안은 단순히 기분을 호전시키는 효과밖에 없을 듯하다. 방을 나갈 때 전등을 끄고, 형광등을 사용하고, 하이브리드 자동차를 구입하는 것은 경제적으로 볼 때는 합리적인 행동일 수 있지만, 그런 행동이 미래의 지구 온도를 눈에 띄게 변화시키리라 믿는 것은 어리석은 일이다.

이렇게 기분이나 좋게 해주는 해결법들이 인기를 끄는 까닭은 마음 편안한 것을 좋아하는 인간의 본성 때문이 아닐까 싶다.

교토 의정서는 이산화탄소 배출량은 물론이고, 미래의 지구 온도를 낮추는 데도 성공하지 못할 것이 뻔하다. 미국의 극소수의 상원 의원들은 교토 의정서와 똑같이 실패를 거둘 것이 뻔한 계획을 제안하고 밀어붙이고 있다.

맥케인-리버만 기후 관리 책임 법안은 미국이 지구온난화와 관련하여 '특단의 조치'를 취하고 있는 듯한 인상을 줄 것이다. 이 법안(2007년)은 통과되지 못하고 있지만, 이 법안의 지지자들은 여전히 기대를 접지 않고 있다. 이 법안이 통과되면, 눈에 띄지 않게 자축할 사람들이 많을 것이다. 그러나 이 법안은 교토 의정서와 마찬가지로, 본질적으로 기온에는 전혀 영향을 주지 못하고 경제에만 고통을 안겨줄 것이다.

2006년 9월 미국의 다른 주에 유행을 잘 퍼뜨리는 캘리포니아주가 2020년까지 온실가스 배출량을 1990년 수준으로 동결한다는 목표를 세우고 '온난화 해결법'을 통과시켰다. 슈워제네거 주지사는 지나치게 구속적인 규제를 피해 기업들이 캘리포니아주를 속속 떠나는 것에 만족하지 않고, 환경주의자들은 환호하고 기업가들은 저주를 퍼붓는, 이 전례 없는 법을 제정하는 데 앞장섰다.

캘리포니아 제조기술협회와 캘리포니아 농업협회연맹, 그리고 캘리포니아 상공회의소는 이 법을 '일자리 파괴법'이라고 부르고 있다. 지나치게 규제에 시달리다 보면 기업들이 다른 나라로 혹은 다른 주로 이전할 수 있다. 자신의 주가 경제적으로 성장하기를 바라는 사람은 캘리포니아주의 대담하기 짝이 없는 새로운 법에 박수갈채를 보낼 일이다.

누가 알겠는가? 캘리포니아 정치인들의 최종 목적은 이산화탄소를 배출하는 제조업체를 모두 주 바깥으로 몰아내는 것인지도. 캘리포니아주는 사람들이 동경하는 관광지("자동차는 네바다주 경계에 세워두십시오")가

될 수도 있고, 환경 영화(사악한 기업들이 환경을 파괴하는 모습을 담는다)를 제작하는 명소가 될 수도 있다. 캘리포니아 사람들은 자신들의 주에서 달아난 기업들이 생산하는 상품과 용역이 필요하지 않을까? 물론 그 정도쯤은 감수할 것이다. 최소한 자신들의 주가 오염 발생원이라는 욕을 얻어먹을 일은 없을 테니까.

그게 아니라면, 슈워제네거 주지사는 터미네이터를 지구온난화가 시작되기 전인 1940년대로 보내 이 문제를 바로잡으려는 계획을 가지고 있는지도 모른다. 지금 우리가 캘리포니아주에서 목격하고 있는 일은 어쩌면 정교하게 구상된 영화의 도입부일지도 모른다. DVD 출시를 기대하시라.

그밖에도 지구온난화 문제를 해결하는 데 효과적인 방안이라고 제안된 아이디어 중에는 여러 가지 말도 안 되는 방안들이 있다.

나는 이따금 재생 가능한 에너지를 넉넉하게 생산할 수 있는 혁신적인 새로운 아이디어가 실린 편지를 받곤 한다. 자동차에 태양열 집열판을 달자는 의견을 내는 사람도 있다. 날씨가 맑은 6월 어느 날 정오에 태양열로 시속 5킬로미터의 최고 속도를 낼 수 있는 자동차를 타고 이웃집에 갈 수만 있어도, 우리는 지구를 구할 수 있다.

최근에는 노인 발명가가 바람을 이용해서 발전을 하자는 근사한 아이디어를 담은 편지를 보내기도 했다. 그는 소책자까지 마련해두었다. 그러나 그는 이 새로운 기술에 대해서 일체 입을 떼지 않았다. 그는 투자자나 제조업자를 찾고 있는데, 아이디어를 도둑맞을까 봐 무척 겁을 먹고 있었다. 하기야 나도 그런 획기적인 발명을 한다면, 아이디어를 도둑맞을까 봐 걱정이 클 것이다. 그의 성공을 기원한다. 그런데 잠깐만, 그 사람은 그 기술이 이미 현실화되어 있는 걸 알고나 있을까?

솔직하게 말하면, 나는 석유와 석탄을 경제적으로 대체할 가능성이 있는 모든 에너지 기술을 연구하는 데 적극적으로 투자해야 한다는 데 동의한다. 실제로 나는 다음 장에 수소, 태양열, 풍력에 대해 이야기할 것이다. 여기서 내가 지적하고 싶은 것은 경제적으로 경쟁력이 있는 대체 에너지는 일반인들이 생각하는 것보다 훨씬 개발이 어렵다는 사실이다. 나는 〈새서미 스트리트〉의 버트가 어니에게 하던 말과 똑같은 말을 하고 싶다. "아이디어를 내는 건 쉽지만 그 아이디어를 활용하는 건 그리 쉬운 일이 아니야."

허리케인에 대한 우리의 공포심은 허리케인의 활동이 대단히 강력했던 2004년과 2005년 이후 더욱 심해졌다. 우리는 이 제어할 길 없는 괴물을 제어할 방법을 놓고 토론을 벌여왔다. 엄청난 기술 진보에도 불구하고 인간은 아직도 허리케인을 길들이지 못하고 있다. 허리케인을 길들이려는 노력은 오래전부터 계속되어왔다. 1960년대에 스톰퓨리 프로젝트의 연구자들은 아이월(eyewall: 태풍의 눈 주위에 있는 깔때기 모양의 난층운을 일컫는다―옮긴이)로부터 형성된 허리케인 안에 구름의 씨앗을 심어서 허리케인의 외곽 쪽에 강도가 약한 아이월을 만들려는 시도를 했다. 요오드화은 따위의 구름 씨앗을 뿌리면 과도하게 냉각된 물방울 형태의 구름을 얼음으로 바꾸는 데 도움이 된다. 얼음 입자는 허리케인 속에서 대량의 강수물을 형성하는 데 필수적이다. 안타깝게도 허리케인의 동결 고도 위에 위치한 물은 거의 모두 얼어 있는 상태였기 때문에 이 시도는 아무런 효과를 거두지 못했다.

대기를 냉각시키기 위해서 남극 대륙의 거대한 빙하를 멕시코만으로 끌어오자는 아이디어도 있었지만, 빙하는 운반 도중에 대부분 녹아버릴 것이다. 더구나 멕시코만은 대단히 넓기 때문에 거대한 빙하 하나만으로는 눈에 띄는 효과를 낼 수 없다.

물 위에 증발을 억제하는 액체를 뿌리자는 아이디어도 있었다. 앞에서 살펴보았듯이, 물은 허리케인에 동력을 제공하는 연료이다. 물은 온도가 높을수록 많이 증발한다. 증발은 물이 품고 있는 과도한 열을 없애는 주요한 방법인데, 증발을 억제하면 어떤 일이 일어날까? 자연의 의도대로 증발을 통해서 자연스러운 냉각 과정을 거치지 못한 바닷물은 계속해서 온도가 상승할 것이다. 결국 해수면의 온도는 섭씨 38도가 되고 해수면 위에 뿌린 액체는 흩어져서, 6급 허리케인이 나타나게 될 것이다. 어머니 자연을 속여 넘기는 짓은 결코 바람직하지 않다.

허리케인 내부에 환경 친화적인(?) 핵무기를 터뜨리자고 주장하는 사람도 있다. 그러나 성숙한 허리케인은 히로시마에 투하된 것과 같은 규모의 핵무기가 1초에 하나씩 터질 때와 같은 에너지를 방출하기 때문에, 이런 시도 역시 아무런 효과를 볼 수 없다. 나는 허리케인이 다가올 때 며칠 동안 다른 곳에 가 있는 게 가장 좋은 방법이라고 생각한다. 뉴올리언스처럼 해수면보다 낮은 지대에 사는 사람들은 특히, 파괴적인 허리케인이 늘 존재하고 있고, 앞으로도 늘 존재할 것이라는 사실을 직시해야 한다. 우리가 할 수 있는 일은 허리케인의 기습에 대비하는 것뿐이다.

지구 주위를 도는 태양 차광기를 만들자는 몇 가지 제안도 검토되고 있다. 안타까운 일이지만, 그렇게 엄청나게 큰 차광기를 지구 주위의 궤도로 올리려면 어마어마한 비용이 들 것이다. 아직 모르는 사람들이 있을까 봐 하는 말인데, 지구는 상당히 크다.

태양 차광기와 관련된 또 다른 아이디어는 황산염을 성층권으로 쏟아넣자는 것이다. 1991년 필리핀 피나투보 화산이 폭발하면서 성층권에 수백만 톤의 이산화황을 쏟아냈고, 그로 인해서 1, 2년 동안 지구가 흡수하는 햇빛의 양이 2~4퍼센트 감소된 것으로 추정된다. 이산화황은 황산염으로 전환되고, 이것은 얼마간의 햇빛을 대기권 밖으로 반사한다. 물론 환경주의자들은 이렇게 지구의 온도를 낮추는 것은 반대할 것이다. 그들은 인간이 의도적으로 대기를 오염시키려 한다고 이 아이디어를 비웃을 것이다. 그러니 할 수 없이 화산에게 맡겨둘 수밖에.

지속 가능성과 보존

환경 운동은 자연 자원의 소비를 줄이자면서 '지속 가능성'이라는 새로운 전문 용어를 만들어냈다. 최근 지속 가능성이라는 말은 환경 관련 토론이 있을 때마다 언급되고 있고, 갈수록 정부의 계획과 규제에도 빈번하게 사용되고 있다. 지속 가능성의 기본 아이디어는 현재 우리가 자연 자원을 사용하는 비율은 지속 가능성이 없는 수준이므로, 이 비율을 지속 가능한 수준으로 만들기 위해 노력해야 한다는 것이다.

언뜻 들으면 지속 가능성은 합리적인 목표인 것 같다. 그러나 특정한 자연 자원들(석탄, 석유)은 분명히 한정되어 있고, 이런 자원들의 지속적인 사용은 불가능하다. 어떤 자원이 유한하다면, 우리가 아무리 조금씩 아껴 써도 그 자원은 언젠가는 동이 나고 만다. 완전한 고갈을 막을 수 있는 방법은 그 자원의 사용을 완전히 중단하는 것뿐이다. 우리가 재생 불가능한 자원들에 대해서 취할 수 있는 조치는 기껏해야 그 자원을 조금 더 아껴 쓰는 것뿐이다.

따라서 지속 가능성은 여러 가지 문제점을 안고 있다. 한정된 자원의 존속 기간을 10퍼센트 늘리는 것이 무슨 의미가 있겠는가? 미래의 세대들은 틀림없이 이런 자원들에 대한 의존도를 크게 줄이는 새로운 기술을 개발할 것이다. 다행히도(지구온난화를 우려하는 사람들에게는 안타까운 일이지만) 우리는 석유를 사용하기 시작한 뒤로 20년에 한 번씩 20년 분량이 넘는 석유를 찾아내고 있다. 실제로 새로운 유정이 너무 많이 발견되고 있어서, 지질학자들 가운데에는 모든 석유가 고대 생물로부터 생겨난 것은 아니라고 생각하는 사람들이 갈수록 늘어가고 있다. 그렇게 보기에는 석유의 양이 지나치게 많다는 것이다.

여러 종류의 금속을 포함한 수많은 자원들은 결코 고갈되지 않을 것이다. 지각 내에 묻혀 있는 자원의 양은 실로 엄청나다. 땅에 매장된 엄청난 양의 자원이 부족해지더라도, 어느 지점에 이르면 우리는 한 번 사용되었던 자원을 쓰레기 매립지 등에서 회수하여 쓸 수 있을 것이다.

자유 시장은 인간이 지속 가능성을 실행에 옮길 수 있는 가장 좋은 메커니즘을 제공한다. 특정한 자원이 서서히 줄어가면, 가격이 올라가고 비용 경쟁력이 높은 새로운 기술이 개발된다. 예를 들어, 바다에서의 남획으로 인공 호수에서의 양식업이 활성화되고, 남획이 차츰 줄어들면, 바다는 다시 물고기들로 채워진다.

감소하는 자원에 대한 자유 시장의 적응력 덕분에 그 자원은 완전히 고갈되지 않는다. 자연 자원이 감소되는 것을 안타깝게 바라보는 사람들이 많다는 것은 지구온난화가 심각한 문제가 될 거라는 사람들의 단순하고 직선적인 사고방식을 보여주는 한 가지 사례이다. 그들은 그 시스템을 안정시키는 데 도움이 되는 여러 가지 다른 힘들이 작용하고 있다는 사실을 깨닫지 못한 채, 현재의 추세를 토대로 미래를 추정한다.

　기후 시스템에 대해 걱정하는, 단순하고 직선적인 사고방식은 곧 자유 시장 경제의 자기 통제적인 특성을 이해하지 못하는 단순하고 직선적인 사고방식과 동일한 것은 아닐까? 참으로 단순한 사람들이다.

　인간이 생태계를 압박하고 있기 때문에 많은 생물들이 멸종하고 있다는 주장도 이와 비슷한 직선적인 사고방식에서 비롯한다. 이 과학적 이론은 결코 과학적 관측이 아니며 탁상공론에 지나지 않는다. 생물학자들은 매년 새로운 종을 발견하고 있다. 존재한다는 사실을 전혀 모르고 있던 새로운 종이 발견되는 판국에, 특정한 종이 세계 어디에도 남아 있지 않다는 사실을 어떻게 알 도리가 있는가? 이러니 많은 사람들이 과학에 대해서 혼란을 느끼는 것은 당연한 일이다. 인류는 자연적인 서식지를 파괴할 수 있는 능력을 가지고 있지만, 아무리 노력해도 특정한 종을 완전히 멸종시킬 수 없다. 그래도 그런 시도를 해볼 기회가 있다면, 나는 우선 모기를 없애보라고 권하겠다.

　지속 가능성의 자매인 보존은 경제적으로 볼 때 의미가 있는 것이다. 그러나 보존은 지구온난화의 잠재적인 해법으로는 상당히 비효율적이다. 아무리 열심히 보존을 해도 대기 중의 이산화탄소 증가율을 약간 낮추는 것 이상의 효과는 얻을 수 없다.

자유 시장경제에서 사람들은 생활에 필요한 다른 비용과 조화를 이루는 수준으로 이미 자연을 보존하고 있다. 사람들은 자원을 낭비하지 않는다. 그렇지만 어떻게 하면 에너지 소모를 줄일까 궁리하느라 지나치게 많은 시간을 허비하지도 않는다. 하루에 자동차를 이용하는 시간을 최소화할 방법을 찾는 일 말고도 시간을 들여야 할 일이 많기 때문이다.

자유 시장경제에는 에너지를 보존하여 얻을 수 있는 편익이 비용을 초과하도록 효율적인 방안을 찾으려는 내재적인 이윤 동기가 존재한다. 실제로도 미국 내의 '에너지 원단위'(국내총생산 한 단위당 소모되는 에너지의 양을 일컫는다―옮긴이)는 해를 거듭할수록 감소되고 있다. 그러나 보존을 통해서 이산화탄소 배출 속도를 늦추는 것만으로는 지구온난화 문제를 해결할 수 없다.

나는 에너지 효율을 개선하는 데 도움이 되는 새로운 과학 기술의 개발을 전적으로 지지한다. 그러나 우리는 이런 기술들이 합리적인 비용으로 (기왕이면 돈까지 절약되는 방향으로) 달성되는지 확인해야 한다. 휘발유와 전력을 이용한 하이브리드 자동차는 에너지 효율을 개선하는 데 도움이 되지만, 기존 자동차와 비교하면 여전히 비싸다. 물론 하이브리드 자동차의 가격은 시간이 지남에 따라 점점 낮아질 것이다. 하이브리드 기술은 정차 시에 소모되는 에너지를 전력의 형태로 되찾는 기술이다. 높은 연비를 자랑하는 하이브리드 자동차도 있지만, 하이브리드 기술 자체에 의한 연비 절감 효과는 약 15퍼센트에 지나지 않고, 나머지는 엔진의 소형화로 인한 효과이다.

하이브리드 자동차가 이산화탄소 배출량을 줄이는 데 도움이 된다고 주장하는 입장도 있을 수 있다. 그러나 다시 한 번 말하지만 이산화탄소 배출량이 감소하는 것은 하이브리드 기술 덕분이 아니라, 소형 엔진 덕분이다. 세계의 모든 자동차가 하이브리드 자동차로 바뀐다고 해도, 전 세계의 이산화탄소 배출량은 계속 상승할 것이다.

절전형 형광전구는 경제적인 효율성을 지닌 대표적인 기술이다. 백열전구보다는 비싸지만, 백열전구의 3분의 1 이하의 전력으로 똑같은 양의 빛을 내고 수명도 길다. 우리 집은 2층에서 사람들이 걸어 다닐 때 1층 천장에 매달린 전구가 꺼지는 일이 잦으니, 절전형 형광전구를 달면 본전을 뽑을 수 있을 것이다.

효율 향상과 비용 절감의 측면에서만 보면, 이런 기술 진보는 칭찬할 만하다. 그러나 그런 기술들이 지구온난화 문제를 해결해줄 것이라고 생각해서는 안 된다. 지구온난화 문제를 해결하기 위해서는, 이산화탄소를 배출하지 않는 풍족한 에너지원을 찾아야 한다.

chapter 9

말이 좀 되는
지구온난화 해법

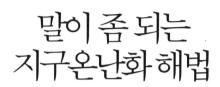

배터리는 들어 있지 않습니다.

환경 문제 일반과 지구온난화 문제에 관한 한,

인류의 미래는 줄리언 사이먼이 이야기한 "최후의 자원",

즉 인간의 창의력에 달려 있다. 우리는 인간의 창의력을 억누를 것이 아니라

양육하고 보상해야 한다. 생활 조건을 개선하기 위해서 노력하는 대중은

소비자와 오염자가 아니라 생산자이며 청지기이다. (……)

그나마 다행인 것은 미국 정부는 이미 새로운 에너지 기술에 수십억 달러의

세금을 투자하고 있다는 사실이다. 민간 부문 역시 대규모의

기술 투자를 하고 있다. 인류는 늘 저렴한 에너지를 필요로 한다.

인류가 에너지를 필요로 하지 않게 되는 날은 결코 오지 않을 것이다.

수십억의 인류는 늘 빈곤에서 벗어나려고 노력할 것이고,

에너지의 이용은 갈수록 늘어날 것이다. 청정에너지를 확보하고자 하는

욕구가 존재하는 한, 그 목표에 도달할 수 있는

유일한 방법을 제시하는 것은 새로운 기술뿐이다.

인류는 동굴이나 천막에서 살아야 한다고 생각하는 사람이 아니라
면, 지구온난화의 해결책이 최종적으로 발견될 곳은 과학 기술이라
고 생각할 것이다.

경제학자 줄리언 사이먼은 문제를 해결하는 인류의 독창적이고 기술적
인 재능을 우리가 가진 "최후의 자원"이라고 불렀다. 인류가 과학과 기술
의 경계를 확장할수록 우리는 사람들이 필요로 하고 원하는 상품들을 더
효율적이고 더 저렴하게 생산할 수 있다. 인간의 창의력이야말로 인류가
이산화탄소 배출량을 감축하기 위해 기댈 수 있는 유일한 희망이다.

그렇다면 우리는 지금 무엇을 해야 하는가? 우리는 이미 해야 할 일들
가운데 태반을 진행하고 있다. 각종 에너지 연구에 미국 정부는 수십억
달러에 이르는 세금을 투자하고 있고, 민간 기업들은 그보다 훨씬 많은
금액을 투자하고 있다.

그러나 이런 노력들은 이를 지탱해줄 수 있는 부를 창출하는 나라에서
만 이루어지고 있다. 이 나라들은 국민들에게 새로운 아이디어의 개발과

고된 노동을 통해서 경제적인 혜택을 얻을 수 있는 자유를 허용함으로써 부를 창출한다. 하지만 현재 지구온난화와 관련하여 '특단의 조치'로 제안되고 있는 정책들은 대부분 비효율적일 뿐 아니라, 부를 탕진한다. 이득은 거의 없고 경제적인 고통만 안겨주는 정책들을 강행하는 것은 비생산적이다.

세계적인 경제 성장으로 갑자기 에너지가 부족해지면, 어떻게 될까? 개발도상국의 경제가 폭발적으로 성장함에 따라 세계적인 에너지 수요가 에너지 공급을 초과한다면? 단기적으로는 고통이 따르겠지만, 공급을 초과하는 수요의 발생은 새로운 에너지 기술을 개발하는 데 촉진제가 될 것이다.

수요가 공급을 초과하여 에너지 가격이 상승하면 새로운 에너지 기술의 개발과 사용이 촉진된다. 공급 부족이 일어나기 전에 엄청나게 비쌌던 에너지원들은 갈수록 비용 경쟁력을 갖게 된다. 따라서 인류가 석유를 비롯한 자연 자원의 부족에 시달리는 일은 일어나지 않을 것이다. 대체 에너지 비용은 차츰 저렴해져서, 땅에서 자원을 캐내는 비용보다 낮아지는 시점이 올 것이다.

에너지 회사들은 공급이 부족할 때 축적해두었던 이윤으로 새로운 에너지 기술을 적극적으로 개발할 것이다. 기업의 존립 목적은 이윤 추구에 있다. 이윤을 얻을 가능성만 있으면, 에너지 회사들은 태양열, 풍력, 수소, 청정 석탄은 물론이고 지금으로서는 상상할 수도 없는 새로운 기술들을 개발하는 일에 앞 다투어 뛰어들 것이다.

이제 이산화탄소 배출량을 크게 감축시킬 가능성이 있는 주요 에너지 기술들을 간단히 살펴보자. 여기에 열거되었다고 해서 모두 완벽하고 철저한 기술이라는 뜻은 아니다. 역사적인 교훈에 따르면, 수십 년 안에 예상치 않은 새로운 기술이 탄생하여 다른 에너지에 대한 의존성을 크게 감소시킬 수도 있다.

원자력

미국인들은 1979년 제인 폰다Jane Fonda의 영화 〈차이나 신드롬China Syndrome〉의 개봉과, 며칠 뒤에 발생한 스리마일섬의 원자력 사고 때문에 원자력에 대한 반감이 높다. 잇단 충격으로 형성된 원자력에 대한 반감 때문에 미국의 원자력 산업은 치명적인 타격을 받고 있다.

이제 미국은 원자력 에너지의 역할을 객관적으로 재평가해야 할 때이다. 파격적일 만큼 새로운 에너지 기술이 20~30년 안에 상용화될 가능성은 없다. 미국이 원자력 발전소를 다시 건설하기 위해 적극적인 노력을 기울인다면, 화석연료의 사용을 크게 줄일 수 있다. 빠른 시일 안에 이루어질 일은 아니다. 원자력 발전소 한 곳을 인가하고 건설하는 데에는 10년 가량이 걸린다. 최근 들어 더 안전하고, 비용이 덜 드는 새로운 반응조가 개발되고 있다. 이 기술이 정착되면 과거에 부담해야 했던 위험과 비용이 대폭 감소될 것이다. 진보적이며, 환경 의식이 투철한 사람들은 프랑스를 미국이 본받아야 할 나라로 꼽는다. 그런데 그들 중 대다수가 프랑스의 발전 방식을 채택하는 데는 몸서리를 친다. 분명히 앞뒤가 맞지 않는 일이다. 현재 프랑스는 전력의 약 75퍼센트를 원자력 발전에 의존하고 있다. 현재 미국의 원자력 의존도는 19퍼센트에 지나지 않는다.

원자력 사고의 위험이 있으니 발전소 건설을 규제해야 한다는 일반적인 인식 때문에 원자력 발전은 기피 대상이 되었다. 원자력의 활용을 확대하려는 시도는 틀림없이 반발에 직면할 것이다. 그러나 환경 단체들 가운데에도 현재는 원자력으로 인한 위험이 화석연료로 인한 지구온난화의 위험보다 낮다는 데 동의하는 단체가 있다. 더구나 수소 자동차가 상용화되면, 수소 연료 생산에 필요한 에너지원을 확보하기 위해서 전력 부문에 더욱 의존하게 될 것이다.

청정 석탄

현재 미국은 전체 발전량의 절반 이상을 석탄을 이용한 화력발전에 의존하고 있다. 미국의 석탄 매장량은 넉넉하다. 석탄 연소시 발생하는 오염을 줄이는 기술이 상용화되면, 이산화탄소로 인한 지구온난화의 잠재적인 위협을 줄일 수 있다.

현재 이산화탄소 회수(포집) 기술에 대한 연구가 진행되고 있으며, 한두 곳에서 시범 발전소가 가동 중이다. 또한 이산화탄소를 석유 광산이나 동굴 등 지하에 저장하는 방식도 이용되고 있다.

이렇게 진화 중인 기술에는 상대적으로 많은 비용이 들어간다. 시간이 흐르면 비용 문제는 해결될 것이다. 이산화탄소 배출을 완벽하게 차단하는 최초의 화력발전소가 2025년경에 가동될 예정이다.

수소에너지

오래전부터 익히 들어온 '수소 경제hydrogen economy'를 달성하는 데 왜 그렇게 오랜 시간이 걸리는 걸까? 우리 집에서 멀지 않은 이웃 동네에도 활용을 기다리고 있는 수소의 보고가 있는데 말이다. 아참, 물에서 수소를 생산하려면 에너지가 들어가는군. 그 에너지는 어디서 얻을까? 수소 연료 전지를 이용해서 더 많은 수소를 생산하는 데 필요한 전력을 얻으면 되지 않을까? 바로 그것을 '영구 운동 기계'라고 부르는데, 그런 기계를 고안하는 것은 현실적으로 불가능한 일이다.

수소 연료의 상용화를 막는 가장 큰 장해물은 쉽게 이용할 수 있는 천연의 수소 공급원이 존재하지 않는다는 사실이다. 물론 우리 주위에는 수소가 많이 있다. 그러나 우리 주위에 있는 수소는 다른 물질과 결합하여 다른 일을 하고 있다. 수소는 물에 많이 포함되어 있지만 산소와 단단히 결합한 상태이기 때문에, 산소와 수소를 분리하려면 에너지가 필요하다.

이산화탄소 배출을 피하기 위해 수소에너지가 광범하게 활용되면, 전력 수요는 현재보다 훨씬 많아진다. 수소를 연료로 한 교통수단을 사용하려면, 미국의 발전 능력은 두 배 가까이 증가해야 한다.

또한 수소 자동차를 상용화하는 데에는 기술적, 실용적인 어려움이 있다. 예를 들어, 수소는 가연성이 높기 때문에 사고가 발생할 경우 휘발유보다 훨씬 위험하다. 휘발유는 공기와 연료가 결합된 범위 내에서만 연소한다. 수소는 훨씬 넓은 범위에서 연소한다. 따라서 연료 공급 과정을 보면 수소 자동차가 휘발유 자동차보다 훨씬 위험하다.

뿐만 아니라 수소의 에너지 농도는 상대적으로 낮다. 수소 자동차에 휘발유 자동차와 똑같은 거리를 운행할 수 있는 연료를 저장하려면 매우 높은 압력으로 압축해야 한다. 따라서 수소 자동차는 휘발유 자동차에 비해서 위험이 훨씬 크다.

기술적 장애와 위험은 차츰 극복되어 수소 자동차가 상용화되는 날이 반드시 올 것이다. 그러나 이 기술은 일반인들이 생각하는 것처럼 간편 하게 이용할 수 있는 것이 아니다.

태양에너지와 풍력에너지

태양과 바람이라는 깨끗한 에너지원으로부터 직접 에너지를 얻고자 하 는 인간의 갈망은 까마득한 옛날부터 존재해왔다. 태양은 우리가 사용하 는 모든 에너지원에 에너지를 공급한다. 태양에너지의 사용은 꾸준히 늘 어나는 추세이다. 인간이 현재 사용하는 에너지원 가운데 태양열이 차지 하는 비율은 1퍼센트 미만이다. 이런 상황은 앞으로도 상당히 오랫동안 지속될 것이다.

그런데도 나는 태양에너지를 '말이 좀 되는 온난화 해법'이라는 장에 포함시켰다. 그 이유는 현재로서는 태양에너지의 활용도가 낮지만, 특정 한 부문에서는 충분한 활용 가치가 있고, 기술이 진보함에 따라 비용이 낮아져서 널리 활용될 가능성이 있기 때문이다.

태양열 발전의 가장 큰 문제점은 에너지 밀도가 낮다는 것이다. 상당량 의 전력을 생산하는 데 필요한 만큼 햇빛을 포집하려면 대단히 넓은 태 양열 집열판을 설치해야 한다. 그러나 햇빛을 포집하는 광기전 집열판에 는 동력원이 따로 필요치 않다는 장점이 있다. 태양열 집열판은 개별 주택에도 사용할 수 있을 만큼 소규모로 제작될 수 있다. 현재 광기전 기술의 발전 효율은 약 15퍼센트로 상당히 낮지만, 이를 개선하기 위한 연구는 계속되고 있다.

한편 태양열 난방 시스템은 맑은 날이 많은 곳에서는 주택의 온수 수요를 대부분 충족시킬 수 있고, 그 효율이 약 90퍼센트로 대단히 높다. 태양열 난방 시스템은 태양열 발전 시스템과 마찬가지로 개별 주택에 설치될 수 있다. 경제적인 측면에서 볼 때, 태양열 난방 시스템은 소비자가 이용 여부를 결정할 수 있는 에너지이다.

내가 호감을 느끼는 상당히 새로운 태양열 기술들이 있다. 첫째는 태양열 탑이다. 5, 6평방킬로미터의 황무지를 유리판으로 덮고 중앙에 탑을 세운다. 낮 동안에 태양열이 유리판 아래에 포집된다. 따뜻한 공기는 차가운 공기에 둘러싸이면 상승하는 특성이 있으므로 유리판 아래에 모인 따뜻한 공기는 중앙의 태양열 탑 쪽으로 이동한 뒤 탑 위로 올라간다. 따뜻한 공기가 이동하면서 탑 아래쪽에 설치된 터빈을 움직인다.

태양열 탑으로 만들어낼 수 있는 에너지의 양은 탑의 높이에 비례한다. 현재 1킬로미터 높이의 태양열 탑이 건설 중이다. 이 탑이 완성되면 지구 상에서 가장 높은 인공 구조물이 될 것이고, 관광 명소가 될 것이다. 현재 태양열 탑의 설계와 건축에 뛰어든 나라는 호주뿐이다. 스페인에서는 50킬로와트의 발전 능력을 가진 태양열 탑 방식의 시범 발전소가 5, 6년째 성공적으로 가동되고 있다.

두 번째는 광기전 회사인 파이론 솔라가 개발하고 있는, 태양 400개와 맞먹을 정도의 고농도로 햇빛을 광기전 셀에 집중시키는, 비교적 저렴한 기술이다. 이런 농도에서의 발전 효율은 35퍼센트로, 일반 태양열 집열판의 발전 효율 15퍼센트보다 훨씬 높은 수준이다. 일반 집열판에 장착되었던 많은 수의 값비싼 광기전 셀을 철거하고 고효율 광기전 셀을 몇 개만 달아도 일반 집열판보다 두 배나 많은 전기를 생산할 수 있다.

태양에너지와 마찬가지로, 풍력에너지의 이용률도 점점 높아지고 있기는 하지만, 아직은 소규모로만 이용되고 있는 실정이다. 현재의 기술은 특정 지역 내에서는 비용 경쟁력을 가진다. 그러나 태양열 발전과 마찬가지로, 상당량의 에너지를 생산하기 위해서는 풍력발전기를 설치할 수 있는 넓은 땅이 확보되어야 한다. 대부분의 사람들은 풍경을 망친다는 이유로 집 근처에 풍력발전기가 설치되는 것을 원하지 않는다.

정부의 보조금과 세금 감면 정책으로 이런 기술들을 비약적으로 발전시킬 수 있다. 그러나 민간 기업들은 대개 비용 효율성이 없어 보이는 기술들에는 투자를 하지 않는다. 정부가 의도적으로 지원을 할 경우 이런 기술은 보조금과 세금 감면 혜택이 사라지자마자 다시 약화될 것이다. 이는 1970년대의 '에너지 위기' 때 이미 겪었던 일이다. 그 후에도 경제학의 법칙에는 아무런 변화가 없다. 우리는 화석연료가 희소해져서 가격이 폭등하기 전에 이런 대체 기술들의 가격을 낮추고, 전력 생산의 효율성을 증대시켜야 한다.

태양에너지와 풍력에너지 기술의 비용이 차츰 떨어지고 기존 에너지원들의 비용이 점점 상승하면, 태양에너지와 풍력에너지의 사용은 차츰 늘어날 것이다. 그러나 이 두 에너지가 인류의 에너지 수요 전체에 기여하는 바는 미미할 것이다. 태양열 집열판이 설치되거나 풍력발전기가 회전하는 데 필요한 공간은 넓은 데 비해 생산할 수 있는 에너지양은 제한되어 있기 때문이다. 그런데도 내가 이 에너지원들을 '말이 좀 되는 온난화 해법'에 포함시킨 데는 이유가 있다. 사람들이 재정적인 측면과 미학적인 측면에서 부담을 감수할 의향을 가진다면, 이런 기술들은 빠른 시일 안에 대폭적으로 확산될 수 있을 것이기 때문이다.

식물 연료

석유에서 추출한 휘발유와 디젤 연료 대신 식물성 연료에 관심이 커지고 있다. 그러나 우리가 사용하는 연료의 양은 엄청나기 때문에, 미국 전역에서 자라는 옥수수를 모두 사용한다고 해도 식물 연료의 공급량은 현재 연료 수요의 12퍼센트밖에 충족시킬 수 없다.

휘발유 대용의 식물성 에탄올(그리고 디젤 연료 대용의 식물성 오일)의 생산이 증가하면, 식량 가격이 상승하는 예상치 않은 결과가 나올 수도 있다. 수요에 비례하여 공급이 증가하지 않으면 곡물 가격은 상승하고 결국 가난한 사람들이 가장 먼저 타격을 입는다.

결론적으로 말하면, 인간의 온실가스 배출을 줄이기 위해서 화석연료를 대체할 수 있는 방안은 몇 가지에 지나지 않는다. 이 문제의 해결에 기여하려면 우리는 엄청난 기술 진보를 이루어야 한다. 다행히도 정부와 민간 기업들은 이미 새로운 에너지 개발에 투자하고 있다. 그러나 새로운 기술들이 상용화되려면 시간이 걸릴 것이다. 원자력과 청정 석탄 기술도 유망하기는 하지만 상용화되기까지 원자력은 10년, 청정 석탄은 20년 이상 소요될 것이다.

단번에 뜯어고칠 방법은 없다. 현명한 지구온난화 해법은 시간을 필요로 한다. 절대로 안달복달해서는 안 된다. 안달복달하면 정부는 장기적인 측면에서 득보다는 실이 많은 정책을 내놓을 것이다. 다시 한 번 강조하지만, 정치인들이 과격한 지구온난화 법안을 밀어붙일 경우 반드시 두 가지 질문을 던져야 한다. "비용은 얼마나 될까요?" "얼마나 도움이 될까요?" 물론 두 번째 질문이 훨씬 중요하다.

우리가 그런 정책들에 대해서 꼼꼼하게 따지지 않고 넘어가면, 기껏 아무 의미도 없이 기분만 조금 좋아지는 경험을 할 것이다. 최악의 경우에는, 비용이 많이 드는 비효율적인 정책들을 추진하느라 시간과 돈이 낭비되기 때문에, 이산화탄소 배출을 줄일 수 있는 유일한 희망인 기술 진보도 늦춰진다.

최후의 자원, 창의력

오늘날의 환경 문제, 특히 지구온난화 문제에 대한 해법을 좌우하는 것은 바로 올바른 정보를 가진 대중이다. 경제적인 측면에서 볼 때, 우리는 자신의 돈으로 특정한 상품과 용역에 대해서 투표를 한다. 즉, 우리는 생산되는 오염의 종류에 대해서 얼마간의 결정권을 가지고 있는 셈이다. 정치적인 측면에서 볼 때, 우리는 유권자들의 마음을 사로잡을 만한 공약을 내세우는 대표자들에게 투표를 한다.

경제적, 정치적 권력을 책임 있게 휘두르려면 반드시 지식을 갖추어야 한다. 나는 바로 이것이 우리가 극복해야 할 가장 중요한 문제라고 생각한다.

환경주의자들의 주장은 인간의 재능과 기술 진보가 지구온난화 문제의 현실적인 해결책이라는 사실을 무시한다는 점에서 진보에 역행한다. 환경주의자들은 특정한 정책을 옹호할 때 대개 대중의 정서에 호소하는데, 이것은 잘못된 결정을 유도할 수 있다는 점에서 대단히 위험한 태도이다. 에너지는 물리적으로 생산되어 경제적으로 움직이는 상품이다. 따라서 현명한 에너지 정책의 개발 과정 역시 물리학과 경제학의 현실에서 벗어나서는 안 된다. 이제는 이런 구호를 외쳐야 할 때이다. "상상하라! 현실을." 우리는 에너지 이용과 관련한 토론에서 늘 혜택은 쏙 빼고 위험만 과장하는 과격한 환경주의자들에 맞서서 반대의 목소리를 높여야 한다. 일체의 위험을 회피하고 온갖 혜택을 무시하면서 살아갈 수 있는 인간은 없다. 환경주의자들 역시 마찬가지이다.

안타깝게도 미국의 언론은 환경, 사회, 경제와 관련된 신화들과, 반쪽짜리 진실들을 고착시키는 사회적, 정치적 사안에 치우치는 경향이 있다. 언론의 편협한 관점은 중요한 환경 문제와 관련하여 대중에게 그릇된 인식을 제공한다. 대부분의 사람들은 현재 제안되고 있는 일부 환경 정책들이 야기하게 될 현실적인 비용과 그로 인한 고통을 인식하지 못하고 있다. 몇몇 사람들(예를 들면, 비외른 롬보르와 존 스토셀)이 환경 문제와 관련한 대중의 그릇된 인식을 깨우치기 위해 노력하고 있지만, 별 소득은 없다.

나는 언론인들은 선한 의도를 가진 사람들이라고 확신한다. 그러나 그들은 중요한 정책 문제와 관련된 자신의 편파 보도가 득보다 해를 더 많이 끼칠 수 있다는 사실을 깨닫지 못하고 있는 것 같다. 대중의 감정을 자극하는 것은 쉬운 일이다. 그러나 개인의 편견을 넘어서서 지구온난화 문제를 이해하는 것은 쉬운 일이 아니다. 다행히도 인터넷과 케이블 TV 같은 다른 언론 매체가 환경 문제에 대한 다양한 관점들이 발언되고 토론될 수 있는 창구를 마련하고 있다. 거짓된 해결책이 진정한 해결책을 가로막지 못하게 하려면 사실을 알리고 합리적인 토론의 장을 마련해야 한다.

환경 문제 일반과 지구온난화 문제에 관한 한, 인류의 미래는 줄리언 사이먼이 이야기한 "최후의 자원", 즉 인간의 창의력에 달려 있다. 우리는 인간의 창의력을 억누를 것이 아니라 양육하고 보상해야 한다. 생활 조건을 개선하기 위해서 노력하는 대중은 소비자와 오염자가 아니라 생산자이며 청지기이다.

누구나 미국이 에너지 자립도를 높이고 있는 것을 바람직하게 평가하는 것 같다. 정치적으로 불안정한 국가들에게 에너지원을 의존하는 것은 매우 위험할 뿐 아니라 전략적 취약점이 된다. 이른바 자연의 '권리'가 생존에 필수적인 자연 자원의 이용을 가로막는다면, 미국은 결코 에너지 자립을 달성하지 못할 것이다. 우리가 단순히 바란다고 해서, 혹은 법을 만든다고 해서 새로운 에너지원이 탄생하지는 않는다.

세계에는 인류가 앞으로도 1,000년 이상 쓸 만한 양의 석탄이 매장되어 있다. 석탄 연소 시에 발생하는 부산물(즉, 수은, 이산화탄소)을 크게 감소 혹은 회수할 수 있는 기술이 개발된다면, 인류는 앞으로도 오랫동안 비교적 깨끗한 에너지원을 활용할 수 있을 것이다. 청정 발전 기술들은 수소 경제를 이룩하는 데도 필수적인 것이다.

물론 이런 기술들이 마련되어도 언론은 계속 환경과 관련된 공포를 퍼뜨릴 것이다. 환경주의자들의 세계관과 일자리가 걸린 문제이기 때문이다. 그들은 인간의 진보에 유익한 것들은 모두 환경에 유해한 것으로 치부하려 든다. 현실 세계에서 위험을 완전히 없애는 것은 불가능하다. 따라서 환경주의자들을 흡족하게 만드는 것 역시 불가능한 일이다.

계속적인 부의 창출을 장려하지 않으면 기술 진보는 상당히 지연될 것이다. 부유한 나라들은 기술 진보에 필요한 연구와 기술 분야에 대규모 투자를 할 수 있는 여력을 지니고 있다. 강제적으로 이산화탄소 배출량을 감축하는 등 처벌 위주의 정책들은 미래의 지구 온도에는 거의 영향을 주지 못하면서, 세계 경제의 침체를 야기하고 더 나아가 기술 진보를 가로막을 수 있다. 민간 부문도 마찬가지이다. 경제가 후퇴하면 기업들은 가장 먼저 연구 개발 부문에 대한 투자를 중단한다.

그나마 다행인 것은 미국 정부는 이미 새로운 에너지 기술에 수십억 달러의 세금을 투자하고 있다는 사실이다. 민간 부문 역시 대규모의 기술 투자를 하고 있다. 인류는 늘 저렴한 에너지를 필요로 한다. 인류가 에너지를 필요로 하지 않게 되는 날은 결코 오지 않을 것이다. 수십억의 인류는 늘 빈곤에서 벗어나려고 노력할 것이고, 에너지의 이용은 갈수록 늘어날 것이다. 청정에너지를 확보하고자 하는 욕구가 존재하는 한, 그 목표에 도달할 수 있는 유일한 방법을 제시하는 것은 새로운 기술뿐이다.

chapter 10

기후의 미래,
인간의 미래

만일 지구온난화가 문제된다면, 인간의 재능과 새로운 기술이
그 문제를 해결할 것이다. 기술 진보에 대한 우리의 관심을 다른 것으로
돌리려는 일체의 시도는 시간과 부를 낭비하는 것일 뿐 아니라,
개인의 건강과 복지를 위협하는 것이다.
현대 사회를 붕괴시키고 싶어 하는 급진적인 환경주의자가 아닌 이상,
사람들이 의지할 수 있는 유일한 희망은 새로운 기술로
탄소가 발생하지 않는 에너지원을 제공하는 것이다.
이제 결정을 내려야 할 시점이다. 우리가 원하는 것은 무엇인가?
지구온난화 문제를 해결하기를 원하는가, 아니면 그저
무언가 하는 척하기를 원하는가?
인류의 번영을 원하는가, 쇠퇴를 원하는가?

우리는 지나치게 많은 사람들이 지나치게 많은 여유 시간, 과학에 대한 과신, 그리고 희박한 정신적 충족감으로 인해서 사이비 과학의 예측에 휘둘리는 시대로 진입했다. 지구온난화는 현재 파멸적인 여러 환경 문제를 빚어내는 원천이며, 모든 인류가 단합해서 맞서야 하는 지구의 최고 위기로 여겨지고 있다. 이런 믿음은 종교적 열정을 동반하고 있다. 국가의 지원을 받는 새로운 종교는 어머니 대지를 거역하여 저지른 죄를 속죄해야 한다는 교의를 퍼뜨리면서 우리를 공황 상태로 몰아넣고 있다.

사람들의 종교적 확신을 가지고 뭐라고 할 생각은 없다. 다만 자신들의 종교적 확신을 '과학'이라고 부르는 태도가 못마땅할 뿐이다.

환경주의자들과 정치인들, 영화배우들, 그리고 언론은 하나같이 현재 제안된 지구온난화 해법을 따라가야만 지구를 구하고, 가난한 사람을 돕고, 인류의 자멸을 막을 수 있다는 믿음을 대중에게 심어주려고 한다. 나는 지구의 기후 시스템은 많은 과학자들이 생각하는 것만큼 인류의 온실가스 배출에 민감하지 않다고 생각하며, 그 근거를 밝히기 위해서 이 책을 썼다.

설사 그 과학자들의 생각이 옳고, 위험한 수준의 지구온난화가 우리를 기다리고 있다고 하더라도, 지구온난화 문제의 해법은 교토 의정서나 의회의 정책들 속에 있지 않다. 온실가스 배출량을 줄일 수 있는 유일하고도 현실적인 해결책은 '최후의 자원'인 인간의 재능에서만 찾을 수 있다.

강수 시스템이 중요하다

지구온난화가 파멸을 가져올 것이라는 믿음은 과학적인 토대가 거의 없는 것으로, 환경 재앙을 예측하는 과학자들의 나쁜 버릇을 고착화시킬 뿐이다. 그들은 과학에 의해서 관측된 단기적인 변화(예컨대 그린란드 빙상의 변화나 여름철에 녹아내리는 북극해 얼음의 양이 증가한 것 따위)를 지나치게 부각하고, 그것을 토대로 머나먼 미래를 예측한다. 1874년에 마크 트웨인 역시 당시 과학자들의 이런 나쁜 버릇에 대해서 일침을 놓았다.

> 과학은 매혹적인 측면이 있다. 하찮은 사실에 투자하면 거기서 엄청난 추측이라는 수익이 나온다.

기후 변화와 관련하여 과학은 유아기를 벗어나지 못한 상태이고, 대부분의 기후 과학자들은 기후 시스템의 복잡성을 이해하지 못하고 있다. 전산화된 기후 모델들은 지구 기후의 여러 가지 평균적인 측면들을 본뜬 여러 가지 물리적 과정을 포함하고 있을 뿐, 자연에 존재하는 중요한 안정화 과정들을 모두 포괄하고 있지는 못하다. 기후 모델들은 21세기 말에 인류 때문에 대기 중의 이산화탄소 농도가 두 배로 늘어나고, 그로 인해서 온실효과가 1퍼센트 상승할 경우 어떤 변화가 일어날지에 대해 과장된 예측을 쏟아내는 경향이 있다.

나는 이 책을 쓰면서 가능하면 간단한 용어로 기후 시스템의 작동 방식을 '큰 그림으로 그려' 개괄하고, 파멸적인 기후 변화에 대한 예측을 믿을 것이냐 말 것이냐에 대한 판단은 독자들에게 맡기려고 했다.

큰 그림을 다시 훑어보자. 기상(바람, 수증기, 강수, 구름 따위)은 태양열에 맞서서 지표면의 평균 온도를 떨어뜨리는 역할(섭씨 38도가 아니라 섭씨 14도로)을 담당한다. 이것은 1960년대에 기후 시스템과 관련하여 간행된 초기의 연구 결과이다. 양적인 측면에서 보면, 이런 냉각 효과가 있기 때문에 "자연적인 온실효과는 지구를 생물이 거주할 수 있을 만큼 따뜻하게 만든다"는 주장은 "기상이 지구를 생물이 거주할 수 있을 만큼 서늘하게 만든다"는 주장보다 훨씬 진실성이 떨어진다.

바로 이 지점에서 우리는 온실효과에 대한 과학자들의 설명 속에 깃든 편견을 발견한다.

물론 지구의 자연적인 온실효과는 온실효과가 존재하지 않는 경우에 비해서 지표면을 더 따뜻하게 만드는 것은 사실이다. 그러나 온실효과는 일정량의 독립 변수로 존재하는 것이 아니다. 수증기와 구름이 주요 원인인 자연적인 온실효과는 여러 가지 기상 과정에 의해서 끊임없이 조정된다. 기상 과정은 수증기와 구름이 형성되는 양을 직간접적으로 좌우하기 때문이다.

지구의 주요한 온실가스인 수증기를 예로 들어보자. 지표면에서는 항상 물이 증발되지만, 대기가 수증기로 가득 차지는 않는다. 이론적으로 보면, 자연은 수증기가 계속 축적되도록 하여, 지구의 온도를 크게 상승시킴으로써 폭발적인 온실효과를 일으킬 수 있다. 그런데 현실에서는 왜 이런 일이 일어나지 않을까? 강수에 의해 수증기가 항상 조절되기 때문이다.

강수는 자연의 자동온도조절장치이다. 강수는 대기 중에 수증기가 얼마나 남을지를 조절한다. 온실효과의 대부분은 강수를 통해서 통제된다.

우리가 가장 모르고 있는 대기 현상은 무엇일까? 정답은 강수이다.

이번에는 구름을 예로 들어보자. 구름은 지구의 온실효과를 일으키는 두 번째 강력한 요인이다. 또한 구름은 햇빛을 대기권 밖으로 반사시킴으로써 지구의 온도를 떨어뜨린다. 바로 이 점을 많은 기후 과학자들이 간과하고 있다. 구름은 강수 활동과 관계가 없는 경우에도 강수의 영향을 받는다. 수백만 평방킬로미터에 이르는 낮은 층운이 아열대 해양 가운데 비교적 차가운 지역을 덮고 있으면, 대기 하층에서 온도 역전 현상이 나타난다. 이런 역전 현상은 강수 시스템 내에서 따뜻한 공기가 상승함에 따라 공기가 하강 압력을 받기 때문에 일어나는 결과이다(이런 상승기류와 하강기류는 수천 킬로미터 거리를 두고 떨어져 있는 경우에도 있을 수 있다). 일반적으로 볼 때, 강수(강수가 형성되는 양과 고도)는 대기의 수직적인 온도를 결정하고, 이 수직적인 온도는 다시 구름의 형성에 영향을 미친다.

요컨대 강수 시스템은 지구의 평균적인 기후를 조절하는 강력한 힘이다. 강수 시스템은 자동온도조절장치와 유사하게 작동하는 것 같다. 지구의 온도가 지나치게 상승하면, 강수는 지구의 온도를 하강시키는 방향으로 변화하고, 지구의 온도가 지나치게 하강하면, 강수는 지구의 온도를 상승시키는 방향으로 변화한다.

집 안에서 볼 수 있는 자동온도조절장치는 작고 복잡하지만, 그 시스템을 이해하지 못하고서는 집 안의 온도를 설명할 수 없다. 그러나 기후 과학자들 가운데에는 지구의 자동온도조절 시스템을 이해하려고 노력하는 사람이 거의 없다. 시스템이 매우 복잡하고 알려진 바도 거의 없기 때문에, 우리는 그것을 바닥 깔개 밑에 쓸어 넣고는 별로 중요하지 않은 것이겠거니 생각한다.

결론적으로 말해서, 기후 시스템의 민감성에 대한 기후 모델 개발자들의 믿음은 지나치게 단순화된 기후 모델들에 대한 과신에서 비롯하는 것이다. 이 모델들 안에 현실의 기후 시스템 내부에 존재하는 일체의 안정화 과정들을 포함시키려면 높은 수준의 이해가 요구된다. 기후 모델들은 지나친 단순화에 의존하기 때문에 아직도 현실적인 기후와는 동떨어진 경향을 보이는 것이다. 기후 모델들은 인류가 발생시키는 미미한 온실효과에 지나치게 민감하다.

기후 관련 용어를 빌리면, 그 기후 모델들 안에는 자연에 존재하는 음의 피드백들이 모두 포함되어 있지 않다. 스프링 끝에 달린 추나 우묵한 그릇 바닥을 빙글빙글 도는 공깃돌과 마찬가지로, 이런 음의 피드백들은 기후가 평균 상태에서 지나치게 멀어지는 것을 막아준다.

지구온난화 위기론자들은 틀림없이 나를 보고, 기후 시스템 내부에 지후를 안정시키는 과정들이 존재할 거라고 과신하는데, 사실 그런 과정들에 대해서는 아직 밝혀진 바가 없지 않느냐고 주장할 것이다. 그들은 조야한 기후 모델을 지나치게 과신한다. 특별한 주장을 하려면 특별한 증거를 내놓아야 한다. 구름이 미래의 기후 변화를 예측하는 데 가장 불확실한 요인이라는 사실은 기후 모델 개발자들도 인정하는 바이다.

내 예상으로는 앞으로 기후 시스템 내부에서 '새로 발견된' 기후 안정화 과정을 거론하는 논문들이 점점 늘어갈 것이다. 물론 이런 안정화 과정은 늘 존재해온 것이고, 과학자들이 그것을 발견한 것이 새로운 일일 뿐이다. 내 예상으로는 가장 중요한 안정화 과정은 아마 강수 시스템에서 찾아질 것이다.

위험한 정치적 동기들

파멸적인 지구온난화에 영향을 미치는 양의 피드백을 찾는 것은 어려운 일이 아니다. '우려하는' 과학자들과 열성적인 언론, 그리고 대중에게 영합하는 정치인들이 각각 기득권을 지키기 위해서 어떻게 상호작용을 하는지 살펴보는 것만으로도 충분하다. 그들은 모두 기득권을 가지고 있다.

과학자들은 정부 프로그램으로부터 자금 지원을 받는다(그 프로그램들은 인류가 초래한 지구온난화를 대상으로 한다). 따라서 그들이 발견한 것은 하나같이 그런 맥락에서 다루어진다. 그들은 지구온난화 '문제'를 연구할 뿐이지, 그런 문제가 존재하지 않는다는 사실을 연구하지는 않는다. 대다수의 과학 논문들은 현재의 온난화는 자연적인 기후 변화의 결과가 아니라 인류가 초래한 결과라는 전제를 깔고 있다. 이런 전제를 뒤집어 엎기 위해서는 자연적인 기후 변화를 식별하고 이해할 수 있어야 하는 데, 우리는 아직 그런 수준에 오르지 못했다.

온난화를 연구하는 대부분의 과학자들(나를 포함해서)은 정부 프로그램으로부터 끊임없이 자금을 지원받으면서 자신들이 원하는 경력과 이론을 쌓아나간다. 그들은 자신이 인류에게 중요한 일을 맡고 있으며, 인류가 자멸의 길로 가지 않도록 돕고 있다는 믿음을 가지려 한다. 그들이 기자들과 이야기할 때에는, 감정 때문에 판단이 흔들린다. 그들은 불확실성은 최소화시키고, 정확한 사실들은 가능하면 파격적으로 들리게끔 발언 내용을 신중하게 구성한다.

언론인들 역시 공정성을 잃고 있다. 문제를 선정적으로 표현하는 것이 경력에 도움이 되기 때문이다. 그들은 세계를 더 살기 좋은 곳으로 만들고자 한다고 큰소리를 친다. 그렇다면 환경을 파괴하는 인간의 행동을 바꾸어야 한다는 경고를 새로 출시된 SUV 자동차 광고 사이사이에 끼워 넣는 것으로는 그런 목표를 달성하기 어렵지 않을까?

언론은 파멸적인 지구온난화에 대한 두려움을 퍼뜨리며, 온난화 위기론자들의 주장은 이미 과학적으로 '확립된' 것이라 과장한다. 덕분에 나와 같은 온난화 회의론자들은 갈수록 사악한 존재로 몰리게 된다. 유감스러운 일이지만, 과학자들이 지구온난화와 관련하여 '올바른' 견해를 가지도록 의회 청문회와 이단 재판소에서 온난화 회의론자들을 불러다가 시류에 영합하지 않는 이유를 추궁할 날이 멀지 않은 것 같다.

환경 관련 로비 단체들 역시 공정하지 않다. 환경적인 위협이 존재하지 않으면 그들의 일자리 역시 존재할 수 없다. 파멸적인 온난화로 인한 지구의 붕괴는 가장 큰 환경적 위협이다. 많은 환경 로비 단체들은 자선 재단들의 기부금에 거의 모든 재정을 의존하고 있다. 그런데 이들 자선 재단들은 재단 이사진의 정치적 편견과 변덕에만 신경을 쓸 뿐, 대중의 욕구나 절박한 요구는 아랑곳하지 않는다. 환경 로비 단체들이 기부금을 받아 챙기는 곳이 한 군데 또 있는데, 어디일까? 놀라지 마시라. 바로 거대 석유 기업이다!

직업적인 환경주의자들은 지구온난화 문제와 관련하여 도덕적 우위를 지니고 있다고 주장한다. 이들은 지구온난화 문제가 사라질 경우 가장 크게 타격을 입을 것이다.

정치인들은 자신의 권력과 영향력을 향상시키는 데 도움이 된다는 생각에서 지구온난화 논쟁에 개입한다. 이산화탄소 배출 규제 법령의 제정은 재정적으로 막대한 이득을 얻는 사람과 막대한 손실을 보는 사람을 낳을 것이다. 새로운 에너지의 연구와 개발에 이미 수십억 달러가 지출되고 있는데도, 일부 정치인들은 '특단의 조치'를 취해야 한다는 여론에 영합하고 있다.

국제연합은 늘 여러 국가가 관련된 국제적인 사안에서 주도권을 잡으려 하지만, 그 성과는 현실과 동떨어져 있다. 국제연합은 세계가 전 지구적인 환경 재앙에 직면하고 있다고 주장한다. 대부분의 국가들은 선진국들이 가진 부의 상당 부분이 자국으로 이전될 거라는 기대감에서 교토의정서에 서명했다. 이제 부유한 나라들은 가난한 나라들로부터 오염권을 사들이면 그만이다.

일부 주요 기업들은 정부의 이산화탄소 배출 규제 조치에 대응 방안을 찾음으로써 경쟁 기업들보다 유리한 위치를 차지하고 싶어 한다. 영국의 유명한 정유 회사인 BP가 회사 이름을 브리티시 페트롤륨British Petroleum에서 비욘드 페트롤륨(Beyond Petroleum: '석유를 넘어서'라는 뜻이다—옮긴이)으로 바꾼 까닭은 무얼까? 돈이 되는 일이면 무조건 쫓아가야 한다.

나는 지구온난화 논쟁에 관계하고 있는 사람들이 하나같이 불순한 동기를 가지고 있다는 암시를 하려는 생각은 없다. 다만 그 논쟁에 참여하는 사람들은 누구나 도덕적으로 우위에 있는 존재라는 신화를 깨뜨리고 싶을 뿐이다. 사람들은 누구나 자신에게 이익이 되는 방향으로 편파적인 태도를 보인다. 일부 온난화 회의론자들이 민간 기업들의 돈을 받아먹었으리라는 추측을 근거로 해서 모든 회의론자들을 사악한 사람으로 모는 관행은 위선적일 뿐 아니라 인신공격에 집중함으로써 문제의 본질을 회피하려는 전략으로밖에 보이지 않는다. 실제로 돈을 버는 것은 일부 온난화 위기론자들이다. 그들은 좌익 박애주의 재단들로부터 조건이 붙지 않은 막대한 규모의 성금을 받는다. 우익 재단들은 그런 성금을 내놓지 않는다.

현명한 처신

우리는 지구온난화 정책을 현실적으로 다루지 못한다. 그 까닭은 현대인들이 위험 회피적인 성향을 가지고 있기 때문이다. 그러나 인류의 입장에서 보면, 위험 그 자체보다 이런 위험 회피적인 성향이 훨씬 위험하다. 이것도 위험하고, 저것도 위험하다며 불평만 늘어놓는 사람들이 있다. 그러나 우리는 현대적인 기술과 에너지 덕분에 엄청난 호사를 누리고 있다. 불평만 늘어놓는 그들 역시 건강과 편의, 그리고 안락함을 제공하는 현대적인 생활양식으로 혜택을 보고 있다.

존 스토셀이 지적했듯이, 우리가 가진 한정된 부 가운데 지나치게 많은 양을 지나치게 과장된 위협에 할애하면, 우리는 글자 그대로 "겁이 나서 죽을" 수도 있다. 지구온난화에 대한 과장 보도는 언론사의 매출을 증가시키고 구독자를 늘리는 데 도움이 된다. 그러나 그 때문에 사람이 죽을 수도 있다. 그릇된 정보에 근거한 대중적 정서 때문에 부를 그릇된 정책에 할애한다면, 우리는 그 부를 더 중요한 문제에 활용할 수 없게 된다.

급성장하는 경제만이 청정에너지를 연구하고 개발하는 데 자금을 댈 수 있다. 부유한 나라들만이 환경오염을 정화할 수 있는 여력을 가지고 있다. 그런데 교토 의정서와 같은 탄소세, 국가 간 소득 재분배 계획은 기존의 부를 파괴하고 새로운 부의 창출을 가로막는다. 이런 처벌 위주의 정책들은 경제적으로 볼 때 비생산적일 뿐 아니라, 더 나아가 새로운 에너지 기술의 개발을 지연시킬 수 있다.

과장된 공포에 근거한 환경 정책이 예상치 않은 부정적인 효과를 가져온 가장 대표적인 사례는 DDT이다. DDT는 말라리아를 막을 수 있는 상대적으로 안전하고 효과적인 살충제이다. 많은 국가들이 근시안적으로 DDT 사용을 금지하면서 아프리카에서는 해마다 100만 명이 말라리아로 죽어간다. 주류 언론은 이런 현대의 대학살을 무시하고 있다. 언론은 인류가 겪고 있는 이런 고통을 완화시키는 데는 별 관심이 없고, 급진적인 환경주의자들이 내놓는 주장에만 큰 관심을 기울이고 있다. 이런 면에서 그들은 도덕적으로 전혀 우월할 것이 없다.

이런 질문을 제기하는 사람이 있을 것이다. "하지만 우리는 온실가스 배출량을 대폭 감축해야 하지 않겠는가? 만일의 사태에 대비해서 말이다. 우리가 보험에 드는 이유는 만일의 사태에 대비해서 주택에 투자된 돈을 지키기 위해서이다." 물론 맞는 말이다. 단, 그것이 상당히 쉽고 비용 부담도 크지 않을 경우에만, 그리고 우리가 보험금 지급을 요청해야 할 상황이 되면 실제로 보험금이 지불될 거라는 확신이 있을 경우에만. 안타까운 일이지만, 현재 제안된 지구온난화의 '해법들'은 대부분 비용도 많이 들 뿐 아니라 효율적이지도 않다. 이런 해법들을 보험에 비유하는 것은 적절치 않다.

최소한 앞으로 20년 동안은 이산화탄소 배출량을 대폭적으로 감축하는 것이 상당히 어려울 것이다. 적절한 비용으로 에너지를 손에 넣고자 하는 것은 인간의 기본적인 욕구이다. 에너지가 있어야만 인류의 생존에 필요한 다양한 활동들이 지속될 수 있다. 우리가 어떤 조치를 취하더라도 인류의 이산화탄소 배출량은 당분간 계속 늘어날 것이다. 세계의 수십억 인류는 빈곤에서 벗어나기 위해 노력하고 있다. 어느 과학자의 컴퓨터 프로그램이 중단하라고 권고한다고 해서, 전 인류가 돌연히 이런 노력을 중단할 리는 없다.

온난화 위기론자들이 지지하는 정책들은 이산화탄소 배출량을 감축시키겠다는 본래의 목적을 달성하지 못하고 있다. 유럽연합의 관료들은 이산화탄소 배출량을 감축하는 것이 쉽지 않음을 깨달아가고 있다. 교토의정서가 시행된 지 일 년 만에, 2012년까지 배출량 감축 목표를 달성하리라는 기대는 깨지고 말았다. 더구나 환경주의자들이 신규 발전소 건설을 반대하면서 앞으로 여러 해 동안 에너지가 부족할 가능성이 높다.

배출량 감축 목표가 달성된다고 하더라도 그 효과는 너무나 미미해서 미래의 지구 기온에 큰 영향을 미치지 않을 것이다. 현재 미국의 일부 의원들은 교토 의정서보다 훨씬 미약한 법안들을 내놓고 있는데, 그 법안들은 곧 교토 의정서의 전철을 밟을 것이다.

캘리포니아 같은 일부 주들은 연방법이 제정될 때까지 기다리지 않고, 배출량을 감축하겠다고 나서고 있다. 그러나 그런 정책은 오염 산업들의 등을 떠밀어서 다른 곳으로 옮겨가게 할 뿐이다.

의도가 숭고하다고 해서 목적이 정당화되는 것은 아니다. 인류와 환경 모두에게 도움을 주겠다는 환경주의자들의 선한 의도는 칭찬할 만하지만, 정책을 결정할 때에는 현명하게 처신해야 한다. 환경 정책들이 "무언가를 하고 있다"는 식의 기분 전환만을 제공하는 경우도 많다. 이제까지 저질러온 정책 실수만으로도 충분하다. 이제는 더 현명한 판단을 내려야 한다.

지구온난화 문제에 대해서 엄중한 해법을 마련해야 한다는 환경주의자들의 주장이 대중적인 설득력을 가지려면, 그들은 당장 자동차, 비행기, 전기, 현대 의학 등 시장경제가 제공하고 있는 모든 혜택들을 포기해야 한다.

환경주의자들이 내세우는 '사전 예방의 원칙'은 인류의 발전을 가로막는 은밀한 음모에 지나지 않는다. 사람들은 언제나 이 원칙에 근거해서 생활을 하고 결정을 내린다. 어떤 위험도 무릅쓰지 않고 혜택만 누릴 수 있다는 생각은 비현실적인 것이다.

지속 가능성 역시 경제의 진보를 가로막는 환상이다. 얼마 되지 않는 한정된 자연 자원의 경우, 자원 고갈을 피할 수 있는 유일한 방법은 그것을 일체 사용하지 않는 것이다. 다행히도, 인간의 재능은 자유 시장과 결합하여 희소한 자원들을 최소량만 사용하여 상품과 용역을 생산할 수 있게 한다. 희소 자원이 대체 자원과 대체 기술에 비해서 가격이 비싸기 때문이다.

일반적으로 볼 때, 사람보다 자연을 우선하는 환경 정책은 과학과는 아무런 관계도 없는 세계관이나 종교적 신념에 근거한 것이다. 인간은 자신의 욕구를 충족시키기 위해서는 환경을 변화시켜야 한다. 그것은 우리가 당연히 해야 할 바이므로 결코 죄책감을 느끼거나 미안한 마음을 가져서는 안 된다. 과학은 환경 문제에 대해서 어떻게 대응해야 하는지 신경 쓰지 않는다. 거기에 신경을 쓰는 것은 사람들뿐이다. 우리가 각종 환경 정책을 통해서 자연에 부여한 권리는 인류에게 이득을 제공하는 것이어야만 한다. 국가가 인류에게 이득을 주지 않는 환경 정책을 실시하는 것은 이교주의 종교를 지원하는 것과 다름없는 짓이다.

지금까지 발표된 지구온난화 관련 정책을 지지하는 사람들 가운데 일부는 자신의 풍요로운 처지에 대해서 어느 정도 혐오감을 가지고 있는 것 같다. 그러나 현명한 정책 결정이 이루어지지 않으면, 환경 문제는 10~20억 명에 이르는 전 세계의 가난한 사람들에게 일상적인 고통을 안겨줄 수 있다. 아이들은 냉장 시설의 부족으로 상한 음식을 먹고 죽고, DDT를 사용하면 무역 제재를 가하겠다는 위협 때문에 모기에 물려 죽고, 나무와 가축의 배설물을 태우면서 발생한 연기 때문에 호흡기 질환에 걸려 죽는다. 게다가 땔감으로 쓰려고 나무를 베어내는 바람에 온 나라가 황폐화된다. 이것이야말로 전 세계의 가난한 사람들이 겪고 있는 고통스러운 현실이다.

그나마 반가운 소식이 있다. 지구온난화가 현실화되더라도 우리는 이미 그 문제를 해결하기 위해서 '특단의 조치'를 취하고 있다는 사실이다. 인류가 필요로 하는 에너지를 더 깨끗하게 제공하는 새로운 방식이 적극적으로 연구되고 있다. 미국 정부는 새로운 에너지 기술을 연구하는 데 해마다 수천만 달러의 세금을 투자하고 있다. 민간 기업들 역시 새로운 에너지 기술을 개발하면 엄청난 이윤을 얻을 수 있다는 사실을 깨닫고 연구에 투자를 계속하고 있다.

만일 지구온난화가 문제가 된다면, 인간의 재능과 새로운 기술이 그 문제를 해결할 것이다. 기술 진보에 대한 우리의 관심을 다른 것으로 돌리려는 일체의 시도는 시간과 부를 낭비하는 것일 뿐 아니라, 개인의 건강과 복지를 위협하는 것이다. 현대 사회를 붕괴시키고 싶어 하는 급진적인 환경주의자가 아닌 이상, 사람들이 의지할 수 있는 유일한 희망은 새로운 기술로 탄소가 발생하지 않는 에너지원을 제공하는 것이다.

이제 결정을 내려야 할 시점이다. 우리가 원하는 것은 무엇인가? 지구온난화 문제를 해결하기를 원하는가, 아니면 그저 무언가 하는 척하기를 원하는가? 인류의 번영을 원하는가, 쇠퇴를 원하는가? 지구온난화를 막기 위해 행동에 나서자는 목소리가 점점 커지고 점점 날카로워질 때, 우리는 중요한 질문을 던져야만 한다. "그 해결책에는 비용이 얼마나 들까?" "그 해결책은 미래의 온난화를 얼마나 완화시킬까?" 우리는 사람들이 그런 유해하고 무익한 정책들을 내놓고는 진부한 논리와 일반론으로 의사를 관철시키게 내버려두어서는 안 된다.

나는 가끔 의문에 부딪힌다. 실패로 끝날 것이 뻔할 뿐 아니라, 많은 사람들, 특히 가난한 사람들에게 피해를 주는 정책을 지지하는 정치인들과 환경주의자들의 동기는 과연 무엇일까?

그 답을 찾는 일은 독자들에게 맡겨두겠다.

에필로그

인류가 해야 할 일

상상해보라.

아프리카의 작은 마을에 여섯 살 먹은 여자 아이가 친구와 놀고 있다. 안타깝게도, 그 아이는 일곱 번째 생일을 맞지 못할 것이다. 그 아이의 생명의 불꽃은 석 달 후 말라리아에 걸려서 꺼지고 말 것이다. 아이의 나라는 환경 의식이 투철한 다른 나라들의 경제적 위협을 의식하여 아이의 오두막 주변에도 소량의 살충제를 뿌릴 수 없게 한다. 마침내 모기 한 마리가, 잠든 아이의 몸속에 죽음을 부르는 말라리아를 집어넣는다.

다른 나라들은 이 아이가 인류에게 제공할 수 있는 혜택을 누리지 못할 것이다. 30년만 더 살면, 그 아이는 화학자가 되어 거대 석유 회사에서 일하면서 인류가 절실히 필요로 하는 혁신적인 에너지 기술을 개발하는 데 앞장설 수 있을 것이다. 그러나 꼬마를 기다리는 것은 죽음뿐이다.

우리는 지식으로 무장하고 목소리를 내야 한다. 죄 없는 목숨들이 급진적인 환경주의의 제단에서 희생당하는 일을 중단시키기 위해서, 당장 인류가 해야 할 일은 바로 그것이다.

유엔 산하 기후 변화에 관한 정부 간 패널IPCC는 2007년 '지구온난화 보고서'를 발표했다. 130개국 2,500여 명의 전문가가 참여해 6년 만에 나온 이 보고서는 2100년까지 지구 온도가 최대 4℃까지 상승할 것으로 예측하고, 지구온난화의 주범으로 인간의 화석연료 사용을 꼽았다.

1997년 체결된 교토 의정서에 따르면, 선진국은 2010년 온실가스 배출량을 1990년 수준보다 평균 5.2%를 감축해야 한다. 그러나 선진국 간, 선진국 · 개발도상국 간에는 아직도 온실가스의 감축 목표와 감축 일정, 개발도상국의 참여 문제로 의견 차이가 남아 있다. 더구나 미국은 전 세계 이산화탄소 배출량의 28%를 차지하고 있지만, 자국의 산업 보호를 위해 2001년 3월 탈퇴했다.

우리나라는 현재 개발도상국으로 인정되어 교토 의정서 1차 공약 기간인 2008~2012년에는 온실가스 감축 대상에 포함되지 않지만, 2차 공약 기간인 2013~2017년에는 어떤 방식으로든 온실가스 감축 의무를 부담해야 한다.

2008년 선진 8개국이 모인 G8 정상회담에서는 오는 2050년까지 온실가스 방출량을 절반으로 줄이기로 결의했다. 온실가스 감축 때문에 경제 성장이 늦춰지는 것을 바라지 않는 중국과 인도 등 산업화 과정에 있는 국가들과 관련한 대책도 발표하고, 청정 기술에 대한 투자를 늘릴 것을 약속했다.

그야말로 전 세계가 온실가스와의 싸움에 돌입한 형국이다. 나무를 땔감으로 사용하는 시대에서 벗어나 깨끗한 주거 환경과 편리한 자동차 문화를 만끽하고 있는 우리는 마음이 불편하다. 자동차를 타고, 에어컨을 가동하는 편리한 생활 뒤에 환경오염의 위험이 숨어 있다는 이야기를 늘 듣고 살아야 하고, 후손에게 더러워진 세계를 유산으로 물려주는 건 아닌지 죄책감이 들기도 한다. 얼마 전 앨 고어 전 미국 부통령이 제작한 〈불편한 진실〉을 만난 뒤로는 마음이 더욱 불편하다.

그런데 이 책은 바로 이 〈불편한 진실〉에서부터 이야기를 시작한다. 이 책의 저자는 언론과 미디어가 지구온난화 위기론을 역설하고 있는 상황을 견디지 못하고 과학자로서의 진실 탐구에 나섰다.

저자는 기후 변화에 대해서 낙관적인 관점을 가지고 있다. 그는 인류가 온실가스를 배출하는 것은 죄악이 아니라 생활을 유지하고 개선하기 위한 당연한 권리라고 믿고, 지구는 인간이 미처 파악하지 못한 자생적인 안정화 메커니즘을 가지고 있다고 믿는다.

저자는 자신이 가진 낙관적인 관점을 독자에게 전달하기 위해서 기후와 관련된 과학적 지식을 친절하게 전달한다. 우리는 일반적으로 인간이 화석연료를 연소시킬 때 나오는 이산화탄소가 지구온난화를 유발한다고만 알고 있다. 그러나 저자는 지구온난화 경향이 있는 것은 사실이지만. 지구온난화는 인간이 배출하는 이산화탄소 외에도 여러 가지 요인 때문에 발생할 수 있음을 밝힌다. 그뿐만 아니라 지구온난화 경향은 지구의 자생적인 기상·기후 메커니즘에 의해서 저절로 완화될 수 있음을 해명한다. 이런 친절한 해설을 듣고 나면, 온난화 과정의 정확한 윤곽을 파악했다는 느낌을 받게 된다.

저자는 과학 지식의 전달자 역할에만 그치지 않는다. 그는 자신을 비롯해서 이른바 '온난화 부인자'라고 지탄받는 기후학자들이 진행하는 연구들이 일반인의 인식과 정책 결정에 다가갈 기회를 애초부터 봉쇄당하고 있는 현실에 분노한다. 이 영역에서 넘어서면 저자는 낙관론을 넘어서서 투철한 사명 의식을 발휘한다. 여론과 정책 면에서 온실가스 배출을 죄악으로 몰아가는 언론과 정치인들을 비판하고, 개인의 선택과 창의성 존중, 그리고 효율성을 키워드로 하는 자유시장 제도를 옹호한다. 또한 온실가스 감축을 위한 세계적·국가적 차원의 노력, 더 좁게는 개인 차원의 노력 가운데에서 비효율적인 시도들을 짚어낸다.

자의에 의해서든 타의에 의해서든 국가적으로나 개인적으로 지구온난화 대책을 실제로 적용해야 하는 지금, 이 책은 지구온난화의 실체를 분명히 파악하자는 일종의 경종 역할을 하게 될 것이다.

　간혹 온난화 위기론을 비판하는 저자의 논조가 지나치게 감정적이라는 느낌을 주는 부분도 있다. 그러나 그것은 온난화 위기론 내부의 지나친 편향을 바로잡기 위한 저자의 의도적인 선택이 아닐까.

　이 책을 계기로 인간이 지구온난화의 주범이라는 죄책감에서 벗어나서, 지구온난화와 관련한 과학적이며 객관적인 논의가 활성화되고, 자연도 살리고 경제도 살리는 효율적인 사회적 대안을 찾아가는 활발한 활동이 이루어지기를 기대한다.

기후 커넥션

지은이 | 로이 W. 스펜서
옮긴이 | 이순희

초판 1쇄 발행일 2008년 8월 1일
초판 2쇄 발행일 2008년 10월 10일

발행인 | 한상준
기획 | 박재호
마케팅 | 김현우
편집 | 윤정숙
디자인 | 이석운, 김미연
종이 | 한서지엽
출력 | 경운출력
인쇄 · 제본 | 영신사

발행처 | 비아북(ViaBook Publisher)
출판등록 | 제313-2007-218호.(2007년 11월 2일)
주소 | 서울시 마포구 동교동 156-2 마젤란21 1801호
전화 | 02-334-6123 팩스 | 02-334-6126 전자우편 | crm@viabook.kr

Korean translation copyright ⓒ 비아북, 2008
ISBN 978-89-960791-3-2 03300